湖南工商大学法学学术文库

高等院校法学案例教学高阶教材

刑法案例思维的理论与实践转型

刘期湘　吕易蔚　黄彦雄　著

法律出版社
LAW PRESS · CHINA
北京

图书在版编目（CIP）数据

刑法案例思维的理论与实践转型 / 刘期湘，吕易蔚，黄彦雄著. -- 北京：法律出版社，2025. --（湖南工商大学法学学术文库）-- ISBN 978 - 7 - 5244 - 0513 - 9

Ⅰ. D924.05

中国国家版本馆 CIP 数据核字第 2025Q3V127 号

湖南工商大学 法学学术文库	刑法案例思维的理论与实践转型 XINGFA ANLI SIWEI DE LILUN YU SHIJIAN ZHUANXING	刘期湘 吕易蔚　著 黄彦雄	策划编辑 孙　慧　余群化 责任编辑 孙　慧　余群化 装帧设计 李　瞻

出版发行 法律出版社
编辑统筹 司法实务出版分社
责任校对 杨锦华
责任印制 胡晓雅
经　　销 新华书店

开本 710 毫米 × 1000 毫米　1/16
印张 16.25　**字数** 246 千
版本 2025 年 8 月第 1 版
印次 2025 年 8 月第 1 次印刷
印刷 中煤(北京)印务有限公司

地址:北京市丰台区莲花池西里 7 号(100073)
网址:www.lawpress.com.cn
投稿邮箱:info@lawpress.com.cn
举报盗版邮箱:jbwq@lawpress.com.cn

销售电话:010 - 83938349
客服电话:010 - 83938350
咨询电话:010 - 63939796

书号:ISBN 978 - 7 - 5244 - 0513 - 9
定价:65.00 元

凡购买本社图书,如有印装错误,我社负责退换。电话:010 - 83938349

“湖南工商大学法学学术文库”
总　　序

学术研究是水磨工夫，需要踏实苦干、持之以恒，离不开一颗匠心。科研水平是评价一个学科的关键指标，也是影响一个学科发展的重要因素。早在20世纪80年代，坐落在星城长沙的湖南工商大学的校园里便有了法学人的足迹。在世纪交替的2000年，法学专业正式设立，开启了一场湖南工商大学法学人自强不息、务实创新的奋斗之旅，历经数代，不忘初心。春华秋实，湖南工商大学法学院经不懈努力，实现了多项突破，跨越了层层阶梯：2009年获批省级特色专业，2014年获批湖南省财经类高校首个法律硕士专业学位点，2018年获批法学一级学科硕士学位点和法学博士点立项建设单位，2019年获批省级一流专业建设点和省级A类评价专业。法学学科连续四年进入上海软科“中国最好学科排行榜”前40%。建院22年，湖南工商大学法学人薪火相传，砥砺前行。

今天的湖南工商大学法学院，已经会聚了一批优秀的中青年骨干教师，形成了一支“法廉结合，法商结合，法数结合”的特色学术梯队。学科带头人王明高教授是全国党建理论优秀专家、湖南省智库领军人才、湖南省优秀社会科学专家，多项研究成果进入国家决策。在王明高教授的带领下，学院发展不断取得喜人成绩，拥有廉政建设2011省级协同创新中心、湖南省廉政建设社科重点研究基地、湖南省专业特色智库、湖南省民间投融资法治研究中心、湖南省教育法治研究中心、湖南工商大学习近平法治思想研究中心等一批高水平学科平台，在中央权威报纸和CSSCI来源期刊发表学术论文300

余篇，出版法学专著20余部。学院大力推动跨学科研究，成立了“数字法学系”“涉外法学系”“纪检监察法学系”等，积极引导组建优势研究团队。

成绩属于昨天，未来仍需开拓。湖南工商大学是一所正在迅速兴起的大学，年轻的法学院极富生机活力，正以昂扬之姿向上攀登。校训“至诚至信—为实为新”既是办学理念，也是学术精神的象征。“湖南工商大学法学学术文库”正是在这一精神理念引领下出版问世的。

“湖南工商大学法学学术文库”不仅是对学校第一届党代会精神和《湖南工商大学“十四五”教育事业发展规划》的贯彻落实，而且是法学院教师展示学术风采、呈现创造性思想成果的科研平台。我相信，“湖南工商大学法学学术文库”系列丛书能充分体现出法学教师们学术思想的精粹、气魄和格局。以文会友，何其快哉！

“长风破浪会有时，直挂云帆济沧海。”“湖南工商大学法学学术文库”对湖南工商大学法学院而言不是丰碑，而是发令枪，催促着湖南工商大学法学人点燃心中的激情，鼓起满腔的热爱，勇敢地攀登科研这座高峰，无畏艰辛。我相信，湖南工商大学法学院的科研事业将从这里再度起航，振臂升华！

湖南工商大学法学院院长　刘期湘

2022年5月23日

目　录 Contents

第一章

构成要件解释方法转型：从形式判断到实质判断

刑法学的生命力在于其解释方法能够回应不断变迁的社会现实。传统的构成要件解释方法往往拘泥于形式逻辑，强调对法条文义的机械适用，却可能忽视规范背后的实质正义。当面对新型案件以及疑难案件时，单纯的形式判断已显得力不从心——它既无法有效区分罪与非罪的边界，也难以调和法益保护与人权保障的张力。因此，实质解释要求我们穿透行为的外在表征，追问三个核心问题：第一，行为的法益侵害实质是否具有刑事可罚性。第二，刑法规范的保护目的是否涵盖此类行为。第三，定罪结论是否符合社会普遍正义观念。对于构成要件的解释从形式判断向实质判断的转型绝非对罪刑法定原则的背离，而是通过目的解释、体系解释等方法，使构成要件的适用更加契合刑法的价值导向。当技术革新、社会关系复杂化不断挑战传统刑法框架时，唯有坚持实质判断，才能避免刑法沦为"文字游戏"，真正实现正义不在法典条文中，而在条文背后的生活里。

非法采矿罪中“未取得采矿许可证”条款的限缩解释与出罪路径

——李某某涉嫌非法采矿罪案

一、基本案情

2020 年 7 月 1 日至 2021 年 11 月 22 日，G 县 M 公司在明知原采矿许可证过期的情况下，仍然请人在 G 县 D 村 D 矿山 5 号洞、9 号洞开采锰矿。其所开采的锰矿石，经选厂加工后，分别销售给 H 公司、L 公司。原 G 县国土资源局在整治矿山超深越界开采专项行动检查中，发现 G 县 M 公司存在违法开采行为，并于 2020 年 11 月 4 日对其下达责令停止国土资源违法行为通知书。

G 县 M 公司从 2020 年 7 月 1 日至 2021 年 11 月 22 日所生产的锰矿销售总量为 23329. 13 吨，销售总价款 10888320. 72 元；其中，自 2020 年 11 月 4 日原 G 县国土资源局对 G 县 M 公司下达责令停止国土资源违法行为通知书后，其生产的锰矿销售数量为 22010. 25 吨，价款 10488767. 92 元。

二、本案要点

李某某在采矿许可证已到期的情况下开采的行为能否评价为非法采矿罪？

三、本书观点

（一）采矿许可证到期后继续开采的行为不构成非法采矿罪

本案中，在李某某的采矿许可证到期之前，李某某就已经向国土资源局提出延期申请，但由于国家政策变化，采矿许可证发放权限由某县国土资源局提至某省国土资源厅发放，并且发放新证还需要到国土资源部统一配号，导致新的采矿许可证迟至2022年6月23日才发下来。在此期间，虽然李某某实施了超期开采行为，但其一直在积极申请续期采矿许可证，从未逃避主管部门的监管，如在申请购买爆炸物时向公安机关如实提交了超期的采矿许可证。

可见，李某某的上述行为系主动将自己置于行政机关监管之下，而非逃避监管。事实上，李某某是基于相关部门的默许和行业普遍现象而采取了超期开采行为，这充分说明李某某不具有非法采矿的主观故意。

（二）采矿许可证到期不属于“未取得采矿许可证”的情形

最高人民法院、最高人民检察院《关于办理非法采矿、破坏性采矿刑事案件适用法律若干问题的解释》第2条明确规定，具有下列情形之一的，应当认定为《刑法》第343条第1款规定的“未取得采矿许可证”：（1）无许可证的；（2）许可证被注销、吊销、撤销的；（3）超越许可证规定的矿区范围或者开采范围的；（4）超出许可证规定的矿种的（共生、伴生矿种除外）；（5）其他未取得许可证的情形。

前述最高人民法院、最高人民检察院《关于办理非法采矿、破坏性采矿刑事案件适用法律若干问题的解释》第2条对“未取得采矿许可证”的解释，只是在第2项中明确列举了“许可证被注销、吊销、撤销”的情形，并未规定许可证过期至被注销之前逾期采矿的情形也属于“未取得采矿许可证”。

本案中，李某某的采矿许可证仅存在超期情况，但从未被主管部门吊销或撤销，且李某某在采矿许可证到期前即已经申请延续期限，不符合《矿产资源开采登记管理办法》第7条第2款关于采矿许可证自行废止的规定。因此，根据最高人民法院、最高人民检察院《关于办理非法采矿、破坏性采矿刑事案件适用法律若干问题的解释》的规定和立法本意，在未超越许可证规定的矿区范围或者开采范围的情况下，即便认定李某某存在超期开采行为，该行为也并非“未取得采矿许可证”的情形，不构成非法采矿罪。

四、理论探讨

非法采矿罪的司法认定应严格遵循刑法的法益保护原则，避免将单纯违反行政程序的行为等同于刑事犯罪。① 本罪的核心法益是矿产资源国家所有权及其合理利用，须从实质上判断行为是否导致资源破坏或国家权益受损，而非仅以“未取得许可证”形式入罪。对采矿许可证到期后合理延续申请期间的开采、工程性采矿（如项目配套且未销售牟利）及行政审批“空档期”行为，若未实质侵害法益且符合行业惯例，应排除刑事归责。同时，采矿权合法承包或合作经营不属于“无证开采”，行政瑕疵应优先通过补正程序处理。对因信赖行政机关默许或长期行政惯例而欠缺违法性认识可能性的行为人，应阻却责任认定。司法实务应强化行刑衔接，对争议案件引入专业资源评估，坚持刑法谦抑性，防止以刑事手段替代行政监管，兼顾资源保护与市场主体权益平衡。

（一）非法采矿罪的保护法益

关于非法采矿罪的保护法益（犯罪客体），理论上存在不同见解。有观点认为其属于破坏环境资源保护罪，保护法益应为国家的矿产资源保护制度。② 另有观点主张本罪客体是国家对矿产资源的管理制度。③ 针对管理制度的具体内涵，有学者进一步将其解构为三个层面，即对矿产资源的统一管理与科学规划、采矿权主体的行政许可制度以及对采矿行为的全程监督管理。④ 尽管上述观点在表述和侧重点上存在一定差异，但其核心立场具有一致性，即均以“国家对矿产资源的管理制度”作为本罪的核心保护法益，强调该罪通过维护行政管理秩序实现资源保护目的的逻辑起点。

但是，非法采矿罪的保护法益具有复合性，既包括国家对矿产资源的财产所有权，亦包括矿产资源管理秩序及合理利用。根据《宪法》第 9 条、

---

① 参见周光权：《非法采矿罪的关键问题》，载《中外法学》2022 年第 4 期。

② 参见高铭暄、马克昌主编：《刑法学》（第 9 版），北京大学出版社 2019 年版，第 587 页。

③ 参见周道鸾、张军主编：《刑法罪名精释》（下）（第 4 版），人民法院出版社 2013 年版，第 877 页。

④ 参见陈兴良主编：《罪名指南》（第 2 版），中国人民大学出版社 2008 年版，第 390 页。

《民法典》第242条，国家对矿产资源享有完整所有权，采矿权系经行政许可设立的他物权，未经许可擅自开采构成对所有权及管理秩序的双重侵害。司法解释的变迁亦体现这一立场：此前的司法解释将“采矿许可证被暂扣期间开采”视为非法采矿，但2016年最高人民法院、最高人民检察院《关于审理非法采矿、破坏性采矿刑事案件具体应用法律若干问题的解释》删除了该规定，因其处罚范围须与法益保护目的相契合。暂扣采矿许可证多因安全隐患或程序瑕疵，行为人仍属合法采矿权人，此期间开采未实质损害国家对矿产资源的所有权，而安全隐患问题应通过安全生产犯罪规制。故司法解释限缩处罚范围，避免混淆公共安全与资源保护的法益目标，强调仅当行为同时侵害国家所有权及管理秩序时方成立本罪，彰显刑法对复合法益的实质保护逻辑。

（二）行为人“无证开采”的入罪前提

如上所述，非法采矿罪的保护法益既包括国家对矿产资源的财产所有权，也包括矿产资源管理秩序。因此，未取得采矿许可证而采矿的行为是否构成非法采矿罪，关键在于该行为是否实质侵犯了刑法所保护的矿产资源管理秩序与国家资源法益，即是否具有构成非法采矿罪所要具备的实质违法性。[①]

根据《矿产资源法》《矿产资源法实施细则》《探矿权采矿权转让管理办法》等相关法律法规的规定，采矿权的转让须履行法定程序。转让人和受让人不仅须分别具备相应的法定条件，还应依法向有管辖权的自然资源主管部门提出审批申请。经批准转让的，双方当事人应在规定期限内到原发证机关办理采矿权变更登记手续。受让人依法缴纳相关费用并完成变更登记后，方可领取新的采矿许可证，依法取得采矿权人资格。

但是，未取得采矿许可证而进行采矿，通常被视为擅自处分他人法益的行为，一般具有非法采矿罪的违法性。然而，对于该判断仍须从行政法与刑法的不同视角出发加以具体分析。一方面，从行政法角度看，采矿许可证的核发属于行政机关履行监管职责的方式之一，未依法取得许可证虽属对行政管理秩序的侵犯，但并不当然构成刑法意义上的“非法”，不必然具备非法采矿罪所要求的实质违法性。另一方面，从刑法角度看，采矿许可证只是资

---

① 参见胡东飞：《非法采矿罪的保护法益与违法性认定》，载《政治与法律》2024年第2期。

源法益权利人作出处分意志的一种形式或载体。是否取得许可证，并不能当然推定权利人（国家）没有处分资源的意图。

（三）行为人“无证开采”的出罪路径

非法采矿罪所保护的法益，是维护国家对矿产资源的所有权、资源本身的完整性以及生态环境的安全。若行为人已经合法受让采矿权，其开采行为既未侵犯矿产资源所有权，也未对资源本体或生态环境造成实际损害，则难以认为其行为具有非法采矿罪的实质违法性。

司法实务中对于未办理采矿权转让变更登记手续和采矿许可证而开采的行为，大多按照非法采矿罪追究刑事责任。在司法实践中，认定被告人构成非法采矿罪的主要理由通常包括两点：一是采矿权的受让未经主管部门依法批准；二是行为人本人未依法取得采矿许可证。然而，这种认定逻辑仍须从刑法的立场出发进行审慎审查。

应当指出，犯罪构成要件属于违法类型的判断，对其适用标准必须立足于刑法的规范体系和保护目的进行解释，不能简单照搬行政机关对违法行为的认定。即便刑法条文以违反行政法规为前提设定某些犯罪类型，对相关要件的认定，也必须在行政法的基础上结合刑法的目的作出独立判断，而不能让行政法解释决定某一行为是否构成犯罪。这正体现了刑法与行政法在适用逻辑上的本质区别。

因此，若仅因违反行政管理规定而径行认定构成非法采矿罪，实质上是将刑法作为行政法的附庸，转而以刑罚强制维护行政程序秩序本身，这不仅偏离了刑法谦抑性原则所要求的“最后手段性”，也违背了非法采矿罪“保护矿产资源国家所有权及合理利用”的规范保护目的。例如，对于采矿权到期后已提交续期申请但处于行政审查“空档期”的合理开采行为，这种行为并未造成资源破坏或国家收益损失，仅因程序性瑕疵便以本罪论处，实则是将行政管理的低效后果转嫁为刑事责任，模糊了行政违法与刑事犯罪的本质界限，导致刑法沦为行政权的扩张工具。①

---

① 参见胡东飞：《非法采矿罪的保护法益与违法性认定》，载《政治与法律》2024年第2期。

采矿许可证届满后爆炸物的内部流转行为是否属于“非法买卖”

——向某甲涉嫌非法买卖爆炸物案

一、基本案情

向某甲系G县M公司负责人，G县M公司将D矿山2号洞、8号洞等承包给向某乙等自行开采，由M公司提供通电、购买爆炸物等服务，M公司为向某乙提供购买爆炸物服务中，另行收取相关管理费用。

经查明，2010年7月至2011年11月，G县M公司为一家矿山开采公司，在明知原采矿许可证过期的情况下，继续从事锰矿开采业务。

2010年7月至2011年11月，G县M公司在原采矿许可证到期新证未办理下来的情况下，在G县公安局治安大队办理爆炸物品购买证购买爆炸物，用于开采锰矿，对2号洞、8号洞所提供的爆炸物收取管理费。G县M公司另行收取向某乙爆炸物管理费，共计75524元。其中，2010年7月1日至2011年11月22日所收取向某乙爆炸物管理费用为56664元。

二、本案要点

1. M公司与内部承包人向某乙之间爆炸物的流转是否属于刑法意义上的非法买卖爆炸物罪的“买卖行为”？

2. 向某甲为承包人提供爆炸物并分摊成本的行为，是否具有获取营利的主观目的？

3. 向某甲所实施的行为是否破坏公共安全？是否违反国家对爆炸物的管理规定？

三、本书观点

（一）基于生产经营需要提供爆炸物品，是否为刑法意义上的买卖行为

向某甲基于生产经营需求，向M公司内部承包矿洞提供爆炸物品，系同一主体之间的内部流转，而非发生于不同主体之间的买卖行为。

M公司的2号、8号矿洞分别由向某乙、吴某某承包经营，但其须根据采矿数量进行提成并上交给M公司，且仍须以M公司的名义经营，并约定由M公司为其提供生产所必需的电力、用水和爆炸物。换言之，向某甲仅因向某乙、吴某某作为M公司内部承包人的特定身份，才为其供应爆炸物。

另外，证人向某丙（M公司爆炸物仓库保管员）的证言中明确提到："他们2号洞只要开了，几乎每天都会来领爆炸物，每次领一两件炸药，如果没用完，又到我这里存回来。"可见，若双方为买卖关系，向某乙在爆炸物未使用完毕时，不应选择将其存回M公司，而是自行保管。这也表明向某乙、吴某某自始至终均是作为矿洞承包人从M公司领取爆炸物品并承担相应成本，而非买入爆炸物。

从法律外观上来看，爆炸物的流转发生于M公司和被承包的2号、8号矿洞之间，两者无论是形式上还是实质上均属于同一主体。因此，向某甲基于生产经营需要为公司被承包矿洞提供爆炸物的行为，应认定为同一主体之间的内部流转行为，而非发生于不同主体之间的买卖行为。

（二）向某甲为承包人提供爆炸物并分摊成本的行为，是否以营利为目的

从主观目的的角度来看，刑法意义上的"买卖行为"并非指形式上的商品交易活动，而是指具有特定目的和特定指向性的行为。在刑法中，买卖行为之所以受到规制，是因为其具有的营利性和社会危害性。向某甲从民爆公司买入爆炸物并将该爆炸物加价销售给向某乙、吴某某，并不意味着买卖爆炸物，理由如下。

1. 向某甲买入爆炸物的行为合理合法

从形式上来看，向某甲依法通过当地治安大队的审批并按照正常流程买

入爆炸物，其买入行为在形式上没有任何瑕疵。从实质上来看，虽然M公司的采矿许可证已经到期，但其一直在积极办理且最终成功办理了采矿许可证。因此，其不属于“未取得采矿许可证”的情况，符合购买爆炸物的实质条件。从目的上看，向某甲买入爆炸物系用于M公司的正常生产经营，是单纯的按需购买，而非为销售爆炸物营利而购买，并非刑法所规制的买入行为。

2. 向某甲并不存在卖出爆炸物品的行为

从民爆公司购入爆炸物的价格与承包人在仓库领取爆炸物的价格产生的差额并非利润，而是对爆炸物购入成本和保管成本的合理分摊。关于购入成本，除爆炸物本身的成本外，M公司需要请人去专门办理证件、手续，然后把爆炸物从民爆公司用车运回矿山，必然会产生一定的人工费和运输费。关于保管成本，2号洞、8号洞并未修建爆炸物仓库，其生产经营所必需的爆炸物全部储存于M公司修建的爆炸物专用仓库，且M公司聘请了仓管人员，必然会产生不少的保管成本。依据双方的承包约定，M公司需要为承包人提供电力、用水和爆炸物，而承包人须为此承担相应的成本。因此，与承包人缴纳电费、水费的性质相同，承包人领取爆炸物时也应承担相应的购入成本和保管成本。

对此，将M公司2010年6月18日从民爆公司购入爆炸物的发票与2010年10月10日承包人领取爆炸物的收据进行对比，其中炸药含税及配送费一件（25公斤）331.25元，领取时收取费用340元，承包人每公斤仅承担0.35元的保管费，雷管含税及配送费每根3.2元，领取时收取费用3.5元，承包人每根仅收取0.3元保管费用。可见，从数额上来看，该金额难以弥补成本，不宜将其认定为利润。另外，承包人从未对该金额提出异议，说明该金额符合其心理预期和市场价格，也佐证向某甲的上述行为并非以营利为目的。

（三）向某甲的行为实质上并未破坏公共安全，也未违反国家对爆炸物的管理规定，未侵犯非法买卖爆炸物罪所保护的实质法益

非法买卖爆炸物罪所侵犯的客体是公共安全和国家对爆炸物品的管理制度，评价一个行为是否构成非法买卖爆炸物罪应从实质意义上考察，即该行为是否侵犯了上述法益，而非仅对具体刑法条文进行机械适用，否则有可能

得出违背立法本意和基本公平正义的结果。

根据国家对爆炸物的管理制度，购买爆炸物时，申请人应向公安机关提交采矿许可证等相应资质材料进行审核，审批通过并核发民用爆炸物品购买许可证后才可前往民爆公司购买爆炸物。从立法本意上来看，国家之所以设定严格的爆炸物管理制度，是为了避免爆炸物落入不特定的危险分子手中后用于不法行为，给社会公共安全造成严重危害。从反面理解，国家允许特定公司购买爆炸物，是因为该特定公司系基于正常生产经营需要而购买并使用爆炸物，并不会对社会公共安全造成危害。

1. M 公司买入爆炸物的行为并未破坏国家对爆炸物的管理制度

从形式上的国家对爆炸物的管理制度来看，虽然 M 公司在采矿许可证过期的情况下购买了爆炸物，但其在申请过程中所提供的材料真实，获得民用爆炸物品购买许可证的程序合法、有效。退一步说，即便认定其不应通过审批并获准购买爆炸物，也应当考虑到审核人员具有对所提交材料进行实质审查的职责；该破坏国家爆炸物管理制度的结果与向某甲的行为之间的因果关系已经中断，该责任不应由向某甲承担。

从实质上的国家对爆炸物的管理制度来看，M 公司申请购买爆炸物时，其一直在申请办理采矿许可证且最终成功办理，并非“未取得采矿许可证”的情形，即便其此时进行开采也不构成非法采矿罪。换言之，其此时使用爆炸物进行开采的行为不是非法行为，实质上并未破坏国家对爆炸物的管理制度。

综上所述，无论是从形式上讲还是从实质上讲，向某甲的行为都没有破坏国家对爆炸物的管理制度。

2. 向某甲为被承包矿洞提供爆炸物的行为既没有破坏国家对爆炸物的管理制度，也没有危害社会公共安全

如前所述，爆炸物的流转并非发生于向某甲与向某乙、吴某某两方自然人之间，而是发生于 M 公司和被承包的 2 号、8 号矿洞之间，而 2 号、8 号矿洞的所有权均属于 M 公司，且所有爆炸物均用于正常生产经营。因此，从整体上看，爆炸物均被用于有相应资质的 M 公司，符合爆炸物管理制度，并未落入不法分子手中或被用于实施不法行为，不会对社会公共安全造成严重

危害。

综上所述，本案向某甲的行为并未破坏爆炸物管理制度，也并未危害社会公共安全，不构成非法买卖爆炸物罪。

四、理论探讨

刑法意义上的"买卖行为"并非指一切形式上的商品交易活动，而是指具有特定目的和特定指向性的行为。非法买卖爆炸物罪的客观行为是指未经国家有关部门许可，违反法律法规，擅自购买或销售爆炸物。在刑法中，买卖行为之所以受到规制，核心在于其背后所蕴含的违法性；在分析非法买卖爆炸物罪中买卖行为的内涵时应当从两个角度入手，即违法性角度与罪名角度。

（一）从违法性角度分析买卖行为

违法性是对构成要件的行为进行实质审查的一个要件，刑法通过违法性要件的认定来避免法益范围的无限扩张。[①] 非法买卖爆炸物品罪系行政犯，其违法性以违反《民用爆炸物品安全管理条例》《安全生产法》等前置行政法规范为前提，同时须满足刑法对"严重社会危害性"的独立评价。以本案为例，M公司在购买爆炸物时，虽采矿许可证过期，但已向公安机关提交了真实材料，其中包括补办采矿许可证的申请，并最终取得民用爆炸物品购买许可证。公安机关的审批行为本身已对材料的合法性进行了审查，M公司的购买程序符合行政法要求。基于法秩序统一原则，确保刑法与行政法对统一行为的评价不冲突，具体将该原则落实到非法买卖爆炸物罪，行政法所允许的行为，刑法不得处罚；行政法所禁止的行为，刑法仍须独立判断其可罚性。

回归本案，向某甲主导的M公司购买爆炸物行为既满足行政法规范，又未产生刑法意义上的社会危害性。其购买程序经公安机关合法审批，且最终取得采矿许可证，说明采矿活动具备合法性。这意味着该行为既未违反前置行政法，也不具备非法买卖爆炸物罪所要求的违法性，从根本上不符合该罪的构成要件。

---

① 参见陈兴良：《违法性的中国语境》，载《清华法学》2015年第5期。

（二）从罪名角度分析买卖行为的内涵

非法买卖爆炸物罪与非法买卖枪支罪以及非法经营罪存在本质区别。非法买卖枪支罪与非法买卖爆炸物罪同属危害公共安全罪，均以“非法买卖”为行为要件，保护的法益亦均为公共安全与危险物品管理制度，但两者的核心差异在于“对象的危险性”，这间接决定了行为认定的宽严标准。枪支作为“可重复使用的杀伤工具”，其危险性在于“持续的人身威胁”，如作用于抢劫、杀人，而枪支的流通风险可通过登记管控，如枪号标识等方式进行部分降低；爆炸物作为“一次性高能量释放物”，其危险性在于“即时的大规模破坏”，且爆炸物一旦流入非法渠道，极难追踪。

非法经营罪属于破坏社会主义市场经济秩序罪，保护的是市场准入秩序；而非法买卖爆炸物罪保护的是公共安全；非法经营罪是典型的情节犯，其犯罪成立须同时满足“违反前置行政法”与“情节严重”两个要件。[①]“情节严重”是对行为社会危害性的综合评价，通常包括经营数额、违法所得、行为后果等客观要素，而非法买卖爆炸物品罪是抽象危险犯，[②]立法基于一般经验推定“非法买卖爆炸物品”行为本身具有危害公共安全的危险，而不要求发生具体危险或造成实际危害结果。其犯罪成立仅须具备“违反前置行政法”与“实施买卖行为”两个要件，行为完成即可推定危险存在。通过罪名的横向对比我们可以得知判定行为人构成非法买卖爆炸物品罪的核心要点是判定其是否“实施爆炸物品的买卖行为”。

反观向某甲的行为，既不存在“非法买卖”的客观行为，也未产生危害公共安全的抽象危险。爆炸物仅在M公司内部流转，用于合法采矿，未流入非法渠道，不符合非法买卖爆炸物罪“扩大爆炸物流通范围”的本质特征。同时，M公司的收费行为属于成本分摊而非营利性交易，与非法经营罪的构成要件亦不相符。因此，从罪名比较视角来看，向某甲的行为同样不构成非法买卖爆炸物罪。

根据我国《刑法》第125条的规定，非法买卖爆炸物罪中的“非法买

---

① 参见周光权：《论刑法所固有的违法性》，载《政法论坛》2021年第5期。

② 参见张明楷：《抽象危险的立法预设与司法判断》，载《法商研究》2025年第1期。

卖”是指违反国家有关爆炸物管理法规，未经批准，擅自购买或出售爆炸物的行为。若行为人购买爆炸物仅为自用，如本案中的合法矿山生产，其行为并未扩大爆炸物的流通范围，未对公共安全造成威胁。“买卖”的实质定义应限定为“具有流通属性的交易行为”①，避免将自用型购买错误入罪。

① 郑勇：《非法经营罪的扩张：原因及其对策》，载《中国刑事法杂志》2018 年第 1 期。

不符合国家标准的产品是否当然为“伪劣产品”

——周某涉嫌销售伪劣产品罪案

一、基本案情

周某、刘某某系 T 公司的股东，陈某担任该公司总经理。2019 年以来，T 公司应客户增加车厢厚度、保证货箱结实耐用的要求，对外带牌销售整备质量超出国家公告标准的重型自卸货车（俗称渣土车）。该重型自卸货车整备质量的国家公告标准为 12.5 吨，T 公司所销售的上装加厚车厢的货车已超出这一标准。

因货车整备质量超出国家公告标准，使整车无法在车辆检测站通过正常检测，继而无法正常上牌。为了帮客户解决上牌问题，T 公司股东刘某某收取了客户 3500～6500 元不等的代办费用后，将车辆检测业务委托给中介李某某、卢某某，由二人协助办理车辆上牌业务。李某某、卢某某利用长期代办上牌业务与机动车检测站建立的良好关系，违规为上述车辆通过检测，并出具虚假检验合格证明。

2020 年 8 月 22 日，T 公司所售的重型自卸货车因严重超载（荷载 25.3 吨）发生侧翻交通事故，造成一人死亡、一人重伤。案发后，T 公司股东周某、刘某某自首归案。

二、本案要点

1. 在案涉车辆具备正常使用性能且改装行为未增加实质危险的情况下，不符合国家标准是否为构成“伪劣产品”的充分条件？

2. 在消费者明知案涉车辆不符合国家标准的情况下，周某的行为是否侵害了销售伪劣产品罪的保护法益？

三、本书观点

（一）涉案货车并不属于刑法意义上的“伪劣产品”

1. 对“伪劣产品”的认定应当结合产品实际性能、质量进行综合考量

在2020年12月14日最高人民检察院发布的第二十三批指导性案例中的检例第85号——刘远鹏涉嫌生产、销售“伪劣产品”（不起诉）案中，刘远鹏销售的健步跑步机因“外部结构”“脚踏平台”不符合国家强制标准，起初被鉴定为伪劣产品，而后鉴定意见被推翻，理由是不能单纯地认为不符合国家标准即被认为是“伪劣产品”，应当多角度综合评估。

在广州市花都区检察院办理的某摩托车公司涉嫌生产、销售伪劣产品立案监督案（最高人民检察院发布保障民营企业合法权益监督侦查机关撤案典型案例之三）中检方也持相同观点，即认为该改装摩托车不属于刑法上的“伪劣产品”，理由如下：第一，涉案公司根据客户要求对生产的三轮摩托车的整体长度、轴距有所调整，但调整幅度较小，无证据显示调整对车辆的质量和使用性能产生了影响；第二，市场上其他品牌车辆也存在根据客户要求调整车辆整体长度的做法；第三，没有消费者反映已售车辆存在产品质量、安全问题。

2. 在案证据无法证明涉案货车在质量和使用性能上存在瑕疵，且整备质量超重系国内重卡行业普遍现象

根据《机动车安全技术检验项目和方法》（GB 38900—2020）中第6.8.1.1条的规定，重中型货车、重中型专项作业车、重中型挂车整备质量与标准误差不超过3%或500千克，本案案涉车辆国标整备质量为12.5吨，T公司所销售的重卡超重2吨左右。通过罪名分析，认为涉案改装车辆不属于刑法意义上的“伪劣”产品，周某不构成生产、销售伪劣产品罪。

具体到本案，涉案改装车辆确实存在一定的超重情况，但不能仅根据其整备质量不符合国家标准就认定为是“伪劣”产品，而应结合产品实际质量、性能进行综合评价。T公司购买涉案车辆的客户易某、彭某等人的证言

中均提到："我是听同行说这款渣土车质量还不错，不怎么出故障，于是我就订了这款车。"此外，在对"8.22 重大交通事故"中超重货车的司法鉴定意见书中提到，"根据该车道路制动检验数据，可知在车辆重量增加时，车辆制动距离均有所增加，但均未超出 GB 7258—2017《机动车运行安全技术条件》标准中第 7.10.2.1 条表 3 中对行车制动距离和制动稳定性的要求"，"某号牌重型自卸货车（整备质量为 15370 千克）的左、右侧倾稳定角符合 GB 7258—2017《机动车运行安全技术条件》中第 4.6.3 条的规定"。

以上足以说明涉案货车在实际质量与性能上并无明显瑕疵，且整备质量超重在国内重卡行业中系行业普遍现象，国家整备质量标准数十年来未根据实际情况作出变更才是问题根源，仅因其存在一定程度的超重即认定其为"伪劣"产品有违实质正义，也不符合最高人民检察院相关指导案例所体现的司法实践模式。

（二）消费者对其所购买货车的具体情况与上牌模式均系明知，周某并非以不合格产品"冒充"合格产品

最高人民法院、最高人民检察院《关于办理生产、销售伪劣商品刑事案件具体应用法律若干问题的解释》对生产销售四种行为方式作出了进一步具体描述，应该认为，"掺杂、掺假，以假充真，以次充好"三种行为方式是对生产、销售伪劣产品主要行为方式的列举，而"以不合格产品冒充合格产品"则是概括性规定。"以不合格产品冒充合格产品"，主要是通过"掺杂、掺假，以假充真，以次充好"的方式实现；"以假充真"的产品，则主要是不"具备产品应当具有的使用性能"的假产品；而以次充好，也必须依据《产品质量法》第 26 条第 2 款规定的质量标准要求进行判断。例如，以国家明令淘汰的产品冒充未被淘汰的产品，以未达到国家强制性标准的产品冒充达到了国家强制性标准的产品。

据承办律师介绍，本案中，T 公司购买涉案车辆的客户易某、彭某等人的证言中均提到，"我在 T 公司的门店看了样车我就订的这款车，然后我根据市场需求，要求 T 公司提供的渣土车必须要结实一点，能够多拖一些货。刘某某就跟我说没问题，他还拿出一个汽车销售合同，合同里写清楚了货箱高强度钢底 8 边 6，门口的样车就是加厚的底 8 边 6 的货厢，这个的车厢很结

实，符合我们的要求”，“问：刘某某有没有跟你讲车厢板材加厚会导致车辆超重？答：说了，他说车子会超重一点，但是只要车子连皮带货总重量不超过25吨就没事”，“2020年5月，他说过，去检测站检车前他会安排人把超重的货箱换成符合标准的货箱，检测完成后再换回超重的货箱去上牌登记交给我们”。

由此可见，涉案货车均系客户向T公司预定，客户为了能运输更多的货物，指定购买此类改装货箱的重卡，而刑法意义上的“伪劣产品”必须符合“掺杂、掺假，以假充真，以次充好”等以不合格产品“冒充”合格产品的行为模式。但T公司及周某不存在用不合格的产品在消费者面前“冒充”合格产品的行为，消费者对其所购买货车的具体情况与上牌模式均系明知，因此，T公司及周某的行为并不构成生产、销售伪劣产品罪。

四、理论探讨

我国司法实践中对“伪劣产品”的认定存在以下问题：过度依赖行政前置法规，将行政违法直接升格为刑事犯罪；缺乏独立的刑事违法性判断标准；未建立国家强制性产品质量认定体系。究其原因，主要在于司法实践未能准确把握刑法的独立性，对生产、销售伪劣产品罪保护法益（产品质量管理制度和消费者权益）的理解存在偏差。解决这个问题应当坚持法秩序统一原则，在保持部门法协调的基础上强化刑法的独立判断，将本罪法益作为核心标准贯穿司法实践，严格区分行政违法与刑事犯罪。

（一）生产、销售伪劣产品罪中“伪劣产品”的认定

从《刑法》第140条的具体条文来看，对于“伪劣产品”这一核心概念的认定标准仍较为模糊和笼统。该条款并没有通过详尽的法律语言直接界定何为“伪劣产品”，尤其是对“违反国家产品质量管理规定”的具体内容缺乏清晰的说明，未能形成一个统一、明确的犯罪标准。

实际上，《刑法》第140条的条文设计，是建立在《产品质量法》等行政法规的基础之上的。也就是说，对于生产销售伪劣产品的具体界定和处罚措施，须依赖于《产品质量法》提供的质量标准和相关监管措施。鉴于《刑法》本身对此缺乏细节性规定，司法实践中存在较大的解释和适用的空间。

为了弥补这一不足，最高人民法院、最高人民检察院于2001年颁布了《关于办理生产、销售伪劣商品刑事案件具体应用法律若干问题的解释》，该司法解释对“伪劣产品”的具体类型和范围作出了较为详细的规定，力图通过明确司法标准提升案件审理的统一性和科学性。最高人民法院、最高人民检察院《关于办理生产、销售伪劣商品刑事案件具体应用法律若干问题的解释》第1条明确指出了《刑法》中生产、销售伪劣产品罪涵盖的四种具体行为方式，为司法实践提供了操作指引。

需要指出的是，在行政法规中，“伪劣产品”的定义存在广义和狭义之分。以国家技术监督局《关于严厉惩处经销伪劣产品责任者的意见》为例，其规定涵盖范围较广，属于广义上的“伪劣产品”范畴。原国家质量监督检验检疫总局还明确指出，对于某些经销产品，在被发现问题后如果经相关部门指出仍拒不整改的，同样视为经销伪劣产品。从更宽泛的行政监管角度来看，这些产品均被纳入“伪劣产品”的认定范围。与此相对应的是，《产品质量法》第36~40条对“伪劣产品”作出了较为严格和具体的界定，包括不符合保障人身和财产安全原则的国家或行业标准的产品，已经失效或发生质量变质的产品，虚假标注产地、冒用他人厂名厂址的产品等，这些均属于较为狭义的“伪劣产品”范畴。而《刑法》第140条所规定的四类“伪劣产品”亦主要属于这一狭义范畴，侧重于严重危害消费者合法权益和公共安全的情形。

综合上述法律法规和司法解释的规定，在认定生产、销售伪劣产品罪中“伪劣产品”的法律属性时，实际采用的是一种“前置法定性，刑事法定量”的认定模式。即首先依据前置的行政法规或国家标准对产品质量进行认定，当依据行政法规和国家标准难以准确界定时，则以具有法定资质的产品质量鉴定结论为判断依据。随后，在确认产品质量问题的基础上，结合涉案产品的销售金额，依法确定刑事责任及相应量刑标准。由此，最高人民法院、最高人民检察院《关于办理生产、销售伪劣商品刑事案件具体应用法律若干问题的解释》明确规定，行为人的刑事违法性必须建立在产品质量鉴定报告或相关行政法规的基础之上，然后结合涉案数额进行综合判断，以确保刑罚处罚的科学合理。

然而，这种依赖前置法规认定的机制，虽然表面上符合法秩序统一的原则，但在实际操作中却存在一定的弊端。最根本的问题在于，刑法与其他部门法在保护对象和目的上存在本质差异。刑法的违法性认定应当具有独立性，不应完全依赖于行政法规的界定，否则容易造成刑事违法性判断的被动性和模糊性。此外，前置法对“伪劣产品”的定义并未彻底解决刑法中标准不明确的问题，反而可能引发新的认定争议和执法困境。

基于此，司法机关在认定生产、销售伪劣产品罪成立时，除了需要依法审查涉案产品是否符合《产品质量法》关于不合格产品的规定之外，更应当从法益保护的角度出发，实质性地判断产品是否达到《刑法》第 140 条所规定的“伪劣产品”标准，做到刑法适用的独立性和准确性，确保兼顾对犯罪行为的有效打击和法律的公正与合理。并且在进行司法鉴定时，当案件中涉案产品的行为界定存在争议或难以判断时，通常需要委托具备法定产品质量检验资质的专业鉴定机构进行鉴定，以确保鉴定的客观公正性。这种鉴定结果成为法院判断产品是否属于“伪劣”的关键依据，也是刑事责任认定的重要基础。

具体来说，“伪劣产品”中的伪产品主要是指“以假充真”的产品，劣产品则是指掺杂、掺假的产品、以次充好的产品及冒充合格产品的不合格产品。这里的“产品”，应是指经过加工、制作，用于销售的产品，无论是工业用品还是农业用品，无论是生活用品还是生产资料，无论是有危害人身、财产安全的产品还是没有危害人身、财产安全的产品，都可能包括在本罪的“伪劣产品”这一概念之中。①

（二）生产、销售伪劣产品罪的行为认定

生产、销售行为表现为四种情形：在产品中掺杂、掺假，以假充真，以次充好，以不合格产品冒充合格产品。

根据最高人民法院、最高人民检察院《关于办理生产、销售伪劣商品刑事案件具体应用法律若干问题的解释》的规定，在产品中掺杂、掺假，主要是指在产品中掺入杂质或者异物，致使产品质量不符合国家法律法规或者产

---

① 参见张明楷：《刑法学》（下）（第 6 版），法律出版社 2021 年版，第 994 页。

品明示质量标准规定的质量要求，甚至降低、失去应有使用性能的行为；以假充真，是指以不具备某一功能的产品冒充具备该功能的产品的行为；以次充好，是指以低等级、低档次产品冒充高等级、高档次产品，或者以残次、废旧零配件组合、拼装后冒充正品或者新产品的行为；不合格产品，则是指不符合《产品质量法》第26条第2款规定的质量要求的产品。①

在实践中，上述四种行为可能难以完全区分，如有些行为既可能属于以次充好，也可能属于以假充真，还可能属于以不合格产品冒充合格产品。对此，应当委托法律、行政法规规定的产品质量检验机构进行鉴定。

（三）生产、销售伪劣产品罪保护的法益

1. 传统观点："市场秩序说"与"制度说"

一般认为，生产、销售伪劣产品罪所保护的法益是市场管理制度或市场经济秩序。②"市场秩序说"认为，刑法之所以对于制售伪劣产品的犯罪行为作出明确规定，主要是因为想以此规定来保护正常的市场经济秩序，对导致市场经济秩序发生混乱的行为进行严格规制，同时对消费者的合法权益予以有力的保障。"制度说"则是从刑法定罪原则出发，强调本罪既包括一般罪名又包括特殊罪名，即既要保护生产者、销售者的合法利益，又要保护广大消费群体的合法权益。

"制度说"与"市场秩序说"实质上都认为该罪具有多重法益：既涉及制度的维护，也关系到消费者个体权益的保护。虽然两者在理论表述上有所差异，但均体现了"市场失灵"理论与"社会成本最小化"原则，未构成根本分歧。实践中，制售伪劣产品行为确实对消费者的生命、健康和财产权造成威胁，但这些权益并非该罪所直接保护的法益，而是通过对制度或秩序的维护间接实现。换言之，保护产品质量监管制度和市场经济秩序是比较重要的法益，而保护消费群体的合法利益是相对次要的。

2. 现代转型："消费者合法权益说"

"制度说"与"市场秩序说"都存在一定的疑问，"产品质量监管制度"

---

① 产品合格与否通常应按特定产品的质量标准进行判断。

② 参见马春晓：《中国经济刑法法益：认知，反思与建构》，载《政治与法律》2020年第14期。

与“市场经济制度”本身是没有具体意义的，而每一项制度规定的存在是为了保护某些具体的利益，所以应将“制度”与“秩序”还原为某种具体的法益。① 如果将产品质量监管制度或者市场经济秩序作为该罪保护的法益，将难以确保实现刑事司法的基本目标，现代对该罪行所保护的具体法益的理解应以平等保护社会中所有人的基本利益的原则为基础。

若将产品质量监管制度或市场经济秩序作为本罪的直接保护对象，则刑罚的启动过度依赖前置法中的行政规定，容易陷入以行政违法即为犯罪的误区，进而违背罪刑法定原则。刑事责任的确立，应以刑法本身的规范体系和保护目的为基础，独立判断行为的可罚性，而不能机械地仅因违反前置行政规范即认定构成犯罪。

制售假冒伪劣商品的行为往往具有“欺骗性”，其实质是对消费者合法权益的侵害。刑法之所以介入伪劣产品问题，关键在于制售伪劣产品行为本身侵犯了消费者的知情权、选择权等基本权益，而不仅是因为产品质量不合格。②

因此，本罪的实质法益应为消费者的合法权益以及商品交易中的公平市场秩序。以“制度”或“秩序”作为抽象保护目标不足以支撑刑事法介入的正当性。例如，市场上存在大量“高仿”“A 货”产品，部分消费者明知其非正品，仍基于主观意愿购买，如“莆田鞋”现象。这种交易虽在某种程度上扰乱市场秩序，也可能构成假冒注册商标罪，但从消费者自愿接受的角度来看，其合法权益未必受到实际侵害。在此类情形下，若一概认定为“伪劣产品”，并以生产、销售伪劣产品罪追究刑事责任，势必造成法益保护的外延膨胀，背离刑法谦抑性原则。

（四）“伪劣产品”的应然认定标准

1. 应在刑事违法性的独立判断下认定“伪劣产品”

违反前置法能够提示司法人员行为人有构成犯罪的嫌疑，但证立刑事违

---

① 参见陈洪兵：《生产、销售伪劣商品罪的法益及其展开》，载《政治与法律》2011 年第 3 期。

② 参见朱梓明：《生产、销售伪劣产品罪中不合格产品的范围界定》，载《质量与标准化》2017 年第 2 期。

法性还需要行为符合具体犯罪的构成要件且不存在违法阻却事由。行政犯与刑事犯的核心差异在于其行政行为的轻或重，行政犯认定所涉及的行政要素众多，不仅具有行政前置违法条件的过滤和行政要素的适用，还具有行政与刑事双重责任的承担。① 在此意义上，行政犯是“行政”与“犯罪”结合的产物。因此，在行政犯的认定中，无论是从法秩序统一性的角度来看还是从行政犯自身内部协调的角度来看，都要求刑事认定与行政认定的协调。

2. 以法益侵害为根本判断标准

最高人民法院、最高人民检察院《关于办理生产、销售伪劣商品刑事案件具体应用刑事法律若干问题的解释》第 1 条第 4 款对“不合格产品”的认定标准作出了明确规定，即若涉案产品的质量不符合《产品质量法》第 26 条第 2 款所要求的标准，即可视为不合格产品。因此，在判断行为人是否涉嫌构成生产、销售伪劣产品罪时，应首先审查其产品是否违反了上述产品质量标准。然而，这并不意味着所有违反《产品质量法》规定的行为都自动构成刑法意义上的犯罪。司法机关在审理此类案件时，不仅须考察产品是否违反前述行政规范，还应就其是否符合刑法所规定的“伪劣产品”标准进行独立的刑事判断。在此基础上，更应结合具体案件中是否存在对法益的实质侵害进行限制性解释，判断行为的刑法实质违法性。

如前所述，“制度说”与“市场秩序说”难以充分回应当代刑事司法的基本要求，该罪所保护的法益应当是公平交易的市场秩序和消费者个人的合法利益。构成该罪必须有明确的被害人，并且其合法利益应遭受实质性损害。例如，在网络直播带货过程中，夸大宣传产品性能、等级等虚假广告行为频繁出现，但并非所有此类行为都构成“以假充真”类型的销售伪劣产品罪。根据《产品质量法》《消费者权益保护法》等前置法，若消费者并未因该行为遭受实际损害，甚至存在“知假买假”的情形，则其合法权益未受实质侵害，当然不构成犯罪。

3. 以产品是否具备使用性能、是否符合质量标准为辅助判断标准

首先，应检验产品是否具备应有的使用性能。消费者购买产品的目的在

① 参见周光权：《法秩序统一性与犯罪认定》，载《华东政法大学学报》2022 年第 2 期。

于实现其使用价值，而使用性能正是使用价值的核心基础。产品的安全性、可用性与合规性是判断其是否构成“伪劣产品”的关键标准。

“以假充真”是对产品使用性能的根本否定，如用粉丝冒充鱼翅等，完全不具备产品应有的使用性能。“以假冒为目的”，通常是指行为人基于自身掌握的生产技术或销售渠道而实施的故意误导、欺诈消费者的行为。然而，如果仅是伪造厂名、厂址等产品外在信息，而未影响产品本身的使用性能，则不宜直接认定为假冒产品。在认定“应有使用性能”时，应优先采用实质性标准，同时考虑主观意图与客观结果。产品的商标、品牌等仅代表生产主体、方法、手段、条件等方面，可能对产品的质量产生影响，但并不等同于其使用性能，应当区分假冒行为与假冒产品质量之间的关系。将任何形式的仿冒行为混淆为“以假充真”“以次充好”，都会严重破坏刑法体系的稳定性。

对“应有使用性能”的评估应坚持客观的标准。“有效性能”作为衡量产品功能的重要指标，是判断产品质量优劣的关键因素。因此，在判断时应综合考虑有效成分含量、物理强度等物理和化学指标，而不能仅凭主观感受。此外，应关注不同消费者对产品性能的认知差异，避免以偏概全。对于尚无明确质量标准的产品，可以借助日常生活经验，结合其性能的相似程度进行整体评估，从而避免将行政标准机械前置于刑法之前，维护刑法的独立性与司法实践的合理性。

其次，应判断产品是否符合国家或行业规定的产品质量标准。产品标准是保障质量的重要依据，其质量水平应成为判断是否构成销售伪劣产品罪的重要参考。尤其是产品的安全性能，必须达到最低限度，确保不对人体健康和财产安全造成实际侵害。

偷工减料是否构成合同诈骗罪

——尹某某合同诈骗罪案

一、基本案情

2015 年 12 月 21 日，Z 镇人民政府与 A 建筑公司签订《建设工程施工合同》，约定由 A 公司承建 Z 镇某社区棚户区改造一期、二期配套设施工程，签约合同价 10973179.86 元，结算价款按实际完成工程量乘以综合单价计算，材料价格按约定调整。

2015 年至 2018 年，实际施工人尹某某、旷某某在施工过程中，未按合同要求完成 Z 大道两侧 K0 - K1194.153 排水工程涵管下方混凝土垫层铺设，却将该部分未施工工程量计入数十张工程量签证单，并集中找建设单位及监理单位相关负责人补签字确认。2018 年项目完工验收后，二人将包含未施工工程量的《工程量现场签证单》《竣工结算书》等资料作为审计依据。2018 至 2019 年，县审计局依据上述资料，将未实际铺设混凝土垫层的工程部分纳入审计认定，并作为工程款支付结算依据。截至 2020 年 1 月，项目审定结算金额 9578000 元，县政府已全部支付完毕。

经司法鉴定：Z 镇棚改项目 Z 大道两侧 K0 - K1194.153 排水工程涵管下方混凝土垫层铺设工程造价 311290.91 元；Z 镇某社区棚户区改造一期、二期配套设施工程造价为 8229130.47 元。

二、本案要点

1. 偷工减料行为是否适用《刑法》第 224 条的兜底条款？

2. 在存在真实基础交易的情况下，虚构部分事实是否属于刑法意义上的诈骗行为？

三、本书观点

（一）对《刑法》第224条中兜底条款的解读

《刑法》第224条明确规定了四种构成合同诈骗罪的行为类型，这四类列明行为体现了合同诈骗罪行为的本质特征：行为人没有履行合同的诚意，或者没有履行合同的能力与基础，或者既没有履行诚意也没有履行能力和基础。它构成了对“兜底条款”解释的基本框架，也是判断本案尹某某虚报部分工程量的行为是否符合合同诈骗罪构成要件的关键所在。

通过对刑法列明的四种情形的分析，我们可以得出各类合同诈骗行为的共同特点：合同诈骗罪要求行为人主观上没有履行合同的诚意；或者是客观上行为人没有履行合同的基础、能力或者担保，进而具有非法占有目的，并使被害人的财产遭受刑法意义上的损失；或者即便履行，其履行也是严重不成比例的，主观上也具有“以小套大”的非法占有目的；或者既没有履行诚意也没有履行能力和基础。[①] 因此，“兜底条款”的设定，只是为了防止刑法列明行为之外的其他骗取方式因刑法没有规定而形成的漏洞，但一定要求“兜底条款”所涉行为与刑法列明行为之间具有相当性并具有相应的比例关系。

（二）尹某某客观上没有实施合同诈骗行为

1. 尹某某履行了《建设工程施工合同》的绝大部分义务，合同双方之间存在真实的基础交易，施工合同的履行仍然具备效益与效率

虽然尹某某未按施工合同设计要求在Z大道两侧排水工程涵管下方垫层铺设混凝土且将该部分工程量计入签证单，但从合同的整体履行情况来看，合同施工内容包括对Z大道两侧的人行道、排水管、路灯及对原路面部分加宽和破损部位进行修补等项目，垫层铺设混凝土只是其中排水管项目中的一道工序，不影响该工程的正常使用，且未垫层铺设的部分仅为Z大道路段，并非施工合同的主要内容，从工程造价占比也可印证该事实（经司法鉴定，

① 参见黄何：《合同诈骗罪“兜底条款”的新认识——兼议连云港货代业骗逃运费案的罪与罚》，载《大连理工大学学报（社会科学版）》2018年第5期。

Z大道两侧垫层铺设混凝土工程造价为311290.91元，案涉工程总造价为8229130.47元，瑕疵履行部分仅占总造价的3.7%）。换言之，尹某某只是在部分工程项目的某一道工序上存在瑕疵履行行为，但作为交付工程款判断基础的重要事项（合同的主要施工内容）没有欺诈，对发包方而言，其支付的工程款相较于最终完成的工程仍是市场可以接受的合理对价，施工合同的履行仍然是有效益和效率的。

因此，施工合同双方之间存在真实的基础交易，尹某某虚报极小部分工程量的行为与刑法规定的合同诈骗罪列明的行为有着本质区别，不属于《刑法》第224条兜底条款的适用范围，并非合同诈骗行为。

对此，人民法院案例库参考案例（2019）赣04刑终521号（同时刊登于《刑事审判参考》第134辑第1512号）“黄某正等合同诈骗案”的裁判要旨值得参考，该判决认定黄某正等人将虚假的送货单混杂在真实的送货单中，其虚增的工程量只占整个工程的极小一部分，对合同适当、全面履行不存在根本性、决定性的影响，不构成合同诈骗罪。

2. 尹某某在部分工序瑕疵履行行为对合同适当、全面履行并不具有根本性、决定性的影响，没有影响合同根本目的的实现

案涉施工合同的根本目的是使用工程预算以内（1097万元）的资金获得可以正常使用的道路。客观而言，案涉工程最终通过了验收，工程质量合格，已经投入正常使用，尹某某等人也正是基于不垫层铺设混凝土也不会影响正常使用的考量才决定在该道工序中偷工减料。另外，案涉工程的最终审计金额为957.8万元，最终结算金额仍在发包人Z镇政府的预算范围之内，因尹某某等人瑕疵履行而增加的金额是发包人按照市场需求可以承受的合理偏差。

（三）尹某某的行为并未侵害本罪法益

一般认为，合同诈骗罪是诈骗罪的一种特殊形式。从立法体系的角度来看，在特定领域设置特殊性罪名，其意图绝非扩张普通罪名的适用，恰恰相反，其意图是在于限制其适用范围的过分蔓延，否则这种“特殊”就失去了存在的必要。

合同诈骗罪作为破坏社会主义市场经济秩序类犯罪，其法益保护内容，包括对财产损失的理解，不适合也不应该完全在普通诈骗罪的意义上去解读

与适用。合同诈骗罪的规范保护目的应当是最大限度地鼓励交易，且保障合同秩序背后的合目的性、有合理对价的有效交易行为。对于合同秩序与财产损失必须在市场交易语境下进行解读，只要合同双方的交易行为合乎彼此的交易目的，存在合理的对价，且在商事活动中其交易具有效益，就在根本上契合合同诈骗罪的规范保护目的，不成立合同诈骗罪，即便有欺诈，也不构成对合同秩序的根本性损害与对方财产的根本性损失，动用前置法调整就足矣。[①]

因此，非等价（但仍然属于合理对价）的“虚报”部分财产并不能简单等同于合同诈骗罪中的公私财产损失。在合同诈骗罪中，财产损失只是该罪的附随结果，并不构成对合同诈骗罪的决定性影响，它只是构成合同诈骗罪必要的但非充分的条件。只有不符合交易目的且权利义务履行与合同的约定严重不成比例（这正是刑法列明的合同诈骗基本类型，以及对“兜底条款”进行限缩解释要义所在）、对权利人而言是没有交易效益和交易效率的情形，才是合同诈骗罪中的财产损失，也才构成对合同秩序根本性的破坏，才能构成合同诈骗罪。所以，符合目的、有合理对价、有交易效益的欺诈行为不构成对合同秩序的根本性损害与对方财产的根本性损失，并非合同诈骗行为。

就本案而言，虽然发包人遭受了 31 万元的财产损失，但发包人与尹某某等人（A 建筑公司）所签订的施工合同的合同目的已经实现，相较于其已经实际获得的造价 822.9 万元的建筑物而言，该损失仍然属于市场可接受的合理偏差，不构成对合同秩序的根本性损害与对方财产的根本性损失，仍然称得上是有交易效益和效率，故尹某某虚报部分工程量的行为并未破坏合同诈骗罪所保护的法益。

（四）尹某某主观上没有非法占有案涉工程款的目的

“非法占有目的”是构成合同诈骗罪的主观构成要件，欺诈行为也是基于这一“非法占有目的”而被视为具有严重社会危害性和可罚性的。在非法占有目的支配下，行为人的行为是整体地围绕排除他人对财物的支配、利用

① 参见蔡道通：《有效益的交易：合同诈骗罪规范目的证成——以骗逃部分铁路运费案为分析重点》，载《环球法律评论》2022 年第 1 期。

或处分财物的意思展开的，主要体现为以下几点：第一，合同磋商阶段、签订阶段、履行阶段行为人并不具有履约能力，虚构履行能力促使被害人继续履行合同；第二，即便具有履行能力，但行为人也不具有积极履行合同约定的意思，合同主要目的依然无法实现；第三，在取得财物后，行为人具有逃匿、挥霍、用于违法犯罪活动等行为，致使相应财物无法返还。因此，应当综合考量行为人的全部行为以判断其是否具有非法占有目的。

就履约能力和履约态度而言，尹某某签订合同时具有相应的主体资格和履行合同的能力，实际履行了合同主要义务，实现了合同目的，尚未达到不支付对价或以少量对价谋取大部分财物的严重程度。就取得财物的处置情况而言，尹某某等人获得工程进度款后，没有将取得财物用于挥霍、从事非法活动、携款逃匿等，而是继续投入工程建设之中，积极履行合同义务。

不能仅就合同约定中的某个次要部分，就认定行为人具有非法占有目的。第一，合同诈骗的实质就是利用经济合同需要支付对价的特点骗取他人财产；倘若不考虑合同行为对价的整体行为对比，径直将其中部分“虚构”行为评价为行为人具有诈骗罪中造成他人损害非法占为己有的目的，就会导致刑法评价偏离合同诈骗罪设立的本质，而把正常履行合同过程中存在的合同欺诈作为诈骗罪处理，也容易导致所有存在工程结算偏差的情形都可能被认定为诈骗罪。第二，依照《刑法》第224条的表述，“以非法占有为目的”是贯穿在“签订、履行合同过程”之中的主观特点，不能只评价某个交易环节。第三，孤立地评价某个次要部分往往不具有可行性。特别是在建筑行业，工程进度款、尾款的给付与施工、验收交织发生、连续进行，有的工程还涉及施工方垫付工程款的情况，因此难以孤立地去评价合同中某个环节是否有充足对价，而应在整体合同的履行情况的基础上判断行为人是否具有非法占有目的。第四，当事人的行为并没有给发包方造成预期之外的财产损失。本案中，合同的签约造价是1097万元，而承包方最终审计造价是957.8万元，发包方并没有在合同之外多付给承包方任何财产，所以不存在财产损失的问题。承包方的行为，充其量只是施工过程中偷工减料的问题，而不是诈骗犯罪的问题。

四、理论探讨

民事欺诈属于一般违法，而只有具有严重社会危害性的诈骗行为才属于刑事犯罪。两者虽分属于不同的法律范畴，行为本质却都是欺诈，且存在诸多相似之处，因而司法实践中难以对两者进行区分。欺诈行为人虚构事实、隐瞒真相，给被欺诈人带来财产损失的，既可能构成民事欺诈，也可能构成刑事诈骗，违法与犯罪的界限有时难以把握，在司法实践的认定中极易发生混淆。因此，有必要厘清民事欺诈和刑事诈骗的基本构成要件，对两者进行梳理，从理论和实践中对两者加以区分，既要防止把纯粹的民事欺诈作为刑事上的诈骗犯罪来对待，也要避免对构成犯罪的刑事诈骗行为只追究民事责任，而对犯罪视而不见的情况发生。①

（一）民事欺诈与刑事诈骗的理论区分路径

1. 欺骗内容

民事欺诈与刑事诈骗在欺骗内容上存在一定差异。有学者认为，构成诈骗罪的欺骗行为，必须涉及对交易具有决定性意义的重要信息或基础性事实，如标的物的种类、特征、价格及其构成等；② 而在民事欺诈中，欺骗往往仅涉及个别或局部事实。也有观点主张，民事欺诈通常是对局部或非核心事实的误导，而诈骗罪则体现为对整体事实或关键事实的系统性欺骗。③ 实际上，在民事欺诈中，行为人虚构或隐瞒的多为次要、辅助性的信息，而在刑事诈骗中，行为人所欺骗或隐瞒的则通常是与交易本质密切相关的核心内容。在司法实践中，这一区别也体现在对欺诈性借款与借款诈骗的区分上。

2. 欺骗方式

在民事欺诈中，行为人的虚构事实多体现为对自身履约能力、产品质量等方面的夸大宣传；隐瞒真相的方式则包括明知标的物存在瑕疵而故意不披露，或故意隐瞒自身履行能力不足。在这些情况下，尽管一方存在欺骗行为，

---

① 参见刘青青：《民事欺诈与刑事诈骗的区分》，载《特区经济》2024 年第 5 期。

② 参见陈少青：《刑民界分视野下诈骗罪成立范围的实质认定》，载《中国法学》2021 年第 1 期。

③ 参见陈兴良：《民事欺诈和刑事欺诈的界分》，载《法治现代化研究》2019 年第 5 期。

但其通常仍具有履行合同的基本意愿和能力，民事法律关系仍处于可履行的状态，双方在权利义务上的不对等并未达到严重失衡的程度。

相较而言，刑事诈骗中的行为人则往往通过编造虚假情节、隐瞒重大事实，甚至捏造不存在的主体身份，意图根本不支付对价而非法获取他人财产。在此类情形中，即便行为人具有一定的对价支付行为，也仅是为掩饰其非法占有目的而作出的策略性行为，其本质并非履约，而是欺诈。换言之，刑事诈骗中的所谓“民事法律关系”仅是行为人实施诈骗的手段，并非真实的法律意图或法律关系的体现。

因此，从履约意愿及法律关系的真实性来看，民事欺诈中通常存在真实的合同基础与履行可能，而刑事诈骗则通常缺乏真实的履约意图，其民事外衣只是掩盖犯罪目的的工具。

3. 欺骗程度

认定构成刑事诈骗，必须具备行为人实施欺骗行为、被害人因该欺骗行为产生认识错误，并基于该认识错误处分财产的完整因果链条。若欺骗行为尚不足以引发对方处分财产的严重后果，则通常只能认定为民事欺诈。司法实践中，对欺骗程度的判断应结合个案具体情节进行逐层审查。只有当欺诈行为的严重性达到质变程度，突破了民事违法的界限，才可能转化为刑事犯罪。

一般而言，若行为人所采取的欺诈手段已超出正常商业交易惯例与社会可接受的容忍范围，不再属于诚信经营行为的范围，即可能涉嫌违法犯罪。但对于其是否构成刑事诈骗，仍须进一步判断其欺诈行为是否具有非法占有目的，以及是否达到对整个交易过程形成主导和操控的程度。

一旦行为人的欺骗行为已足以全面左右交易的发生、进行和结果，使对方在缺乏真实意思表示的情况下处分财产，即表明该行为已不再属于民事法律规制的范畴，而是已经具有明显的刑事违法性质，应依法认定为诈骗犯罪。

4. 故意的类型

民事欺诈中，行为人的主观心态可能表现为直接故意或间接故意。欺诈者未必有明确不履行合同的意图，其目的往往是通过利用合同显失公平的情形，以达到获取超出合同正当权益范围的不当利益。[①] 然而，在诈骗罪中，行为人的主观心态则必须是直接故意，不能像民事欺诈那样存在放任的心理状态。因为诈骗罪属于目的犯，行为人必须在主观上具有明确非法占有他人财物的意图，并在客观上积极实施相应行为，否则其行为无法构成诈骗罪。

5. 非法占有目的

在民事欺诈中，行为人的动机在于干扰对方当事人的意思表示自由，借助所设立的民事法律关系尽可能实现自身利益的最大化。在此情形下，尽管存在欺骗行为，双方之间的权利义务关系仍具备一定的对称性。而以诈骗罪为代表的刑事诈骗则要求行为人具备非法占有的目的，其根本意图在于使受害人基于认识错误而自愿处分财产，从而实现对该财产的非法控制。在此情况下，行为人与被害人之间的法律地位和利益配置呈现严重的不对称，体现出明显的支配与被支配关系。因此，诈骗行为的动机更具侵害性与指向性。

非法占有目的正是区分违法行为与犯罪行为的核心要素。如果行为人在民事法律关系的设立或履行过程中实施了欺诈行为，并导致对方产生一定程度的财产损失，但其主观上并不具备非法占有的目的，则该行为尚不构成诈骗罪，而应在民事违法的框架内予以规制和追责。

（二）民事欺诈和刑事欺诈的实践区分路径

1. 基于客观行为推断行为人的主观目的

判断行为人是否具有非法占有目的，是确定其行为构成民事责任还是刑事犯罪的核心。然而，“目的”作为一种内在的主观心理状态，具有抽象性和隐蔽性，难以直接认定。因此，在司法实践中，通常通过行为人的客观外在表现进行综合分析与判断。

第一，重点审查行为人在签订合同前是否具备履约的准备与条件。如果其在合同成立前未有任何履行意图或积极筹备行为，甚至毫无履约能力，却仍主动与他人缔结民事法律关系，则其真实的交易意图可被合理质疑，往往可推断其主观上具有非法占有的故意。

① 参见安之楠：《解构与续造：民事合同欺诈与合同诈骗罪的区分研究》，载《湖湘论坛》2016 年第 1 期。

第二，可从交易过程中行为人是否支付了相应的对价给付来判断。民事欺诈中，双方依据民事法律关系设定的权利义务较为对等，欺诈人虽有虚假陈述，但通常并非完全剥夺对方利益；而在刑事诈骗中，行为人则意图完全侵占对方财物，即使偶尔作出部分对价给付，也往往是为掩盖犯罪目的而采取的策略性手段。

第三，行为人在合同履行阶段之后的表现亦具有重要指示作用。例如，其是否有隐匿、转移财产或交易标的的行为，在违约发生后是否积极止损、弥补损失，或是反而继续虚构事实、掩盖真相，甚至逃避责任。这些行为都可从侧面反映其是否具有非法占有的主观目的。

综上所述，认定行为人是否构成诈骗罪，必须坚持主客观相统一的原则，不能因被害人遭受财产损失便机械地推定行为人具有犯罪意图，也不能仅凭一方供述即认定其主观恶意。应当从行为人事前是否具备履约准备、事中是否公平对价交换、事后是否积极履约或规避责任等多个方面，进行系统、全面的分析判断，以客观事实推定其是否具有非法占有目的。

2. 以“民事救济是否可能实现”作为判断刑法介入必要性的标准

可结合我国现行立法与司法实践，将“民事救济可能性的基本丧失”作为区分民事欺诈与刑事诈骗的重要标准。与民事欺诈相比，刑事诈骗通常造成更为严重的社会危害，行为人不仅通过欺骗手段非法获取财产，更可能将所得不义之财予以挥霍、转移或隐匿身份信息，使被害人陷入无法行使民事权利的困境。此时，若仅依赖民事途径，受害人的权利无法得到有效救济，亦难以实现法律正义，刑法的介入便显得必要而正当。

反之，若被欺诈人的权益仍可通过正常的民事诉讼程序予以救济，且权利实现不存在根本障碍，则刑法应保持谦抑，避免对民事纠纷进行刑事化处理。这不仅体现了刑法作为“最后手段”的基本功能定位，也有助于节约司法资源，保障法治秩序的稳定。

提供虚假财务资料骗取履约诚意金，能否评价为合同诈骗罪

——A 公司股权交易欺诈罪案

一、基本案情

2021 年，控告人 A 公司与被告人（上市公司 B 公司实际控制人）甲、乙签署《股份转让框架协议》《股份转让协议》等系列股份交易协议。为解除部分股权上的质押权，根据甲、乙出具的《支付说明》，A 公司须代替甲向各质押权人清偿债务，以此解除股份上的质押权。截至 2021 年 4 月 26 日，A 公司合计代替被告人甲清偿 1 亿元。

2021 年 4 月 29 日，A 公司与被告人达成股权质押协议。2021 年 4 月 30 日，B 公司便发布公告，载明因其 2020 年度的财务报告被会计师事务所出具无法表示意见的审计报告，表明 B 公司存在控股股东及关联方占用公司资金的情形，对 B 公司进行了退市风险警示，A 公司遂中止付款及收购。

2022 年 5 月，A 公司向甲、乙发函单方解除协议。尝试参与 B 公司重整未果后，A 公司遂于 2022 年 5 月 26 日以合同纠纷为由将本案诉至 C 市中级人民法院，法院判决甲、乙构成民事欺诈，应当承担违约责任。经法院执行：2023 年 9 月 A 公司回款若干，未执行到位的金额为 4000 万元。

二、本案要点

1. 在股权交易过程中，通过提供虚假财务资料骗取履约诚意金的行为能否评价为合同诈骗罪？

2. 股权转让中客观的投资风险能否作为出罪事由？此类行为是否具有刑

事处罚的必要性？

三、本书观点

（一）涉案公司的行为是否符合合同诈骗罪的构成要件

A公司、B上市公司（实际控制人甲、乙二人），涉嫌诈骗的标的物是A公司根据股份转让系列协议于2021年4月26日向甲指定方支付的履约诚意金1亿元（用以代替甲向各质押权人清偿债务，以此解除股份上的质押权）。

1. 客观要件：甲、乙存在如下“虚构事实、隐瞒真相”的行为，对吸引A公司收购该公司股票发挥了重要作用

信息披露文件存在虚假记载：甲作为B公司时任董事长、总经理、实际控制人，直接安排、指使提前虚记应收账款收回、虚记银行利息收入、未按审定金额调整项目收入等事项。B公司还有未按规定披露关联交易及资金占用、未按规定披露重大诉讼事项、未如实披露控股股东归还资金占用情况。

2. 主观要件：甲、乙二人存在利用合同进行诈骗的故意

C市中级人民法院认为，前述事宜代表着案涉标的公司基本情况发生重大变化，对检察机关主张的“因案涉交易基础条件发生重大变化而暂缓交易具备商业合理性”的观点予以认可。此处“重大变化”就是指“2021年4月30日B公司已被实施退市风险警示及其他风险警示”。事实上，甲、乙是在明知公司存在被监管部门查处的重大风险下，与A公司签订的《股份转让协议》。

C市中级人民法院认为股份过户登记无法顺利完成：“现被告名下股份已全部被司法冻结、轮候冻结，且经合议庭询问，被告无法明确答复具体涉及债务规模、预计清偿时间。本院认为，因股份在司法冻结状态下无法办理过户登记，且被告无法明确何时可解除司法冻结，针对案涉交易，因案涉股份被长时间冻结，可视为股份过户登记在合理时间范围内已无法完成。”

事实上，甲、乙不具有采取措施保障合同能够继续履行的能力，与收购的主要工作均在给付履行诚意金后戛然而止。以上都足以说明，本案的股份转让合同在客观上已无履行可能。

争议焦点在于：明知合同履行不能时，行为人对履约诚意金是否具有非

法占有目的？根据刑法理论，非法占有目的可通过行为手段与资金流向综合推定。本案中，1 亿元履约诚意金未用于合同约定的解除质押以推进交易，而是直接用于清偿被告人个人债务，实际上是通过股权转让形式转移财产性利益。该资金流向表明，被告人并无履行合同的真实意愿，而是以交易为幌子非法占有他人财物，符合《刑法》第 224 条合同诈骗罪的主观要件。

（二）股权转让中客观的投资风险不能作为出罪事由

股权交易的失败具有偶然性：股价会随着市值而变化。因此有观点认为，不能因为投资时的价格远高于合同履行时的价格就认为存在诈骗行为。换言之，在这种视角之下，股权转让会营造出一种有关出罪的思路，即股价的变化并不是行为人造成的，而是一种客观的投资风险。本案中实际付出的 1 亿元履约诚意金被花费在解除股权质押上，这是交易的基本前提，并不会带来直接的损失。而后续因为股价不稳定或者下跌带来的损失，则不足以称为诈骗带来的“损失”，而是市场带来的损失。

一方面，上述出罪的思路具有一定的合理性，但并不全面。因为这类观点将 A 公司的行为完全视为一种投机行为，就好像炒股票可能会亏钱一样，一切损失不过是投资失败的正常反应，而所谓的 1 亿元履约诚意金则是入场的成本。但是，股权价值的实质是公司全部资产、经营水平、发展潜力的综合体现；A 公司收购股权并不是为了出卖股票赚取差价牟利，而是为了长期持有。同时，收购失败造成的损失与收购成功的经营损失是有区别的，前者是合同履行带来的问题，而后者则是经营过程中的商业风险。

另一方面，类似案件表明，股权转让交易中虚构标的公司资产水平的行为属于合同诈骗中虚构事实、隐瞒真相的行为，并且认定为犯罪。因此，对于未成功收购的部分可以认定为合同诈骗罪的未遂犯。在朱某华、朱某荣、王某连等合同诈骗罪案中，华荣公司主营煤矿经营等业务，被告人朱某华系该公司实际控制人，被告人朱某荣任该公司法定代表人，被告人王某连任该公司总经理。[①] 2011 年年初，朱某华在与乌江公司就乌江公司收购朱某华、朱某荣等人在华荣公司 51% 的涉煤股权谈判过程中，夸大华荣公司所属煤矿

① 参见浙江省高级人民法院刑事判决书，（2020）浙刑终 189 号。

的实际储量，隐瞒多个煤矿存在储量枯竭、违规越界开采等实际情况，提出华荣公司价值为 27 亿元。经初步评估，华荣公司价值仅为 10 亿余元。经查，朱某华、朱某荣、王某连等人通过虚增煤炭储量、井巷工程、地面建筑等方式，虚增华荣公司价值 5. 798 亿余元，骗取乌江公司为此多支付的股权收购款共计 2. 956 亿余元。法院认为，朱某华、朱某荣在合同签订履行过程中，以非法占有为目的虚构事实、隐瞒真相骗取巨额财物，构成合同诈骗罪（数额特别巨大）。

（三）对此类行为予以打击符合市场规律

中国证监会行政处罚决定书公示的处罚内容显示，甲、乙二人利用实际控制人地位操纵 B 公司已久；该公司上市并退市后，给广大投资者造成了巨大损失，给市场秩序带来了混乱。该行政处罚仅对甲处 1510 万元罚款、对乙处 53 万元罚款，显然与其造成的市场经济秩序混乱、直接违法所得（1 亿元）不相匹配。

本案是一起上市公司实际控制人在财务造假后，企图通过抛售股票解套等方法，非法占有国有资金的恶劣事件。中共中央办公厅、国务院办公厅印发的《关于依法从严打击证券违法活动的意见》，明确在工作原则上要“坚持零容忍要求。依法严厉查处证券违法犯罪案件，加大对大案要案的查处力度，加强诚信约束惩戒，强化震慑效应”。同时，该意见强调要强化重大证券违法犯罪案件惩治：“依法从严从快从重查处欺诈发行、虚假陈述、操纵市场、内幕交易、利用未公开信息交易以及编造、传播虚假信息等重大违法案件。对资金占用、违规担保等严重侵害上市公司利益的行为，要依法严肃清查追偿，限期整改。加大对证券发行人、控股股东、实际控制人、董事、监事、高级管理人员等有关责任人有关证券违法行为的追责力度。”

鉴于此，本案应严肃对待，予以立案侦查，追究甲、乙刑事责任，对于隐藏、转移或者挥霍的财物，应该予以追缴或责令退赃退赔。

四、理论探讨

准确认定诈骗犯罪时，既要避免将其错误地归为民事欺诈，也要防止将民事欺诈误判为诈骗犯罪。在判断是否构成诈骗犯罪时，关键在于评估是否存在实际的被害人及其财产损失，行为人是否以虚假陈述为基础实施了诈骗行为。同时，应该理性对待因市场风险导致的损失并明确责任归属，审慎考虑欺诈行为发生的行业特点及其背景，从而适当界定欺诈行为的严重程度。①

（一）市场交易风险一般不属于诈骗行为导致的损失

当市场经济在赋予市场主体自由交易便利时，通常伴随不利性的市场交易风险。市场经济本质上是一种风险经济，各类市场主体在享受交易自由的同时，必然面临市场波动、竞争失利、决策失误等不确定因素带来的风险，这些风险既包括价格波动、供需失衡等宏观层面的挑战，也包括履约不能、投资失败等微观层面的困境，成为市场经济运行中无法回避的内在属性。②该风险是法律所允许的风险，不具有不法属性。

（二）被害人的财产损失与市场预期风险

民事欺诈，是指在民商事领域中发生的欺骗行为，与刑事诈骗犯罪相对应。欺诈是通过虚假的言辞或行为掩盖事实真相，诱使他人上当，或者通过狡猾和奸诈的手段进行欺骗。实践中，具体表现为以下几种情况：

第一种情况是行为人通过积极主动的行为，蓄意“向对方告知虚假信息”，也就是故意欺骗对方，对他人进行误导或者诱导其陷入错误认知。例如，某健身机构为吸引客户办理会员卡，在宣传中谎称其场馆配备国际顶级健身设备及专业私教团队，实际上设备陈旧且教练无相关资质。

第二种情况是通过消极的不作为“故意隐瞒事实真相”，即有义务揭示真实情况的一方未如实告知对方，任由对方陷入错误判断，从而上当受骗。例如，甲将一辆发生过重大事故的二手车出售给乙，故意隐瞒车辆曾因严重碰撞导致车架变形的维修记录，乙购车后发现车况与描述不符，甲构成民事欺诈。

对于刑事诈骗的专门定义，我国刑法尚未通过立法或司法解释作出。一般认为，刑事诈骗是指以非法占有为目的，借助虚构事实或隐瞒真相的欺骗

---

① 参见何荣功：《避免诈骗犯罪的拔高认定：情形梳理与法理分析》，载《中国刑事法杂志》2025 年第 2 期。

② 参见厉以宁：《市场经济也是一种风险经济——〈风险经济学导论〉》，载《群言》1994 年第 10 期。

手段，骗取数额较大公私财物的行为。在认定刑事诈骗的具体实践操作中，通常须首先考察涉案行为是否符合诈骗犯罪的表面构成要件。对于符合表面构成要件的涉案行为，须进一步审查是否存在排除犯罪性或刑事责任的抗辩事由。若涉案行为不符合诈骗犯罪的表面构成要件，则显然不能以诈骗犯罪论处；若虽符合表面构成要件，但存在排除犯罪性或刑事责任的抗辩事由，同样不能认定为诈骗犯罪。①

综上所述，市场风险源于交易自由与经济不确定性，是市场经济体系中固有且合理的部分，不会因事后交易失败而轻易转化为刑事或民事责任。关于刑事诈骗与民事欺诈区分的法律难题，任何单一学说都难以彻底解决这一问题。唯有回归刑法与民法对两者的本质规定，严格依据构成要件剖析涉案行为，并充分考量是否存在排除犯罪性或刑事责任的抗辩事由，才能准确界定刑事诈骗与民事欺诈行为的界限。

① 参见谢望原：《刑事诈骗与民事欺诈：界定与辨析》，载《政治与法律》2024 年第 12 期。

冒领农业补贴是否具有诈骗罪的“非法占有目的”

——杨某某涉嫌诈骗罪案

一、基本案情

2018年4月，杨某某得知移民身份主体种植红薯可申报补助后，邀约移民李某某在Y县成立A合作社并向L县移民局申请补助。申请获批后，杨某某在其租赁的163亩土地上种植红薯，李某某因外出务工未参与种植。

2018年9月，在扶持资金申报阶段，杨某某未经李某某同意，擅自填写李某某身份信息，并代签名，并篡改2015年土地租赁合同（添加李某某为乙方）提交申报。审批通过后，杨某某使用李某某身份证复印件（与合作社成立时不同）及公章办理委托领款手续。2019年2月，李某某获扶持资金97800元，除分得1500元外，其余资金被杨某某用于种植。

2019年4月，杨某某与移民罗某某（杨某某姐夫）合伙种植红薯，由杨某某提供土地和资金，罗某某妻子（杨某某姐姐）协助种植。申报补助时，杨某某在土地承包合同上添加罗某某名字作为乙方，代其在申报材料上签字，获批扶持资金90000元。

二、本案要点

1. 冒领扶持资金行为是否符合诈骗罪的客观构成要件？是否属于“欺骗、隐瞒事实”的行为？

2. 冒用他人身份领取补贴，但用途符合政策主旨的行为是否能排除行为人主观上的非法占有目的？

三、本书观点

（一）杨某某客观上是否实施骗取扶持资金的行为，其冒用身份的行为并非“欺骗、隐瞒事实”的行为

诈骗罪基本构造中的“欺骗行为”须达到能够决定被害人是否作出处分财产行为的程度。杨某某篡改土地租赁合同（在原合同乙方处添加李某某名字）的行为，仅涉及种植土地的合同形式，不影响移民局对“移民身份”和“实际种植”这两项核心条件的认定，不属于能直接导致移民局作出财产处分决定的刑法意义上的“欺骗行为”，本质上属于民事层面的程序瑕疵。根据《L县移民红薯产业扶持办法》，发放扶持资金的充分条件是具备移民身份和实际种植红薯。土地是否为本人所有或租赁并非政策考量因素。

杨某某与李某某共同行为判定，两者是否构成合伙种植关系还是非代种关系成为案件判定的关键。2018年4月，双方共同申请成立A合作社并递交补助申请，体现了合伙种植的合意；李某某在资金申报阶段主动向杨某某提供身份证复印件（与成立合作社时不同），并在审批通过后要求分配扶持资金收益，微信聊天记录（如“年终结算一下你们再领款”“表舅，忙么？年终总结出来了吗?”）进一步证实其对以自身移民身份领取补助及收益分配的知情与认可。这种“一方提供移民身份、另一方负责实际种植”的模式，符合“共同经营、共享收益”的合伙特征，且政策仅禁止代种、土地流转他人种植，未否定移民与非移民的合伙种植形式，因此杨某某系作为合伙人代李某某领取补助，并非冒用其移民身份。

从资金用途看，L县移民局发放的97800元扶持资金中，除李某某分得1500元外，其余均用于红薯种植，无证据表明资金被非法占有或挪作他用。杨某某的行为客观上推动了红薯种植项目实施，符合扶持政策鼓励移民发展产业的目的，未实质损害国家资金安全或破坏行政管理秩序，与诈骗罪所规制的通过欺骗手段非法获取财物的行为具有本质差异。本案免予刑事处罚的结果是否体现人民法院在一定程度上认可杨某某的行为确实缺乏非法占有目的，缺乏可罚性。

（二）杨某某主观上是否具有骗取扶持资金的意图

如前所述，杨某某是在得知移民种植红薯可以向L县移民局申报补助的消息后，便决定采取与移民合伙的形式种植红薯以领取补贴。在行为过程中，杨某某按照项目文件的要求种植了红薯，如实申报红薯种植的面积，按要求联系李某某等人提供相应的材料进而领取相应款项。整个行为过程虽然存在个别不规范的地方，但整体上可以发现杨某某一直谋求的是以合法的资格、合法的方式获取移民扶持资金，相反，并没有任何证据能够证明其冒用李某某的移民身份骗取移民扶持资金。客观而言，李某某对领取补贴的事宜知情并提供身份证复印件，且合伙是当下大力推行的新型农业合作模式，因此杨某某作为移民李某某的合伙人，其行为系合法获取扶持资金。

同时，杨某某与移民罗某某系亲戚关系，两人于2019年合伙种植红薯并领取移民扶持补助。如果杨某某主观上确有骗取扶持资金的意图，其在2018年就完全可以通过罗某某来实施骗补行为，无须舍近求远地通过与其关系并不十分密切的李某某来实施上述行为。杨某某一开始选择李某某而不直接选择罗某某进行合作，在一定程度上反映杨某某是想通过与李某某合伙种植红薯而领取移民扶持补贴的主观心态，其缺乏冒用他人身份骗取扶持资金的主观故意。

司法实践中，对于提交虚假材料领取农业补贴这一类行为是否构成诈骗罪，《刑事审判参考》第114辑“如何认定诈骗罪的非法占有目的”一文认为可以根据以下标准进行判断：（1）不从事农业经营开发，或者所从事的农业经营开发项目不属于享受国家农业补贴的项目，而采用伪造材料的方法骗取国家农业补贴，达到定罪数额标准的，可考虑认定诈骗罪。（2）从事可享受国家补贴的农业经营开发项目，但达不到政策规定的应享受补贴的条件，而弄虚作假申领国家农业补贴，全部或主要用于农业经营开发的，属于农业补贴申报中的违规行为，不应当以诈骗罪定性。对违规获取的农业补贴，有关部门可予以收回，或责令经营者增加投入，达到享受补贴的条件。（3）具备享受国家农业补贴的条件，但申报的材料中部分内容不实，获得国家农业补贴的，不构成诈骗罪。

红薯种植产业属于可以享受国家农业补贴的项目，杨某某亦从事红薯种植，且将扶持补贴全部用于种植红薯。在此情况下，根据上述标准，本案至多属于上述第 2 种或第 3 种情形。换言之，无论杨某某是否具备领取扶持补贴这一主体身份要件，均应认定其不具备非法占有目的，不构成诈骗罪。

四、理论探讨

（一）诈骗罪构成要件的严格适用：主客观相统一原则的展开

1. 客观要件：欺骗行为的实质性与因果关系判断

根据《刑法》第 266 条的规定，诈骗罪的客观方面要求行为人实施“虚构事实或隐瞒真相”的欺骗行为，且该行为须使被害人陷入错误认识并基于该认识处分财产。这一过程须具有严格的因果关系链条：欺骗行为是因，被害人的错误认识与财产处分是果，两者之间不得存在其他介入因素导致中断因果联系。[①] 在司法实践中，判断某一行为是否构成刑法意义上的“欺骗行为”，关键在于该行为是否针对法益保护的核心事实进行虚构或隐瞒，是否足以导致被害人作出错误的财产处分决定。

从规范目的看，诈骗罪所打击的“欺骗行为”是具有实质危害性的行为，即通过虚构关键事实使被害人作出错误决策并遭受财产损失。本案中，杨某某的行为仅为申报材料的形式调整，未触及补贴政策的核心要件，无法认定其通过欺骗手段使移民局陷入错误认识并处分财产。

2. 主观要件：非法占有目的的排除性证明

“非法占有目的”是诈骗罪的核心主观要件，体现为行为人主观上具有排除他人对财物的支配权、并将财物据为己有或加以非法利用的故意。根据司法实践，认定该目的须综合考察行为人在合同签订、履行过程中的客观行为，如是否具备履约能力、是否积极履行义务、资金用途是否符合约定等。[②]《刑事审判参考》第 114 辑明确指出，对于农业补贴类案件，若行为人将资金主要用于扶持项目，则难以认定其具有非法占有目的。

---

① 参见袁国何：《诈骗罪中的处分意识：必要性及判别》，载《法学研究》2021 年第 3 期。

② 参见杜邈：《实质重于形式：诈骗犯罪非法占有之判断方法》，载《人民检察》2024 年第 18 期。

（二）刑法谦抑性原则的展开：行政违法与刑事犯罪的界分

1. 刑法谦抑性的理论展开

刑法谦抑性的核心内容是补充性，法益并非仅由刑法保护，其他法律都在不同程度上保护各种法益。[①] 刑法上的法益是指值得刑法保护的利益，而非泛指一切利益。这是因为，刑法是通过适用刑罚来保护法益的，刑法并不禁止可以想象到的一切法益侵害，而是仅禁止极为重大的侵害。即使行为侵害或者威胁了他人的生活利益，也不是必须立即发动刑罚。根据刑法补充性的原理，如果对某种不法行为采取行政措施便足以保护法益，就不应当将这种行为当作犯罪处理。显然，刑法的补充性原理，是处理行政违法行为与犯罪行为关系的重要指导原理。这一原则体现为对“申报瑕疵—行政违规—刑事犯罪”的阶梯式评价体系。

2. 行政违法与刑事犯罪的界分

理论上，行政违法是行政处罚的前提，刑事违法是刑事处罚的前提。现有理论认为行政违法与刑事违法的界分存在三种理论。

质的差异说认为行政违法与刑事违法存在本质上的差异，两者不会因量的积累而发生转变。本质上而言，行政违法行为具有行政违法性，是行为人不服从行政命令的法律后果；而刑事违法行为具有刑事违法性，是行为人破坏社会公正的法律后果。两者在侵犯的客体方面完全不同。行政违法阻却了国家行政意志的实现，与创造国家和社会福利的行政行为相背离，但一般不会造成实质损害；刑事违法则违背了全体社会意志，具有法益侵害性，一般会造成实质损害后果。[②]

量的差异说肯定行政违法与刑事违法都会对社会利益造成一定的侵害性，只是两者在法益侵害程度上存在差别。行政违法与刑事违法在本质上并无区别，两者只是在不法侵害和威胁程度上不同，行政违法属于轻微违法，而刑事违法属于重大违法。犯罪行为与违法行为之间只存在量的不同，即犯罪行

---

① 参见周光权：《刑法谦抑性的实践展开》，载《东方法学》2024 年第 5 期。

② 参见王莹：《论行政不法与刑事不法的分野及对我国行政处罚法与刑事立法界限混淆的反思》，载《河北法学》2008 年第 10 期。

为（刑事违法）与违法行为（行政违法）之间只存在程度上的区别而没有本质的差别。

质量的差异说认为，行政违法与刑事违法之间不仅存在质的区别，也存在量的区别，单纯从质或量的差异上去区分行政违法与刑事违法都是片面的。行政违法在量上具有较轻的社会危害性，而且在质上往往不会受到伦理非难；而刑事违法在量上则具有严重的社会危害性，在质上具有高度的伦理非难性。[①]

（三）实质解释视角下的刑法适用逻辑

本案的争议与裁判结果都深刻折射出行政监管在刑事司法与市场经营交叉领域的定位问题。从刑法理论的角度观察，对杨某某行为的定性始终应围绕诈骗罪的核心构成要件展开——既要审视其客观行为是否创设了“足以导致国家机关错误处分财产”的实质危险，又要探究其主观上是否具备“排除他人财物支配权”的非法占有目的。本案中，杨某某的合伙种植模式符合政策鼓励方向，资金用途严格遵循补贴宗旨，且程序瑕疵未动摇“移民身份+实际种植”的核心事实，本质上属于行政监管范畴内的合规性争议，而非以欺骗为手段的财产侵夺行为。

司法实践中，对类似案件的处理须始终坚守刑法谦抑性原则，避免将行政程序瑕疵与刑事违法性简单等同。刑法的补充性特征决定了其必须保持对行政法等前置法的尊重——只有当行为在实质上突破行政管理秩序、侵害国家资金安全或市场交易秩序时，刑罚介入才具备正当性。

从更宏观的视角审视，本案折射出新型农业经营模式与政策规范之间的张力。随着乡村振兴战略的推进，“移民+非移民”合作等新型生产组织方式日益普及，其法律评价须兼顾政策激励导向与规范约束功能。司法机关在个案中应秉持实质解释论，以“是否符合政策目的”“是否造成实质法益侵害”为基准，审慎区分市场主体的创新探索与违法犯罪之间的边界，既为产业发展保留合理试错空间，又坚守法律底线，最终实现个案正义与社会治理效果的有机统一。

---

① 参见闻冬梅：《论刑事不法与行政不法区别的理论基础》，载《学术交流》2013年第9期。

未触及性象征意义的私密部位肢体接触是否属于刑法上“猥亵行为”

——吕某涉嫌强制猥亵罪案

一、基本案情

吕某系某中学班主任。2022年3月9日晚，吕某因醉酒（血液酒精浓度156.53毫克/100毫升）在学校广场唤住谭某（此时正是放学的时候，学校广场人流较为密集），谭某过来后，吕某拥抱了谭某。监控显示，吕某在21:59:41至22:00:06，拥抱谭某约半分钟后，两人才分开。谭某事后称，吕某强行拥抱并亲吻了她的脸颊，其面部有被触碰的感知，但无法确认是否被亲吻。

除谭某外，其他证人均能证明吕某拥抱谭某，无法确定吕某是否亲吻谭某。该案无其他客观证据。另外，谭某自述其与吕某平时关系较为密切，吕某作风豪放，经常与其开玩笑。

二、本案要点

1. 在案证据能否证明吕某实施了亲吻行为?

2. 未触及性象征意义的私密部位的肢体接触，是否符合刑法意义上猥亵行为的“性象征性”要件?

三、本书观点

（一）在案证据是否能够证明吕某实施了亲吻行为

1. 所有言词证据均无法证明吕某对谭某实施了亲吻的行为

第一，本案所有证人均称自己没有看到吕某有亲吻谭某脸颊的行为；第二，谭某本人仅能确认自己的脸部被触碰，但无法确认吕某是否实施了亲吻行为；第三，在两人处于拥抱状态的情况下，结合吕某“我当时是对着她耳朵讲话”的行为描述，可能导致谭某产生面部被亲吻的误判。

2. 现有客观证据不能证明吕某有亲吻谭某脸颊的行为

通过本案唯一客观证据——现场监控录像截图，可知吕某在21:59:41至22:00:06拥抱了谭某将近半分钟，但在此期间内吕某并没有做出明显亲吻谭某脸颊的举动。

综上，无论从刑事证明标准中的“证据确实、充分”要求来看，还是从存疑时有利于行为人的原则来考虑，都应认定吕某没有对谭某实施亲吻行为。

（二）吕某未采取暴力、胁迫或其他强制手段，是否符合强制猥亵罪的客观构成要件

1. 吕某的拥抱等亲密行为不具有明显的性意义，非刑法意义上的猥亵行为

我国《刑法》第237条对强制猥亵罪的构成要件表述较为概括，对“猥亵”“强制”的含义并未作具体表述。同时，相关司法解释也没有对强制猥亵罪的构成要件作更为具体的规定，因此需要从理论上对强制猥亵罪构成要件的内容进行解释，以达到区分罪与非罪的目的。

从学理通说来看，猥亵行为应当具备明显的性意义。所谓性意义，是指根据社会一般观念，符合约定俗成的性道德、性规范的行为，如抚摸私密部位、亲吻、性交等。随着社会经济发展与文化观念的变迁，猥亵的内涵也会有所不同。

当前《刑法》中强制猥亵罪的规定来自1979年《刑法》中流氓罪的规定。1984年，最高人民法院、最高人民检察院《关于办理流氓案件中具体应用法律的若干问题的解答》强调要严格区别流氓罪与一般流氓违法行为，并指出“情节是否恶劣”是区分两者的关键。1997年《刑法》修改时，将流氓罪进行拆分，分离出来的罪名就包括强制猥亵、侮辱妇女罪和猥亵儿童罪。现行刑法中对于强制猥亵罪的规定并不像1979年《刑法》中明确要求具备“情节恶劣”等限定条件，因此根据刑法的谦抑性以及罪责刑相适应原则的要求，在解释现行刑法中的“猥亵”一词时，宜适当缩小其范围，如考虑猥

亵手段、针对的身体部位、行为持续时间的长短、对被害人身体伤害的程度及对社会风尚的冒犯程度。对于那些情节显著轻微、危害不大的行为，作为行政违法行为处罚即可。

然而，司法实践中却常常容易扩大猥亵行为的外延，将其与恋人、朋友、亲属之间的亲密行为混为一谈。所谓亲密行为，狭义上特指恋人、朋友、亲属之间的肢体接触行为。这类行为在客观上与一些猥亵行为不免有些相似，但在行为性质上却有着本质区别：朋友之间的拥抱等亲密行为不会触及对方身体具有性象征意义的隐私部位，不会侵犯对方的性羞耻心和性自主权。而猥亵行为却往往出于满足性欲或追求性刺激的目的而实施，针对身体的敏感、私密部位，具备明显的性象征意义，必然会侵害对方的性自主权。

吕某与谭某平时关系较为密切，双方在日常生活中也存在开玩笑的举动，现有证据也不能证明吕某是出于满足性欲或追求性刺激的目的来拥抱谭某，客观上他与谭某也仅短暂地拥抱了半分钟，且并未触及谭某身体中具有性象征意义的私密、敏感部分，难以证明吕某对谭某的拥抱行为就属于强制猥亵行为的组成部分。而且，在社会观念的不断开放、转变下，传统“男女授受不亲”的观念已逐渐淡化，异性之间短暂的非私密、敏感的肢体接触不应被认定为具备性象征意义。因此，不宜将吕某拥抱谭某的行为认定为刑法意义上的猥亵行为。

2. 吕某没有以暴力、胁迫或其他方法强制猥亵谭某，谭某也未处于不敢反抗、不知反抗或不能反抗的状态

我国《治安管理处罚法》第 44 条规定了对猥亵行为的行政处罚，同时，《刑法》第 237 条规定了强制猥亵罪及其适用的刑罚。对比两者的文字表述可以发现，是否存在“暴力、胁迫或其他强制方法”是区分猥亵行为与强制猥亵罪的关键。

根据我国刑法体系解释方法结合《刑法》中以“以暴力、胁迫或者其他方法强制”的相关犯罪及其司法解释，暴力应达到足以压制被害人，使其不能反抗或无法反抗的程度；胁迫应达到通过精神威逼或恶害预告使其不能反抗或无法反抗的程度；其他强制方法应当达到与暴力、胁迫同等压制性的程度，如迷奸、昏睡状态等。

一方面，谭某在生理上未处于不能反抗的状态，对拥抱行为也没有明显的反抗行为或意思表示，始终认为吕某无冒犯意图，其案发后出现的严重不适感系误以为自己被“亲吻”所致。另一方面，谭某在心理上也并未处于不敢反抗、不知反抗或不能反抗的状态，她自己也认为与吕某之间并非严肃刻板的师生关系，甚至关系较为融洽，吕某的教师地位没有对其形成威慑以使其心理上处于受强制的状态。综合考量拥抱行为的持续时间、场合、法益侵害程度等方面，难以认定吕某以暴力、胁迫或其他强制手段压制谭某至不能反抗或无法反抗的程度，不应认定其构成强制猥亵罪。

（三）吕某不具备强制猥亵的主观故意

1. 吕某在日常生活中作风豪放、与学生关系密切，其醉酒状态下短暂拥抱学生的行为并不具有猥亵故意

吕某的多名学生明确表示其在日常生活中作风豪放，不拘小节，常常与学生打成一片。而司法鉴定意见书显示其案发当晚血液酒精浓度 156.53 毫克/100 毫升，已经处于严重醉酒状态，显著削弱了控制和辨认能力，考虑到吕某平时常与学生互相开玩笑，难以认定其醉酒状态下短暂拥抱学生的行为具有猥亵的故意。

2. 吕某作为谭某的班主任老师，其在学校公共场合对谭某的拥抱行为，不能反映具有强制猥亵的主观故意

本案案发地点为学校广场，系公共区域，且案发时处于晚自习放学阶段，周围学生众多。吕某作为谭某的班主任老师，具有与谭某在私密场合独处的便利条件，如果认为吕某具有猥亵故意，他为何不选择在私密空间实行猥亵行为，而要选择在大庭广众之下拥抱谭某，该推论有违经验法则。因此，吕某在公共场合拥抱谭某反而印证了其内心深处没有猥亵谭某的主观故意。

四、理论探讨

本案的核心争议是如何界定“猥亵行为”的刑法边界以及证据充分性。吕某的拥抱行为缺乏性象征意义和强制手段，更符合行政违法特征，而不应认定为刑事犯罪。此案提示我们在类似案件中须严格区分“亲密行为”与

“猥亵行为”。

（一）猥亵行为的定义

“猥亵”在《现代汉语词典》中可作为形容词或动词，形容下流的动作言语、行为，或做下流的动作。对于强制猥亵罪，学界存在不同的法益观。有学者主张“性自主权说”，认为猥亵他人是指针对他人实施的，具有性的意义，侵害他人的性的决定权的行为。① 有学者持“性羞耻感说”，认为强制猥亵罪中的猥亵行为，是指行为人基于刺激和满足性欲的倾向而实施的性行为以外的侵犯他人性的羞耻心的行为。② 还有学者持“人格尊严说”，将性犯罪与人格尊严相联系。③

猥亵行为与亲昵行为、亲密行为存在明显区别。社会生活中，异性或同性熟人之间可能实施亲昵行为，如亲吻、短暂抚摸手部、脸部、背部等，这些行为在外观上容易与猥亵行为相混同。需要强调的是，此类行为如果具有社会相当性，能够为社会所认可，不会使对方产生强烈反感，一般应认定为亲昵行为，不具有刑事违法性。即使有时此类动作显得唐突、不得体，使对方觉得尴尬、难为情，也不宜认定为猥亵行为。

（二）猥亵犯罪行为与一般的猥亵违法行为的界分

猥亵相关案件的认定应坚持刑法的谦抑性，猥亵的一般违法行为适用《治安管理处罚法》第44条加以处置，猥亵犯罪行为则适用《刑法》第237条予以追责。实务中，严重的猥亵行为如直接接触被害人性器官或乳房、肛门等其他隐秘部位的，应直接认定为刑事犯罪行为；以显著轻微的方式实施猥亵，如短时间偷摸妇女腰腹部、大腿，偷拍妇女走光照片、露阴癖等行为，宜认定为一般违法行为。

对于介于严重猥亵和显著轻微的猥亵之间的行为，应综合以下因素判断其违法性的轻重。

一是猥亵行为的内容。猥亵行为所侵犯的身体部位的性象征意义强弱，

① 参见张明楷：《刑法学》（第6版），法律出版社2021年版，第1145页。

② 参见陈家林：《〈刑法修正案（九）〉修正后的强制猥亵、侮辱罪解析》，载《苏州大学学报（哲学社会科学版）》2016年第3期。

③ 参见李波：《性自主权的解构与猥亵概念的重构》，载《中国刑事法杂志》2022年第6期。

直接影响违法性的程度。隔着衣服抚摸的，多属于一般违法行为，伸进衣服触摸被害妇女大腿、臀部的，可构成猥亵犯罪。具言之，所侵犯的身体部位性象征越强，违法性程度越高。

二是手段强制的程度。强制猥亵罪要求以暴力、猥亵或其他手段对他人实施猥亵。所谓暴力，是指对他人的人身采取压制的方法，使其不能反抗；所谓胁迫，是指对他人采取威胁、恐吓等方法使他人不敢反抗，对其进行精神强制；所谓其他手段，是指以暴力、胁迫以外的其他手段使他人不知反抗，其手段的恶劣性与暴力胁迫具有相当性，常见的有下药、灌醉酒、趁人熟睡等。而一般的猥亵违法行为在手段上没有强制性，手段更多地呈现为乘人之危、偷偷摸摸或者借机逃离。两者的行为强度具有显著的区别。以在电梯里以抚摸手段对女性进行猥亵为例，如果是将女性强行按倒或者逼靠在轿厢墙上进行抚摸，可能涉嫌强制猥亵罪；若仅是趁电梯关门之际对女性进行揩油，随即逃跑，则往往属于一般的猥亵违法行为。

三是被害人的情况。基于我国的社会现实，一般而言，对妇女特别是年轻女性实施的猥亵行为成立犯罪的可能性更大一些，违法性程度较高；对成年男子实施的猥亵行为成立犯罪的可能性更低一些，同样行为因其对男子性羞耻心的侵犯可能较为轻微所以违法性程度较低。男子对女性实施的猥亵行为违法性程度较女子对女性实施的猥亵行为的违法性一般更为严重。

四是行为持续时间的长短。持续时间越长则法益侵害程度越高，例如，短时间隔着衣服触摸被害妇女大腿、腰腹部的一般不构成犯罪，只是一般违法行为，但如果控制被害人后较长时间抚摸的，应以犯罪论处。

五是猥亵的场所。在公开场所实施的猥亵行为，因同时侵犯社会风化秩序，通常违法性程度更高。猥亵行为虽然比较轻微，但如果被多人看到，或者可能被多人看到，被害人的羞辱感就更为强烈，而且行为妨害了社会风化，不法程度因而更高，应以犯罪论处。如在地铁上、公交车上强行搂抱、抚摸被害妇女的，一般应以猥亵犯罪论处。

六是行为造成的结果。例如，男子在水库边强行搂抱被害妇女致被害人落水的，虽然猥亵行为本身比较轻微，但被害人受到的侵犯更为严重，应以猥亵犯罪论处。[①]

除上述因素外，司法实务及以往判例中还会通过行为人身份特殊性以及前科劣迹情况来考量其主观恶性深浅。考虑上述某一项或者某几项因素，如果猥亵行为情节轻微、危害不大，则不以犯罪论处，以确保罪责刑相适应。

① 参见王政勋：《论猥亵行为违法性程度的判定》，载《法治现代化研究》2018 年第 4 期。

串通投标罪“投标人”的实质认定

——王某某涉嫌串通投标罪案

一、基本案情

第一次投标过程：M市公安局于2020年11月启动“智慧调度项目（一期）软件平台采购项目”招标，预算金额862万元。A公司H省销售经理潘某为中标该项目，在未取得公司同意的情况下，安排公司员工薛某寻找陪标公司对该项目进行“围标”。2020年12月，“智慧调度项目（一期）软件平台采购项目”由B公司H省分公司中标。2021年4月，招标单位发现有投标人不符合投标条件，公告该项目废标。

2021年6月，该项目以同等条件再次发布招标公告。潘某为促成中标，在未取得公司授权的情况下，与熊某共同商议与B公司合作事宜。后潘某联系了B公司前任H省分公司经理熊某（2019年已离职，但事实上对本次招投标事宜有管理职权），共同商定：A公司与B公司合作，以A公司名义中标，A公司为总包单位承接预算为450万元的业务，B公司为分包单位承接预算为360万元的业务。

之后，熊某以C公司的总经理身份与A公司签订《合作协议》及合作的项目清单，确定了双方的合作模式。潘某将《合作协议》交给A公司销售经理王某某让其加盖公章，王某某在未告知公司的情况下为《合作协议》加盖了公章，熊某作为C公司实际控制人，以该公司名义在《合作协议》上加盖公章。需要注意，C公司的名称与B公司H省分公司雷同，但实质上并非B公司H省分公司，两者根本没有任何关联，C公司的法定代表人是熊某的女友，实际控制人是熊某。

第二次投标过程：2021年6月，潘某联系了D公司、E公司参与“围标”，并安排工作人员检查了D公司、E公司的标书。熊某则将B公司H省分公司第一次投标中标书的技术部分交予潘某，潘某随即安排员工将该部分内容写入了A公司标书，但B公司H省分公司仍参与了第二次招标。

2021年6月底，该项目开标后，评审委员会以A公司不满足投标条件为由，废除了A公司的投标资格，该项目最终由B公司H省分公司中标。

二、本案要点

1. 熊某是否属于实质上的“投标人”？
2. 潘某、王某与熊某串通的行为是否构成串通投标罪？

三、本书观点

（一）王某某、潘某系与非投标人C公司串通，不具有串通投标罪的构成要件

1. A公司与C公司签订合作协议的目的系组成联合体投标

根据《政府采购法》第24条第1款的规定：“两个以上的自然人、法人或者其他组织可以组成一个联合体，以一个供应商的身份共同参加政府采购。”A公司与C公司之间属于联合体投标关系，具体有以下依据：（1）在本案中，被害人共有两次招标行为，第一次招标行为，王某某没有具体参与；第二次招标行为，王某某本人也不具体参与，但在潘某、熊某等人的要求下，参与了A公司与C公司之间联合投标的《合作协议》的签订与盖章。（2）王某某参与的《合作协议》的签订与盖章行为属于A公司与C公司之间的联合投标关系，不是两个独立投标主体之间的串通投标关系。

所谓联合体投标，是指两个以上自然人、法人或者其他组织组成一个联合体，以一个投标人的身份参与投标的行为。我国的《招标投标法》《政府采购法》均认可联合体投标方式，在大型工程建设及政府采购项目中，招标人常通过招标文件明确允许联合体投标。由此可见，串通投标行为与联合体投标行为，有几个明显的区别：其一，串通投标行为是非法行为，甚至是犯罪行为；联合体投标的行为是合法行为。其二，联合体投标参与到投标程序中投标的主体是一个，只有在投标成功之后，需要各方显名之时，才以联合

体各方名义签订合同；而串通投标行为的主体，必须是参与投标程序的两个或两个以上独立的投标主体，或者独立的投标主体和招标主体。其三，联合体投标严格按照《招标投标法》进行投标是完全合法的，作为一个主体身份参与投标程序，与招标人也没有串通行为的，不符合串通投标罪的主体构成要件。

2. C公司与B公司H省分公司系互相独立的法律主体

公诉机关认定王某某构成串通投标罪的理由主要有以下三点：（1）A公司与长峰公司商讨了投标报价、投标主体、投标方式等内容，实施了串通投标行为；（2）潘某另外找了C公司、D公司参与串通投标；（3）A公司的投标文件中的部分技术资料用的是B公司H省分公司的。

上述理由显然与客观事实不符，系事实认定错误。造成这一错误的根本原因在于公诉机关混淆了C公司与B公司H省分公司两者之间的关系。事实上，A公司系与C公司商讨合作方案，而C公司并不具备投标人身份，与投标人B公司也并非同一主体，具体如下：

首先，熊某并非C公司法定代表人或在册员工，即便熊某曾担任过B公司H省分公司总经理，但是法庭通过发问查明的事实是熊某在这次招标前已经辞去B公司H省分公司总经理的职务。因此，实际上王某某所参与的仅是C公司与A公司的联合体投标，B公司H省分公司并非投标联合体的一员。

其次，联合投标的《合作协议》中，盖的不是B公司H省分公司的印章，而是C公司的印章。C公司与B公司H省分公司之间系各自独立的法律主体，C公司也不等同于B公司H省分公司，C公司是自然人独资的民营企业，B公司H省分公司是国有企业，C公司与B公司H省分公司没有股权关系、没有管理关系和业务关系。不能将B公司H省分公司与C公司混为一谈，更不能等同。联合体进行投标是以A公司名义，系一个独立的投标主体。合意进行联合体投标行为的系C公司和A公司，不存在与其他投标主体互相串通，该联合体投标行为系基于《政府采购法》第24条实施的合法协同行为，不构成犯罪。《招标投标法》第25条规定："投标人是响应招标、参加投标竞争的法人或者其他组织。依法招标的科研项目允许个人参加投标的，投标的个人适用本法有关投标人的规定。"法院应依据《招标投标法》

的规定界定串通投标罪的主体范围。

即使认定A公司投标文件中用到了B公司H省分公司的部分技术资料，但这一使用行为由于是以A公司的名义实施而非以B公司H省分公司的名义实施，无法以此认定A公司与B公司H省分公司串通投标。事实上，B公司H省分公司系以自己的名义独立投标，而且中标，因而A公司在标书上使用B公司H省分公司的部分技术资料充其量涉嫌构成民事侵权，而不构成刑事犯罪。此外，如果认定该行为构成串通投标，那就意味着B公司H省分公司的本意并不是投标并中标，只是为了配合A公司投标并中标而参与其中，但这与B公司H省分公司独立投标且中标的客观事实相悖。

综上所述，在C公司与B公司H省分公司并非同一法律主体且C公司不具备投标人主体身份的前提下，无论A公司与C公司就何种事项达成协议，C公司都不构成串通投标罪的主体。另外，本案王某某所实施的行为仅是为A公司与C公司所签订的《合作协议》的盖章事项提供帮助，并未邀请任何公司参与串通投标，故潘某邀请C公司、D公司参与串通投标与王某某是否构成串通投标罪不存在因果关系，认为王某某构成串通投标罪的观点显然不能成立。

（二）在案证据缺乏证实王某某实施串通投标行为的客观证据

1.《合作协议》并非本案罪证

有观点认为《合作协议》就是犯罪证据，这种存在事实认定偏差。如前所述，A公司与C公司所签订的《合作协议》仅能证实双方就涉案项目存在联合投标的目的，而C公司与B公司H省分公司并非同一法律主体，且C公司并不具备投标人的身份。因此，A公司与C公司签订《合作协议》的行为本身不具有违法性，并非犯罪行为。故王某某为该《合作协议》盖章事项提供帮助的行为也并非串通投标行为，《合作协议》不能作为本案客观罪证，不能证实王某某构成串通投标罪。除此之外，在案证据没有任何客观证据能够直接证实王某某实施了串通投标行为。

2. A公司员工薛某的“钉钉”工作日志无法证实王某某对潘某邀请C公司、D公司“陪标”一事知情

首先，薛某编写“钉钉”工作日志并非向王某某汇报，而是向其直属上

级潘某汇报。事实上，“钉钉”软件会将下属公司员工的工作日志自动发布至所有上级的公共信箱，A 公司员工众多，王某某作为全国销售总监，客观上无法逐一审查所有员工工作日志的具体内容。

其次，证人薛某某的工作日志的意思表达十分含糊，如“返回某市”“去 C 返还资料”“拜访某市消防支队”等，在 A 公司与某市某公司存在较多业务往来的情况下，即使王某某仔细审查了其所有工作日志，也无法得知潘某邀请该公司为涉案项目陪标。

四、理论探讨

（一）串通投标罪中行为主体的文理解释

主体作为犯罪构成要件之一，在四要件犯罪构成理论中属于主体要件，在三阶层犯罪构成理论中则是构成要件符合性的判断因素，直接决定行为是否构成犯罪。我国刑法将犯罪主体分为一般主体和特殊主体，两者的区分依据是刑法条文是否对主体作出特别规定。对于串通投标罪主体的认定，理论界和实务界一直存在分歧。尤其在建设工程领域借用资质现象普遍、实际投标人与名义投标人经常不一致的情况下，如何界定主体范围成为问题。结合相关法律规范和刑法条文措辞，串通投标罪的主体应当理解为一般主体。《刑法》第 223 条涉及两种情形：

第一，投标人相互串通投标报价。这种情形主要是指投标人私下串通，联手抬高标价或者压低标价，以损害招标人的利益或者排挤其他投标者。其中包括以下两种情形：一是不同投标人之间相互串通；二是行为人通过其行为使投标人相互串通。对于第一种情况，主体仅限于《招标投标法》规定的投标人。而对于第二种情况，犯罪主体涵盖了包含前述主体在内的一般行为主体。具体来说，“投标人”可作为行为主体实施串通投标的工具，这解释了工程建设中挂靠主体利用多家公司参与投标、统一制作招标文件的现象，这些公司作为“投标人”实际上是行为主体实施串通投标的工具。行为既包括主体亲自实施的直接行为，也包括借助他人实施的间接行为，两类行为均可能构成刑事违法。人可以成为他人犯罪的工具，单位亦然。串通投标罪禁止的是投标人之间的串通报价，无论行为是直接实施还是借用他人，均不影响罪名认定。因此，行为主体既可为投标人本人，也可为一般主体。

第二，投标人与招标人串通投标。这里的串通投标，不限于对投标报价的串通，还包括对报价以外的其他事项进行串通的情形。尽管招标代理机构和评审委员会不属于“招标人”的法定范畴，但刑法禁止的是招标人与投标人的串通。正如行为人借用不同投标人为工具实施串通，招标代理机构和评审委员会作为独立行为主体，依合同义务代表招标人进行招标和评标，其串通行为通过招标文件和中标通知书体现，对公民及国家利益构成侵害。因此，即便某主体不具备“招标人”身份，也可借用“招标人”名义与投标人实现串通。

值得具体说明的是，本罪中行为主体的认定无须与其他部门法规定完全一致。根据《招标投标法》第 8 条、第 25 条的规定，招标人是依照本法规定提出招标项目、进行招标的法人或者其他组织；而投标人则是响应招标、参加投标竞争的法人或者其他组织。但从刑法规范和司法实践需求来看，本罪的行为主体似乎难以被限定在上述范围。第一，本罪的保护法益为招标投标竞争秩序，而侵害这一法益的主体并非只有法人或者其他组织。第二，根据《刑法》第 231 条的规定，单位犯串通投标罪的，对单位判处罚金，并对其直接负责的主管人员和其他直接责任人员依照相关规定处罚。换言之，适用本罪并未排除自然人主体，这显然与《招标投标法》中的主体范围有所不同。第三，在司法实践中，串通投标既可能发生在法人或者单位之间，也有可能发生在主管、负责、参与招投标的自然人之间。如果将自然人之间串通投标行为排除在本罪规制范围之外，显然不利于实现本罪的法益保护。①

（二）串通投标行为的认定标准

在刑法所规定的构成要件中，行为最具有多样性，刑法难以囊括所有犯罪的行为。认定刑法意义上的串通投标行为不仅要求串通投标行为在形式上符合串通要件，也要求串通投标行为在实质上具有法益侵害性。②

---

① 参见张明楷：《刑法学》（下）（第 6 版），法律出版社 2021 年版，第 1082～1083 页。

② 参见苗蓉蓉：《论串通投标罪的犯罪情节的认定——对王某串通投标案件的法理分析》，载《刑事法判解》2015 年第 1 期。

1. 行为在形式上应当符合串通投标的要件

串通投标形式上的要件，通常是指存在“投标人相互串通投标”或“投标人与招标人相互串通”两类情形。在司法实践中，对于由一人控制的多家公司参与同一项目投标的情形，应当认定其符合串通投标的形式要件。尽管多个投标公司在意志上受同一实际控制人支配，实质上是同一个主体的意志，但从形式上看，属于多个独立的投标人参与投标，且这些主体之间存在关联关系，客观上构成“投标人相互串通投标报价”的形式特征。与此类似的是一人通过借用多个公司名义参与招投标的情形，相较于直接控制的方式，此类行为在工程建设领域中更为常见，亦具备形式上的串通投标要件。

2. 行为在实际上应当具有法益侵害性

在多个投标人相互串通投标报价的情况下，应当基于串通投标主体在全部投标人人数中的占比确定投标人之间串通的法益侵害性。《招标投标法》与《刑法》的串通投标罪均以破坏公平竞争为惩戒依据，但承担刑事责任的条件是对法益的侵害更为严重。衡量标准通常为串通主体在全部投标人人数中的占比：比例较低时，难以对市场竞争造成实质性损害，不宜认定刑事犯罪；比例较高时，损害潜力显著，可据此追究刑事责任。对于借用资质投标的情形，应结合被控制的投标主体数量与总投标人规模综合判断：若仅两家单位串通，其影响有限，可予以行政处罚；若借用主体占较高比例，则满足刑事追责条件。同样，建设方与施工方事前合意后再招标，若只有施工方指定的少数公司参与，且无其他真实投标意向，对竞争秩序无实质侵害，不构成刑事串通；若有其他竞争者参与，则事前合意并不能排除串通风险，应依串通主体比例评估其刑事责任。

对于招标人与投标人串通的情形，应当以串通的内容确定法益的侵犯程度。在招标人与投标人串通投标时，核心在于其串通内容是否损害其他投标人或公共利益的公平竞争权。若仅提前告知公开的招标文件，并未使某一投标人获得实质性优势，则不构成刑法意义上的串通投标。刑法所禁止的串通投标，是通过招标人泄露底价、设置特殊资质、调高评分或提供投标外补偿等手段，使特定投标人在评标和中标中获得不当优势，从而排斥其他竞争者。对于政府出资的公共工程项目，招标人与投标人的任何合谋，如以低价中标给无资质挂靠方，同样侵害了国家和社会公共利益。即便双方在招标前已达成协议，只要在招投标过程中通过不正当手段操纵结果，就仍然构成对公共法益的实质性损害，应认定为刑法禁止的串通投标行为。

（三）串通投标罪中利益损害范围的认定

“利益”一词的涵盖范围广泛，对利益损害的认定须以法律条文为依据，结合刑法所保护的法益展开。市场竞争的本质在于优胜劣汰，虽串通投标行为具有不当性，但并不必然导致刑法保护的法益受损。《刑法》第223条针对不同串通主体，设定了两种形式：投标人之间的串通侵害招标人及其他投标人的利益，而招标人与投标人的串通则损害国家、集体或公民的公共利益。对不同主体之间的串通，应分别依据其侵害的法益类型作出认定。

1. 投标人串通投标报价利益损害的认定

对招标人而言，串通投标可能导致超支或预期收益损失，如通过压低或抬高报价限制竞争。若借用资质中标，实际施工方与合同要求不符，会侵害招标人履约利益。但若投标文件本身在公平评标中优胜，则无利益损害。

对其他投标人来说，只有在串通主体所借用的虚假中标单位夺标时，才真正剥夺了它们对合同收益的合理预期，构成损害；若串通投标主体的投标方案确实优于他人，即便存在串通，也不会因评标结果而损害其他投标人利益。

因此，认定串通投标罪必须考察以下几点：一是中标是否依赖不正当手段（资质挂靠）造成合同履行风险；二是其他投标人是否因虚假主体中标而实际遭受经济损失；三是评标过程是否公正，若串通投标主体的方案本就最优，则不构成对法益的侵害。

2. 招标人和投标人串通投标的利益损害认定

本罪的保护法益是招标投标竞争秩序，招标人与投标人串通投标的行为不仅会造成个人利益的损害，还会侵害公共利益。因而对于利益损害的认定，也不能只考虑行为给其他招标人、投标人所造成的具体经济损失。[1] 公共利益方面，尤其是政府或国有资金项目，通过合谋排除优质承建者，不仅浪费

---

① 参见黎宏：《刑法学各论》（第2版），法律出版社2016年版，第194页。

公共资源，还可能导致工程质量风险；个人利益方面，则包括招标人合同预期收益和其他投标人在公平竞争中应享的机会及收益，一旦代理机构或评审委员会与特定投标人勾结，实际招标人和其他投标人的合法权益就会受到损害。

但若串通发生在完全私人出资的项目中，且没有其他潜在竞争者参与、整个招投标过程仅是当事人自愿达成合意、未对第三方造成任何实质性损失，此时虽形式上存在串通，但并不构成刑法意义上的串通投标罪，因为并未侵害公平竞争秩序或他人法益。

相反，凡涉及公共资金或关乎社会公共利益的工程，即便当事人事前达成合意，只要在招投标过程中通过泄露底价、指定中标、设置不合理资质条件、调整评分等不正当手段，使特定投标人获得显著优势、排斥其他竞争者，就已对公共利益和个人利益造成实质性损害，应当依法追究刑事责任。审查时应着重考量项目性质、串通手段、涉事主体及竞争者数量等因素，综合判断是否触犯串通投标罪。

此外需要注意的是，基于本罪的罪状描述情况，关于招标人与投标人串通投标的行为在认定是否构成犯罪时是否需要以情节严重为要件存在较大争议。肯定论者认为，根据《刑法》第223条的表述逻辑，该行为同样需要以情节严重为要件。① 但在否定论者看来，该行为在法益侵害结果上明显重于投标人之间相互串通投标报价的情形，因而无须以情节严重为要件。② 事实上，出于对两种行为及其法益侵害结果的考量，否定论者的观点更为合理。

① 参见王作富主编：《刑法分则实务研究》（中）（第5版），中国方正出版社2013年版，第656页。

② 参见周光权：《刑法各论》（第4版），中国人民大学出版社2021年版，第362页。

居间行为是否构成利用影响力受贿罪

——吴某某利用影响力受贿罪案

一、基本案情

吴某某系多家旅游投资公司法定代表人，长期从事旅游及相关产业开发。2013年，他通过他人介绍结识了某县时任领导彭某某，关系熟络。

2014年，吴某某得知该县将启动多条公路建设项目，遂利用与彭某某的关系，将项目信息透露给某市A公司董事长郑某某，并促成其与B公司合作。在彭某某的职务便利下，项目招标条件被人为设限，B公司由此获得明显优势，并最终中标四个项目，总金额达7.65亿元。

中标后，吴某某与郑某某签订《工程项目居间合同协议》，按工程结算金额收取2%~3%的居间费，最终通过现金和股权折价方式共计获取1280万元非法利益。

二、本案要点

1. 吴某某是否属于彭某某的“密切关系人”？

2. 吴某某的居间行为是否属于“谋取不正当利益”？

三、本书观点

（一）吴某某是否属于彭某某的“密切关系人”

“关系密切的人”首次出现是在2009年《刑法修正案（七）》（本案中简称《修七》）中，《修七》第13条新增了利用影响力受贿罪，作为《刑法》第388条的补充条款。该法条规定了近亲属、关系密切的人通过国家工作人员职务上的行为，或者利用该国家工作人员职权或者地位形成的便利条件，通过其他国家工作人员职务上的行为，为请托人谋取不正当利益，索取请托人财物或者收受请托人财物的，构成利用影响力受贿罪。该罪的主体还包括离职的国家工作人员及其近亲属、关系密切的人。

吴某某与彭某某的关系在居间行为形成前仅为正常商业往来，未达到刑法所要求的“密切关系”标准。具体而言，双方于2009年经人介绍相识，此后多年并无深入交往，直至2013年因某旅游开发项目才产生业务联系。这种基于招商引资需要的官方接触，与刑法意义上的“密切关系”存在本质区别。双方既无亲属关系，也无证据显示双方之间存在长期、稳定的私人交往或利益输送，其互动内容主要围绕项目合作展开，属于地方政府与投资方之间的正常商务往来。在2014年居间合同签订前，吴某某与彭某某的交往频率和密切程度，尚不足以认定其能够实质影响彭某某的职务行为，故不符合利用影响力受贿罪中“密切关系”的构成要件。

（二）吴某某的居间行为是否属于“谋取不正当利益”

1988年全国人民代表大会常务委员会颁布《关于惩治贪污罪贿赂罪的补充规定》，第一次通过立法形式明确了“谋取不正当利益”为行贿罪的犯罪构成要件，1997年《刑法》对此予以继承。1997年至今，“不正当利益”的内涵几经变化，1999年最高人民法院、最高人民检察院颁布《关于在办理受贿犯罪大案要案的同时要严肃查处严重行贿犯罪分子的通知》，规定“不正当利益”主要是指通过违反法律法规政策等方式获取的利益；2008年最高人民法院、最高人民检察院《关于办理商业贿赂刑事案件适用法律若干问题的意见》第9条第2款将“不正当利益”扩大至招投标、政府采购等商业领域，并对原有法条进行了扩大解释；2012年最高人民法院、最高人民检察院《关于办理行贿刑事案件具体应用法律若干问题的解释》第12条对“不正当利益”作出了目前为止最为全面的规定，即行贿人谋取的利益违反法律、法规、规章、政策规定，或者要求国家工作人员违反法律、法规、规章、政策、行业规范的规定，为自己提供帮助或者方便条件，或者违背公平、公正原则，在经济、组织人事管理等活动中，谋取竞争优势获取的利益。

首先，该公司作为国有企业，在资金实力、施工经验等方面均符合该县道路建设的招标要求。项目最终由该县集体决策确定，并非单纯依赖吴某某的个人关系。吴某某的居间行为仅促成了商业合作，未改变某市交建公司本身的合法竞标资格。

其次，未直接违反《招标投标法》。虽然招投标条件有所调整（如提高保证金），但这些要求并未超出合理商业范围，且最终由政府部门审核批准。吴某某未伪造文件或向评标人员行贿，其行为与典型的“围标串标”存在本质区别。

最后，居间费属于合法商业报酬。吴某某与郑某某签订书面居间合同，约定按工程比例收取费用，符合市场惯例。该费用是对信息中介、商务协调等服务的对价，而非权钱交易。

四、理论探讨

在职务犯罪领域，居间行为因其处于行贿人与国家工作人员之间的“中介”地位而显现出特殊的法律复杂性。尽管居间人往往不直接行使国家权力，也不必然直接收受贿赂，但其在行贿人和国家工作人员之间搭建利益输送通道的行为，常常在整个贿赂过程中的实施与完成中发挥着至关重要的作用。因此，从刑法规范的体系化与精细化出发，有必要对这类居间行为予以清晰的类型化分析和制度性回应。

（一）利用影响力受贿罪主体范围界定

利用影响力受贿罪罪状表述中诸如“近亲属”“关系密切的人”“便利条件”等须准确理解其内涵与外延，以避免因概念模糊导致的适用困扰。

“近亲属”并非法律上的统一概念，其外延在不同法律体系中存在差异。[①]《刑事诉讼法》中的近亲属范围最为狭窄，仅限于配偶、父母、子女、同胞兄弟姐妹；而根据最高人民法院《关于适用〈中华人民共和国民事诉讼法〉的解释》，民事诉讼中的近亲属则包括祖父母、外祖父母、孙子女、外孙子女等更多血亲；行政诉讼中，近亲属的范围更为宽泛，甚至涵盖具有扶养、赡养关系的亲属。有学者认为，《刑事诉讼法》中的界定过于狭窄，难以满足利用影响力受贿罪规范有关行为的需求，建议采用民法或行政诉讼法

① 参见张明楷：《刑法学》（第5版），法律出版社2016年版，第76页。

中的界定标准。然而，由于罪状中已设“关系密切的人”作为兜底性条款，即使行为人不属于狭义的“近亲属”，亦可通过该概念予以涵盖，保障条文适用的完整性与弹性。

相较于“近亲属”，“关系密切的人”的概念更为模糊，尚缺乏明确的司法解释或适用标准。2007年最高人民法院、最高人民检察院《关于办理受贿刑事案件适用法律若干问题的意见》曾提出“特定关系人”概念，是指与国家工作人员具有近亲属、情妇（夫）或共同利益关系的人。就内涵而言，“关系密切的人”显然覆盖范围更广，已涵括“特定关系人”，但不限于后者。

在实践中，“特定关系人”的认定往往依赖具体的财产利益或长期的情感纽带，证明成本较高。而“关系密切的人”这一表述，则可更灵活地依据交往频次、关系密度、外部认知等事实判断，不仅降低了司法认定的难度，也更贴合行为人凭借人际关系影响国家工作人员的行为实质。[①] 因此，罪名采用“关系密切的人”作为表述，既体现了对传统“特定关系人”概念的包容，也在制度层面为实践提供了更具适应性的认定空间。

综上所述，“近亲属”与“关系密切的人”构成对犯罪主体资格的递进式规定，前者明确界限，后者兜底补充，两者配合使用，方能实现条文适用的周延性与刑事制裁的实效性。

需要补充的是，根据行为人是否以影响力为核心实现利益交换，国家工作人员的身份依旧可以构成，只是将其作为双重身份的受贿，择一重罪处罚。

（二）利用影响力受贿罪与受贿罪共同犯罪的界分

在职务犯罪领域，受贿罪共犯的认定须严格遵循“共同故意”与“共同行为”原则。[②] 依据《刑法》及相关司法解释，若要认定国家工作人员的近亲属等人与其构成受贿罪共犯，必须具备在犯罪过程中存在通谋这一情节，即国家工作人员知情并认可该受贿行为。[③] 若行为人单独实施受贿行为，未

① 参见李伟迪：《利用影响力受贿罪适用研究》，中国政法大学出版社2011年版，第57页。
② 参见郭竹梅：《受贿罪司法适用研究》，法律出版社2018年版，第31页。
③ 参见李辰：《受贿犯罪研究》，中国政法大学出版社2011年版，第17页。

与国家工作人员形成意思联络，则不成立共犯，仅可能构成利用影响力受贿罪。

在司法实践中，须注意与利用影响力受贿罪的区分：一方面，若国家工作人员虽未直接收受财物，但明知他人借其职权为请托人谋利，仍默许该行为，则可认定其具有共同犯罪故意，应以受贿罪论处；另一方面，若其在事后才知情，且未退还或上缴财物，依据最高人民法院、最高人民检察院联合发布的《关于办理贪污贿赂刑事案件适用法律若干问题的解释》的规定，其虽负有退还义务，但该情形并不当然成立受贿罪。① 须强调的是，利用影响力受贿罪的设立，旨在补足国家工作人员未构成犯罪时对其关系人行为的规制空白，两者在法律适用上具有排他性。在无通谋、无共同故意的情形下，不得以事后不退赃认定国家工作人员构成受贿罪，更不得据此认定存在共犯关系。

（三）利用影响力受贿罪与介绍贿赂罪的界分

根据《刑法》第393条的规定，介绍贿赂罪是指行为人明知他人意图通过国家工作人员谋取不正当利益，仍居中撮合、传递意思，促成贿赂交易且情节严重的行为。该罪不以行为人收受财物为成立要件，其主观故意体现为协助实现他人贿赂目的，而非谋取自身利益。

与此相对，利用影响力受贿罪则要求行为人具备特定身份（如国家工作人员的近亲属或关系密切者），主观上以谋取不法利益为目的，借助与国家工作人员的关系施加影响，为请托人谋利并收受财物，财物归行为人所有。

介绍贿赂罪的行为人主要作为中介人牵线搭桥，推动受贿与行贿双方实现贿赂目的，其作用是“促成合意”；而利用影响力受贿罪的行为人虽不直接促成三方交易，但凭借与国家工作人员的关系，通过间接施加影响使其履行职务偏袒请托人，从而获取财物，行为重在“变现影响力”。

在司法实践中，准确区分利用影响力受贿罪与介绍贿赂罪，应从主观目的、财物归属、主体资格及行为方式四个维度综合判断，避免以是否接受财

① 参见王志祥、柯明：《受贿罪共犯与利用影响力受贿罪的界限新解》，载《江西社会科学》2018年第1期。

物作为唯一标准。[①] 同时，应严格遵循《刑法》规定及最高人民法院、最高人民检察院相关司法解释精神，尊重罪刑法定原则，防止不同类型居间行为的评价混淆，以保障刑法适用的统一性与准确性。

（四）利用影响力受贿罪与斡旋型受贿罪的界分

根据《刑法》第 388 条的规定，斡旋型受贿是受贿罪的一种表现形式，指国家工作人员利用本人职权或地位形成的便利条件，通过其他国家工作人员的职务行为，为请托人谋取不正当利益，进而索取或收受财物。[②] 其核心特征在于行为人是国家工作人员，利用权力性影响力，即职务或地位所形成的现实影响力，影响其他国家工作人员的职务行为。

与之相比，《刑法》第 390 条之一规定的利用影响力受贿罪，则适用于非国家工作人员主体，如国家工作人员的近亲属、关系密切人或离职国家工作人员及其近亲属等，其利用与国家工作人员的特殊关系，施加非权力性或混合性影响力，为请托人谋利并收受财物。该罪中的“影响力”并不限于权力性影响力，还包括亲属、同学、师生、战友、同乡等社会关系所形成的非正式影响力。

两罪的关键区别主要在于主体身份及影响力性质方面：斡旋型受贿的主体为在职国家工作人员，影响力为职务所形成的权力性影响；而利用影响力受贿罪的主体为特定的非国家工作人员，其影响力来源多样，既可能是社会关系，也可能是脱离职务后的残留权力影响。

在司法实务中，当行为人同时具有国家工作人员身份并具有权力性影响力或非权力性影响力时，若难以明确区分其主要利用的影响力类型，部分学者主张应以主导性影响力为标准进行罪名区分：若主要借助职权便利形成的影响，应认定为斡旋型受贿；若主要依赖其与国家工作人员的密切关系影响他人履职，则应认定为利用影响力受贿罪。[③]

---

① 参见于浩：《利用影响力受贿罪罪名之争》，载《人民检察》2018 年第 8 期。

② 参见李丁涛：《斡旋受贿行为与利用影响力受贿行为交织时如何认定》，载《中国纪检监察报》2019 年第 8 期。

③ 参见陈国庆、卢宇蓉：《利用影响力受贿罪法律适用问题探讨》，载《中国刑事法杂志》2012 年第 8 期。

为保障罪刑法定和从疑有利于被告原则，在两类影响力交织、难以界定主导因素的情形下，应倾向认定为利用影响力受贿罪。此种做法不仅有利于保障被追诉人的合法权益，也体现了刑法谦抑性原则。最终确定罪名时，应综合考察行为人身份、影响力来源、行为过程及其在促成职务行为中的实际作用，结合具体案情作出合理判断。

实践中往往涉及非权力性与权力性影响力的交错，其本质均为行为人借助与国家工作人员的特定关系，影响其或他人履职行为，从中谋取不正当利益并收受财物。

隐名控股股东私自转移公司财产是否构成挪用资金罪

——焦某某涉嫌挪用资金罪案

一、基本案情

2020年8月17日，肖某、李某某、钱某某、罗某某、廖某某、刘某某与焦某某达成合作开发协议，成立A县B公司，约定焦某某为公司实际控制人，其股份由焦某甲、刘某乙代持。在公司正式登记注册时，股东为4人：焦某甲、刘某甲、肖某乙、刘某某。

经查明：2020年至2023年，焦某某在将公司资金外借给其100%控股的某某大酒店、30%控股的E公司，以及其司机孙某某，亲戚王某戊、刘某乙过程中，既未召开股东大会，也没有征求股东的书面意见。擅自将资金出借给与B公司没有任何关联往来的单位或个人，其中有部分款项缺乏归还的可能性。2024年9月10日，焦某某涉嫌挪用资金罪被A县公安局刑事拘留，9月22日被取保候审。

二、本案要点

1. 隐名大股东的身份能否排除适用挪用资金罪？
2. 公司与隐名大股东发生财产混同，能否排除适用挪用资金罪？
3. 如何审查隐名大股东的行为是否符合挪用资金罪的犯罪构成要件？

三、本书观点

（一）各股东认缴出资额、出资形式与占股比例明确，都应当对公司重大事项享有知情权和表决权

B公司属于股份有限公司，正式注册登记时股东为4人：焦某甲、刘某甲、肖某乙、刘某某，各股东认缴出资额、出资形式与占股比例明确。

我国《公司法》第4条第2款规定，“公司股东对公司依法享有资产收益、参与决策和选择管理者等权利”。虽然在签订合作协议时，约定焦某某作为隐名大股东，肖某乙、刘某某不参与公司的经营决策和运营管理，但这并不意味着大量转移公司财产不需要通知并征得股东同意。因此，B公司的股东焦某甲、肖某乙、刘某某、刘某甲对于公司重大资金处置事项都应当享有知情权与表决权。

（二）B公司与焦某某不存在财产混同，与焦某某100%控股的各公司也没有业务往来，相应的资金流动不具有正当性与合法性

根据我国《公司法》的规定，公司是企业法人，有独立的法人财产，享有法人财产权。所谓“财产混同”，是指公司与股东或者关联公司之间在财产上无法明确区分，导致公司财产独立性丧失。关于财产混同，既有法律与司法解释虽未给出明确判断标准，但司法实践中主要是以“财产能否可以明确区分”作为直接判断标准。

从实质层面来看，B公司财产均登记在公司名下，不存在与焦某某个人资产混同的问题。财产混同在实质要件层面主要表现为公司与股东资产混同、无法区分，表现为公司的财产登记在股东名下，或者股东的个人资产登记在公司名下。

本案中，B公司的资金流向主要分为两部分。一部分是公司的正常业务往来，包括土地款等开发成本、预付工程款、支付入股土地款、缴纳税费、支付管理费用、支付销售费用、支付银行贷款利息费用等。另一部分则是以借出款项名义将公司资金转出，尤其是流向焦某某100%控股的某某大酒店、30%控股的E公司账户的资金，数额高达23150000元，明显不具备正当性与合法性。

（三）焦某某将B公司财产转移，未召开股东大会，也未征求股东意见，属于擅自转移公司资金的行为

公司为他人担保时需要公司董事会或者股东会决议。“举轻以明重”，在公司资金外借他人时更应当遵循公司章程的规定，由董事会或股东会决议，并形成一致意见。而本案中，焦某某作为B公司的实际控制人，虽然对于公司财产具有管理权限，但对于外借公司资金这种重大财务事项，必须经过公司股东会讨论。但焦某某在将公司资金外借给其占股100%的某某大酒店、占股30%的E公司，以及其司机孙某某，亲戚王某戊、刘某己的过程中，既未召开股东大会，也没有征求股东的书面意见，故不能认定为借款行为是公司的整体决策，而应定性为焦某某个人擅自转移公司资金的行为。

（四）焦某某擅自将B公司财产转移，数额巨大，未在法律规定期限内归还，其行为涉嫌挪用资金罪

根据最高人民法院、最高人民检察院发布的《关于办理贪污贿赂刑事案件适用法律若干问题的解释》第11条第2款的规定，挪用资金在500万元以上的，应当认定为“数额巨大”。本案中，焦某某擅自外借B公司资金数额巨大，至少数笔资金未在3个月的法定期限内归还。因此，焦某某实施的转移款项行为涉嫌挪用资金罪。

四、理论探讨

（一）隐名大股东的身份不能排除适用挪用资金罪

有观点认为，实际控制人没有担任公司职务，挪用公司资金的不构成挪用资金罪。这类观点认为：一方面，在隐名大股东出资且法定代表人挂名不参与经营的情况下，隐名大股东实际上处分的是自己的财产；另一方面，隐名大股东即便没有实际出资全部资金，但利用职务便利是挪用资金罪的法定构成要件，隐名大股东没有职务行为也没有具体的职务身份，不应当构成挪用资金罪。上述观点具有一定的合理性，因为隐名大股东可能不是利用职务便利实施资金转移。隐名大股东的身份不能排除适用挪用资金罪。

反对观点认为，若单位的资金运作、人事管理等事务均受隐名大股东实

际控制、支配，该单位员工亦视隐名大股东为单位的“老板”和“最高领导”，那么实际上隐名大股东即便在股东名册内也能实现利用职务便利。[①]

反对观点更具合理性。司法认定的核心在于行为人是否利用了其在公司中的职务便利，而非其是否为显名或隐名股东。根据《刑法》第272条的规定，挪用资金罪是指公司、企业或其他单位的工作人员，利用职务上的便利，挪用本单位资金归个人使用或借贷给他人，数额较大、超过三个月未还，或者虽未超过三个月，但数额较大、进行营利活动，或者进行非法活动的行为。本罪的关键构成要件在于“利用职务上的便利”。因此，判断隐名大股东是否构成挪用资金罪，主要取决于以下几方面：

首先，是否在公司担任实际职务。如果隐名大股东不仅是出资人，还在公司内部实际担任董事、监事、高级管理人员（总经理、财务负责人）或其他对资金具有管理、经手、审批等权限的职位，那么其利用该职务便利挪用公司资金，就完全符合挪用资金罪的主体要件。在这种情况下，其“隐名股东”的身份不影响其“公司管理人员”的身份认定。如果隐名大股东仅为出资人，不参与公司的经营管理，未在公司担任任何实际职务，也无法对公司资金产生任何基于职务的控制力或便利条件，那么其通常不具备挪用资金罪的主体资格。本案中，约定焦某某为该公司的实际控制人，参与公司的经营管理，对公司资金具有管理、经手、审批等权限，符合挪用资金罪的主体要件，不能因其“隐名股东”的身份影响“公司管理人员”的身份认定。[②]

其次，“职务便利”的实质性判断。司法实践中，对“职务便利”的理解并不局限于形式上的任命文件或劳动合同。如果隐名大股东凭借其出资人地位，对公司形成了事实上的控制，能够实际指挥、操控公司的资金调度，这种“事实上的管理权限”也可能被认定为“职务上的便利”。例如，虽然名义上是他人担任法定代表人或总经理，但所有重大决策和资金使用均须该隐名大股东批准，那么其挪用资金的行为依然可以被认定为利用了事实上的职务便利。本案中，焦某某作为该公司的实际控制人，能够实际指挥、操控

① 参见泰州市中级人民法院刑事判决书，(2014) 泰中刑二终字第0062号。

② 参见门植渊、于红燕、康丽芳：《一人公司股东挪用公司资金且存在财产部分混同的司法认定》，载《人民检察》2024年第24期。

公司的资金调度，应当被认定为“职务上的便利”。①

最后，公司财产独立性原则。公司作为独立的法人，其财产独立于股东的个人财产。这是公司法的基本原则。无论是显名股东还是隐名股东，其投入公司的资本已经转化为公司的财产，股东不得随意侵占或挪用。将公司资金挪作私用，侵犯的是公司这一独立法人的财产权以及公司的管理制度。因此，隐名股东不能以“拿回自己的投资款”为由，为其挪用公司资金的行为进行辩护。这种行为在本质上是将公司法人的财产与个人财产相混同，是法律所禁止的。

综上所述，隐名大股东的身份本身并非挪用资金罪的“豁免牌”。法律关注的核心是行为的本质。如果隐名大股东利用其在公司的实际管理地位或职务便利，实施了挪用公司资金的行为，完全可能构成挪用资金罪。反之，如果其并未在公司担任实际职务，也未利用任何职务便利，那么其行为可能不构成此罪，但仍可能因为具有其他法定情节构成其他犯罪，如盗窃罪、诈骗罪（如果通过欺骗手段获取资金）的共犯等。

（二）公司与隐名大股东发生财产混同不能排除适用挪用资金罪

有观点认为，从危害结果上来说，隐名大股东只是形式上不符合公司规定，但实际上只是在处分自己的财物。在财产无法区分的情况下，股东只是在形式上侵犯了公司财产的所有权，因为股东个人财产与公司财产混同，股东不具有占有或挪用公司财产的主观故意。一人公司的财产最终归股东所有。由于唯一股东实施挪用公司资金的行为时，不存在损害其他股东利益的情况，因此不宜将该行为认定为挪用资金罪。若股东挪用资金的行为可能损害其他债权人的利益，可适用公司法中的法人人格逆向否认制度，通过民事诉讼的方式，让股东承担连带责任，以此来实现对债权人的权利救济。② 当证明被挪用的资金对象时，在混同的场合，公司账户与股东个人账户之间双向资金混乱，难以在证据层面确定股东占有或挪用的资金是公司财产还是股东个人

---

① 参见杜文俊：《大股东侵占上市公司资产行为的刑事责任认定》，载《政治与法律》2007 年第 6 期。

② 参见门植渊、于红燕、康丽芳：《一人公司股东挪用公司资金且存在财产部分混同的司法认定》，载《人民检察》2024 年第 24 期。

财产，无法排除合理怀疑。因此，在该观点之下，对于隐名大股东的财产与公司财产发生混同的情形，应当排除适用挪用资金罪。①

也有反对意见认为，公司与隐名大股东发生财产混同不能排除适用挪用资金罪。该观点指出，公司具有独立于出资人的财产权。隐名股东一旦投资入股，其投资的财产便不再属于其个人，而是属于公司，隐名股东因投资而获得的权利并不是公司的财产权，而是公司资产收益权、决策权等权利。后续公司生产经营所产生的收益亦属于公司财产。②

上述意见中，反对意见更具合理性。笔者认为，公司与隐名大股东发生财产混同，在绝大多数情况下不能直接排除挪用资金罪的适用，但它可能在个案中对犯罪数额的认定、主观恶性的判断以及最终的量刑产生影响。简单地以“财产混同”作为完全的出罪理由，在司法实践中得到支持的可能性极低。具体而言：

首先，“财产混同”在民商法与刑法中具有不同意义。在民商法层面，当公司财产与股东财产发生混同、无法清晰区分时，为了保护公司外部债权人的利益，法律会“刺破公司面纱”，要求股东对公司债务承担连带责任。这被称为“公司法人人格否认”制度。其目的是加重股东的责任，防止其利用公司的独立法人地位规避债务。而在刑法层面，被告人（隐名大股东）引用“财产混同”的目的则完全相反，是希望通过否认公司财产的独立性来为自己的挪用行为脱罪。他们试图主张，既然财产已经混同，那么所谓的“公司资金”实际上就是“个人资金”，因此不存在“挪用本单位资金”的前提。这种逻辑上的矛盾决定了司法机关在处理此类问题时会极为审慎。刑法旨在打击滥用公司控制权、侵占公司资产的行为，如果轻易以“财产混同”作为出罪理由，将可能纵容实际控制人掏空公司资产，损害少数股东和债权人的利益，与公司法人制度的初衷背道而驰。

其次，公司财产的独立性是挪用资金罪的核心前提。挪用资金罪成立的

① 参见刘全芹、李艳波、贺亚宁：《财产混同情形下股东占有或挪用公司财产行为的司法认定》，载《中国检察官》2023 年第 23 期。

② 参见刘全芹、李艳波、贺亚宁：《财产混同情形下股东占有或挪用公司财产行为的司法认定》，载《中国检察官》2023 年第 23 期。

前提是行为人挪用了“本单位”的资金，此处的“本单位”在法律上被视为一个独立的法人实体，其财产是独立的。原则上，财产一旦投入公司，即为公司法人财产，无论公司是否只有一个股东（一人公司），也无论该股东是否隐名，其投入的资本和公司在经营中产生的利润，都属于公司法人财产，是公司制度的核心。“混同”状态本身就是一种不法状态：隐名大股东滥用其控制权，导致公司与个人财产无法区分，这本身就是一种违反《公司法》关于财务独立要求的行为。不能利用一种违法行为（财产混同）来为另一种可能更严重的犯罪行为（挪用资金）进行辩护。这在逻辑上是“以错辩错”，难以被采纳。

最后，在司法实践中，应重点审查以下两方面：一方面，重点审查资金挪用的性质和目的，即为个人使用和为公司使用。如果资金的流动虽然混乱，但能够证明资金的最终用途是为了公司的生产经营活动（用个人账户代公司支付货款、清偿公司债务），法院在认定挪用资金罪时会非常谨慎，甚至可能不予认定。倘若挪用资金的目的是个人获利，如果隐名大股东将资金用于个人挥霍、购买豪车豪宅、偿还个人赌债或进行与公司业务无关的个人投资，那么无论是否存在财产混同，其“非法占有”或“挪用”的主观故意都是非常明显的。在这种情况下，“财产混同”的辩护理由会显得苍白无力。另一方面，对犯罪数额进行严格审查。在存在财产混同的情况下，控方（检察院）需要承担更重的举证责任，必须清晰地证明被挪用的资金确实属于公司，并从中剥离出股东个人的合法投入。辩护方也可以就此提出合理怀疑。如果资金往来极其混乱，以至于无法在法律上清晰地界定出“公司资金”的范围和被挪用的确切数额，可能会因“事实不清、证据不足”而导致指控无法成立或只能就低认定。

总而言之，公司与隐名大股东之间的财产混同，并不能成为一个当然的、有效的出罪理由。

临时受托人能否成为职务侵占罪的主体

——阚某某涉嫌职务侵占罪案

一、基本案情

2012 年至 2022 年，被告人阚某某在 C 公司工作，由该公司缴纳阚某某的社保。成某甲于 2013 年 1 月 30 日代表 E 公司和阚某某、程某某签订《承包协议》，全权委托阚某某、程某某在 E 公司所在地承包项目全部事务。双方约定 E 公司到位资金不低于 1 亿元，项目产生的利润上缴 2/3，剩余 1/3 由阚某某等人自行安排。

此后，在 E 公司未实际履行 1 亿元出资义务的情况下，阚某某等人按照该承包协议的约定，自行组织筹措相关资金，对该项目进行了开发建设。

2014 年 6 月，成某甲因涉嫌非法集资犯罪被判处有期徒刑。2014 年 5 月至 2015 年 7 月，在无法和狱中的成某甲直接联系的情况下，阚某某根据融资需要，在得到了成某甲的胞弟成某乙以及成某甲的委托人同意后，将 E 公司持有的全资子公司 F 公司 60% 的股权转让至其他人名下。

2016 年至 2019 年，成某甲多次安排成某乙与阚某某沟通，商议 F 公司的股权回购事项，后因成某乙等人不愿意履行已经达成的协议，双方议定的股权回购尚未最终履行完成。

二、本案要点

1. 在案证据能否证明项目承包人阚某某为 E 公司的工作人员？

2. 阚某某经成某甲家属和委托人同意后转让 F 公司股权的行为是否构成职务侵占罪？

三、本书观点

（一）在案证据中缺乏阚某某担任E公司实际管理人且该职务系经合法途径取得的相应证据

本案中，E公司具有完善的公司权力结构和决策程序，与之相对应的是，证据中有完整的总经理程某某等人的相应任职文件及决议文件，但没有E公司任职文件或会议文件证明阚某某被任命或聘请为E公司的实际管理人，这说明E公司并未委托或授权阚某某对公司进行管理，在法律上其从未担任E公司的实际管理人。此外，成某甲和赵某某的证言也证实，阚某某与E公司或成某甲与阚某某之间没有书面的任命文件，阚某某只是作为成某甲的代表在参与公司事务，公司决策仍须经成某甲的许可才能得到落实。

虽然本案中E公司出具的《关于阚某某的任职证明》中称“聘任阚某某担任E公司的负责人（职业经理人）”，但是这三份任职证明均系本案刑事立案后出具，且出具单位实质上均为“被害人”成某甲所实际控制，其客观性、合法性均存疑，也与证人证言和工资银行流水等客观证据存在明显矛盾，不得作为定案依据。

综上所述，阚某某仅是作为成某甲口头授权的代表参与公司事务并向其汇报，其既未获合法途径授权或委托，也不具有高级管理人员根据公司章程、董事会及股东会决议管理公司事务的自主决策权。

（二）阚某某与E公司和F公司没有形成劳动关系或管理关系

1. E公司和F公司未替阚某某缴纳社保或向其发放工资

社保缴费记录证实C公司自2012年起一直为阚某某缴纳社保，至本案案发前从未间断。依据《劳动法》第72条的规定，用人单位和劳动者必须依法参加社会保险，缴纳社会保险费。可见，阚某某的实际工作单位为上海C公司，而非E公司。

阚某某收取工资的相关银行卡交易流水显示E公司和F公司从未给其发放工资，这也佐证阚某某与E公司和F公司之间不存在形式上或实质上的劳动关系。

2. 阚某某不具备被承包单位工作人员的身份

外部承包与内部承包的本质区别，在于外部承包人与发包人系平等主体关系，对涉案项目独立行使经营权并独自承担经营风险及收益，而内部承包人与发包人因存在实质性的劳动关系和隶属关系，从而不具有独立经营权，集中表现为与发包人共同核算并共享收益与经营风险。

具体到本案，阚某某、程某某与E公司签订的《关于E公司制造、环保及加工配套项目进行工业地产开发的承包协议》中明确记载，“一、甲方（E公司）全权委托乙方（阚某某、程某某）在原E公司所在地承包制造、环保及加工配套项目的开发建设、销售、出租及物管全部事务（含人事、财务等）……三、甲方承诺一期到位资金不低于1亿元，首批到位资金6000万元，于2013年3月下旬确保到位；剩余4000万元视开发需求，在乙方申请资金报告后一周内及时到账……六、甲乙双方同意项目所产生的利润2/3上缴给甲方，1/3由乙方自行安排”。

可见：一方面，该“职务”仅在特定时期内针对特定项目，不具有稳定性和反复性；另一方面，构成职务侵占罪要求行为人隶属于单位或具有被管理的情形，其与单位不是平等的民事主体关系。而根据《承包协议》和其他相关客观证据，阚某某作为承包人与发包方E公司是平等的民事主体关系，该项目承包费定额包干，发包方不承担风险，而承包人独立核算、自负盈亏。可见阚某某系独立行使经营权并承担经营风险，两者不存在隶属与管理的关系，因而不具备被承包单位工作人员的身份。

此外，相关类案中着重审查犯罪嫌疑人是否与发包人具备实质劳动关系，是否具备独立经营权，据此认定其是否具备被承包单位工作人员的身份。其中，与本案极其相似的判例（2015）浙杭刑终字第63号刑事裁定即以犯罪嫌疑人王某甲与被承包单位中利公司并未形成实际上的劳动关系，仅挂名为被承包单位的副总经理，从未领取任何工资，其所签订的经营承包合同也明确涉案工程项目由其自负盈亏，进而认定王某甲丧失构成职务侵占罪的先决条件，不构成职务侵占罪。

（三）在案证据不能排除阚某某系按照《承包协议》的约定自行安排利润的合理怀疑

《承包协议》明确约定，“六、甲乙双方同意项目所产生的利润2/3上缴给甲方，1/3 由乙方自行安排”。可见，阚某某、程某某只是接受 E 公司的委托，代为处理其产业园项目的开发建设等工作，在承担支付承包费用（所产生利润的 2/3）的义务的同时，赋予了二人自行安排 1/3 利润的权利。

现有证据材料中，侦查机关并未对 E 公司产业园项目的财务情况进行司法审计。因此，在案证据不能确实、充分地证明阚某某实施了职务侵占行为，无法排除公诉机关所指控的阚某某侵占资金的行为是其在依照《承包协议》的约定自行安排其所享有利润的可能。换言之，阚某某、程某某二人开发 E 公司产业园项目调配资金系《承包协议》中事先约定的权利，而不是基于职务上的便利条件，不构成职务侵占罪。

四、理论探讨

（一）身份对职务侵占罪与挪用资金罪的定性不具有决定性

判断项目承包方人员能否构成以承包单位为被害人的职务侵占罪或挪用资金罪，关键在于项目承包方人员是否具有利用职务便利的行为，与项目承包方人员的身份没有必然关系。相反，若存在非职务、不在岗、编外身份的情形，则难以直接得出利用职权便利的结论。

以挂靠身份为例，在人民法院入库的谭某浩等职务侵占、掩饰、隐瞒犯罪所得案中，被告人谭某浩挂靠某建筑劳务公司与某建设集团签订工程施工劳务合作合同，某建筑劳务公司任命谭某浩为工程项目技术负责人，谭某浩能够根据施工需求，在库房内领取预制钢筋。施工期间，谭某浩出于牟利目的，将钢筋取走变卖，最终被认定为职务侵占罪。① 在该案中，被告人并非真正属于某建筑劳务公司的员工，但其被赋予了相应的职务权力，可以接触到涉案的材料。因此，定性为职务侵占罪并无异议。

（二）分包合作背景下，应当着重审查涉案财产与分包方的职权关联，以及分包方行为是否真正侵害了承包方的内部管理秩序

在分包的场合中，是否也可以认为身份是一项无关定罪的要素，这仍需要仔细甄别。在理论界，“职务上的便利”的范围便存在多种界定方法，例

① 参见四川省宜宾市翠屏区人民法院刑事判决书，（2023）川 1502 刑初 585 号。

如“主管、管理、经手财物便利说”，“职权便利说”，“工作便利说”以及“职责便利说”。[①] 其中“主管、管理、经手财物便利说”系理论界的通说，而“职权便利说”“工作便利说”“职责便利说”则将“职务上的便利”的范围分别限缩为“领导、指挥、监督的职权”，“既包括主管、处置财物的职权之便，也包括劳务人员在工作中合法持有单位财物的工作之便”，以及“主管、处置财物的职权”。

尽管众说纷纭，但无论采取何种学说，其一致特征是，所谓“职务上的便利”并非指的是简单的“职务 + 便利”。例如，保洁人员利用其职务，取走保安室内的财物而非卫生间内的洁具的行为，虽然表面上是因为职务获得了空间上的便利，但这种便利与被侵占的财物没有实际关联，保安室的财物不受其管理或占用。而且，职务侵占罪或挪用资金罪与一般财产犯罪存在不同，其规范目的不仅在于打击那些基于便利转移财产或者侵占财产的行为，其规范目的还在于职务犯罪侵犯了复合法益，即单位财产的所有权、单位的管理秩序和单位公共权利法益。

也有学者对双重法益论进行了反驳，认为职务侵占罪所保护的法益仅是财产，在本罪中不需要考虑所谓的单位管理秩序。这种观点的核心论点是，因为公司、企业的章程就是公司、企业管理制度的集中表现。况且，章程由人订立，法律尚且会有漏洞，章程更有可能出现漏洞。根据双重法益论，如果行为人利用管理制度上的漏洞侵犯本单位财产的，将因为没有侵犯公司、企业的管理制度而无罪，这样便形成了处罚漏洞。同时，相较于盗窃罪而言，复合法益的挪用资金罪的法定刑要反而轻微一些，这并不合理。[②]

但这种观点也存在明显缺陷，不能因为制度存在疏漏就认为制度没有保护的价值。同时，具体的制度同单位营造的秩序本身并不是同一事物，前者是一种无形的载体，而秩序则是反映为观念、制度、习惯等的价值理念。因此，在分包的场合中应当着重分析行为人具有哪些便利获取、占有公司资产，

① 参见刘伟琦：《“利用职务上的便利”的司法误区与规范性解读——基于职务侵占罪双重法益的立场》，载《政治与法律》2015年第1期。

② 参见周啸天：《职务侵占罪中“利用职务上的便利”要件之再解读——以单一法益论与侵占手段单一说为立场》，载《政治与法律》2016年第7期。

以及该资产同其职务是否存在关联性，以至于破坏了单位内部的管理秩序。而在项目分包的场合中，分包单位与承包单位之间的合作关系被破坏，并不代表承包单位内的管理秩序被破坏。

侵害的法益类型越多，行为的社会危害性就越大，此种立论前提也并不正确。行为的社会危害性存在程度之分，与侵害的类型无关，无论是何种法益内容，均存在重罪与轻罪。结合以上分析，应坚持双重法益论的观点，在具体实践中对于是否利用职务便利的判断不能脱离对单位管理秩序是否受损的分析。

第二章

罪名界分逻辑重构：从规范冲突到价值融贯

刑法中的罪名界分，从来不只是技术性的分类问题，而且是关乎刑罚权正当性、法律适用精确性和个案正义实现的重要命题。传统的罪名区分往往陷入“规范冲突”的困境：一是机械套用法条竞合规则，导致此罪与彼罪的界限模糊；二是过度依赖形式标准，使裁判结论与实质公平相背离。从“规范冲突”迈向“价值融贯”。这一转向要求我们以法益为核心，通过阶层化的判断框架，实现三个层面的统一：其一，形式与实质的统一——在尊重构成要件文义的基础上，探求罪名背后的规范目的；其二，个案与体系的统一——通过类案比较提炼区分标准，避免“同案不同罪”的割裂；其三，法律效果与社会效果的统一——在界分罪名时兼顾预防必要性、被害人保护等刑事政策价值。唯有以价值融贯为指引，罪名界分才能超越技术之争，成为连接刑法条文与社会现实的桥梁。当法律人不再困于规范冲突的迷宫，而是以体系化的价值衡量回应复杂实践时，刑法的精确性与生命力方能真正彰显。

实际施工人与发包人串通虚报工程量是否构成诈骗罪

——王某涉嫌国有公司工作人员滥用职权罪案

一、基本案情

2015 年 3 月至 2018 年 2 月，A 公司实际控制人郑某某与 B 公司总经理郭某某挂靠于 C 公司，以 C 公司名义合伙承揽 X 片区道路路网工程项目（该项目系政府投资项目），C 公司仅收取固定管理费。C 公司任命王某为 X 项目经理，但王某仅负责项目相关文件的形式审查与签字，郑某某、郭某某共同委托唐某某担任该项目执行经理，实际负责项目所有事项的审批与日常管理。

施工过程中，郑某某、郭某某授意下属唐某某等人采用虚假变更施工方式、伪造工程计量等手段骗取工程款（X 项目实际采用静态爆破、机械凿打、常规爆破三种方式施工，但全部按单价最高的静态爆破结算），并以送金条、现金等方式贿赂 X 项目发包方 D 公司法定代表人、总经理杨某某及石某某等 J 市相关政府官员，请求上述人员利用职务便利掩饰、隐瞒虚报行为。王某作为项目经理，对杨某某、石某某以及工程监理人员与郑某某等人串通虚报工程一事知情，且明知实际施工方式与结算不符，仍在虚假工程资料上签字或授意他人签字。经司法审计，项目总造价 5.5 亿元，其中通过虚假计量虚增工程款达 1.69 亿元。

二、本案要点

1. 王某是否具有帮助他人实施诈骗的主观故意？

2. 本案是否符合诈骗罪“被害人陷入错误认识”的核心要件？

三、本书观点

（一）主观方面：王某主观上没有帮助实施诈骗的故意，仅有滥用职权的故意

1. 王某的主观心态应在政府及业主方与实际施工人串通的背景下考察

常规爆破施工受阻后，时任J市委书记刘某某、市长李某某、副市长石某某及业主方新兴公司总经理杨某实地考察后，不仅口头同意变更为静态爆破施工，还出具《现场踏勘会议记录》《市长办公会议纪要》等官方文件予以书面确认。施工期间，业主方、监理方现场监督，石某某、杨某等人多次检查，明知机械破碎与静态爆破施工差异显著，却默许唐某某等人虚构爆破事实、虚假结算，且在审计单位发现问题上报后仍未制止。

王某虽明知郑某某、唐某某等人虚假结算仍签字，但因虚假结算金额为暂定、最终须以审计结果为准，其主观上仅意识到未正确履行项目经理职责，无帮助诈骗的主观认知。此外，政府部门通过《会议纪要》等文件默许静态爆破变更，王某作为名义项目经理，基于对行政指令的合理信赖，缺乏诈骗罪帮助犯的主观故意，其主观故意仅限于滥用职权范畴。

2. 在整个犯罪过程中，王某均未与郑某某、唐某某等人产生共同实施诈骗的意思联络

预谋阶段，郑某某等人在X项目招标时明知常规爆破施工受阻，刻意在标书中添加静态爆破施工量并注明高价单价，为虚构爆破事实铺路，而王某从未参与招投标，其在项目施工后才被任命为名义项目经理，未参与前期犯罪预谋。

实行阶段，在建筑挂靠模式下，被挂靠方C公司仅派王某等象征性管理人员，项目实际由郑某某、唐某某控制，王某既无实际管理职责与权力，也很少参与工地事务，相关工程文件签名多为代签或补签，郑某某、唐某某等人实施犯罪无须告知或经其许可，双方从未就共同实施犯罪有任何意思联络。

3. 王某在虚假结算材料上签字的行为不能体现其非法占有目的

王某签字确认的静态爆破款项为暂定金额，最终须经审计单位对施工量进行实质审查，且项目未完成最终审计，签字行为客观上无法使虚增工程款

通过审计认定；中期结算时，王某主动将静态爆破暂定结算价从 375 元/方降至 168 元/方，明确待审计后按实际单价结算，降低了虚增金额提前兑现的可能，若其有帮助非法占有的目的，完全可按原高价结算以协助套取资金。王某主动降低暂定结算单价、虚增金额须经审计确认等事实，证明其无促成非法占有的积极追求，仅属于未履行审慎审查义务的滥用职权。

综上所述，王某的放任源于履职失范，具有滥用职权故意，而不具有诈骗故意，从签字性质、定价行为亦可见其主观上缺乏非法占有目的。

（二）客观方面：王某形式上的签字行为与诈骗结果无刑法上的因果关系

首先，在案涉项目的施工管理体系中，王某作为名义上的项目经理无实职实权，仅履行签字等程序性工作，无法对郑某某、唐某某实施诈骗犯罪提供实质性帮助。X 项目实行“C 公司与 A 公司合作联营 + 挂靠经营”模式，从施工管理体系看，A 公司全权负责项目经营，包括人员工资发放、成本控制、施工指挥及对外接洽等核心事务，C 公司仅派遣王某担任名义上的项目经理，其职责仅限于文件签字等程序性事项，未被赋予实质管理权，实际施工中亦未参与任何实质性管理工作，现场指挥及外部沟通均由 A 公司的郑某某、唐某某负责。在 C 公司与 A 公司的“挂靠联营”模式下，王某无实质管理权，其签字仅为流程性环节，无法突破监理、业主、政府的多层审核，王某的签字与否对诈骗结果的成立并无直接、必然的因果关系。

其次，在案涉项目的计量支付环节中，王某的签字行为并未对郑某某、唐某某等人实施诈骗犯罪产生实质性帮助。计量支付须经历施工完成、监理核质核量、多部门审签、政府审批等十余道程序，项目部作为申报方属于被审核对象，王某的签字仅为流程中的程序性步骤，虚假结算能否通过须经监理单位、业主方、政府方等多主体予以实质审核，其行为无法突破后续监管流程。王某的暂定签字不直接导致资金失控，后续政府官员的明知默许中断了其行为与结果的刑法因果链。即便认定王某存在审查过错，但该过错性质与监理方、业主方、政府方等同，且过错程度未超过上述主体（监理方为实质审查第一责任单位）。

（三）本案“被害人”身份不明且并未陷入错误认识

构成诈骗罪以被害人因欺骗行为陷入错误认识为必要条件，但本案侦查机关在起诉意见书中未明确被害人身份，亦未论证“陷入错误”这一关键要件。从危害后果看，项目业主D公司与J市政府可能被视为被害人，然而现有证据表明，业主方D公司派工作人员常驻现场监督且总经理杨某自认对虚假爆破及结算知情，J市政府方面项目总指挥石某某、副指挥吴某某多次现场检查且熟知机械破碎与静态爆破的施工差异，石某某还曾向市委书记、市长汇报虚假结算情况，证明有关领导对真相知情，上述主体均未因郑某某等人的行为陷入错误认识，不符合诈骗罪构成要件。

综上所述，王某作为名义上的项目经理，主观上无诈骗故意，客观上未参与共谋或获利，仅存在履职失范，不能仅因王某具有法律意义上的项目经理身份就罔顾事实认定其构成诈骗罪的共犯。

四、理论探讨

当前理论界对诈骗犯罪的研究多聚焦于非法占有目的、财物处分意识及行为等核心要素，旨在精准阐释诈骗类犯罪的构成要件，深入剖析其与民事侵权的界限以及同其他财产犯罪的区别。然而，现有研究存在显著短板，诈骗罪中欺骗行为的研究尚未得到应有的重视，尤其是对诈骗行为基础构造的研究仍处于浅尝辄止的阶段。这一理论研究的不足，直接导致在具体案件的分析中，对诈骗行为的认定标准存在解释模糊、边界不清的问题。[①] 特别是在界定虚构事实、被害人错误认识及其因果关系的范畴的问题上，学界并未形成清晰且具有说服力的理论阐释。以下结合教义学理论与典型案例，从三个维度展开分析。

（一）诈骗罪中虚构事实的内涵界定

1. 事实判断与价值判断的区分

在诈骗罪的行为构造中，虚构事实的核心在于编造虚假“事实”。然而，

---

① 参见肖志珂：《诈骗罪虚构事实教义学研究》，载《北方法学》2021年第3期。

司法实践中，“事实”的具体内涵界定、虚构事实与价值判断的区分标准以及两者之间的转化逻辑等问题，仍须从刑法教义学视角展开深度论证。

事实判断是对客观存在的事实或状态的描述，具有可验证的真假属性，能够通过经验法则、科学方法或证据材料予以证明或证伪。例如，“某药品含有效成分 A”“房屋建筑面积为 100 平方米”“交易金额为 5 万元”等表述均属于事实判断。诈骗罪中的“虚构事实”一般仅限于对事实判断的虚假陈述。若行为人编造虚假事实（虚构交易标的、隐瞒关键情节），导致被害人陷入错误认识并处分财产，可能构成刑事诈骗。

价值判断是对事物的性质、品质、效用等所做的主观评价，依赖于个人情感、文化背景、社会观念等因素，缺乏统一的验证标准。例如，“该画作具有极高艺术价值”“此商品性价比极高”“某服务体验极佳”等表述均属于价值判断。单纯的价值判断通常不构成诈骗罪中的“欺骗行为”，原因是无法通过客观标准验证其真伪且社会交往中允许一定程度的主观评价自由。

日本学者植松正、我国台湾地区学者林东茂主张价值判断绝对排除在诈骗行为之外。其原因在于价值判断的真假无法通过客观标准检验，如“美女”“好酒”无统一定义，若将其纳入刑法评价，会不当扩大处罚范围，压缩社会交往自由；以我国学者甘添贵为代表，认为部分价值判断可构成欺骗，若其足以使一般人陷入错误认识并处分财产，应认定为诈骗；[①] 以张明楷教授为代表，主张价值判断的可罚性以存在客观判断标准为前提，其认为若价值判断存在行业惯例、国家标准等客观依据，如“食品符合安全标准”，则可能成为欺骗对象，若完全不存在判断标准，如“艺术品具有收藏价值”，则属于不可罚的主观评价。[②]

在司法实践中，事实判断与价值判断的区别对诈骗罪的定性具有直接指导意义：

其一，典型可罚的事实判断虚构行为。此类行为以虚假的客观事实为欺骗载体，因事实本身具有可验证性，故可能构成刑事诈骗。例如，行为人谎

① 参见马卫军：《论诈骗罪中的被害人错误认识》，载《当代法学》2016 年第 6 期。

② 参见张明楷：《刑法学》（第 5 版），法律出版社 2016 年版，第 1002 页。

称“投资某项目无任何风险”，但事实上投资风险较大、虚构“文物为明代官窑真品”，但事实上为近日伪造的赝品，或在二手车交易中隐瞒车辆曾发生重大事故的修复记录，以上均属于对事实判断的虚构。上述行为因涉及可通过证据或专业鉴定验证的客观情节，若足以使被害人陷入错误认识并处分财产，司法实践中通常认定为刑事诈骗，体现了对客观事实虚假性的严格规制。

其二，典型不可罚的价值判断夸大情形。价值判断因缺乏客观验证标准，原则上不构成刑法意义上的欺骗。例如，商业广告中“全网最低价”“史上最优质服务”等表述，属于无具体数据支撑的主观夸大，属于社会交往中允许的商业夸大，即便存在一定误导性，也通常按《民法典》中的“重大误解”或虚假宣传处理，而非刑事诈骗。再如，日常交易中卖家称“该手串极具收藏潜力”（主观价值评价）或“此茶口感醇厚”（个人感受表达），因无法通过客观标准验证真伪，即便与买家预期不符，也不构成诈骗，体现了刑法对主观评价自由的谦抑态度。

其三，专业领域中价值判断的争议性认定。在医疗、金融、艺术等专业领域，专家意见可能具有事实判断与价值判断的双重属性，其定性须结合是否存在客观判断标准综合分析。例如，医生虚构“患者必须立即手术否则有生命危险”，属于可验证的事实欺骗，可能构成诈骗；若医生夸大“手术成功率达90%”，属于对风险概率的价值判断，但缺乏临床数据支持，则可能因涉及“具有行业标准的价值评估”而被认定为欺骗。对于此类案件，须结合专业领域的惯例、国家标准及一般人认知，审慎区分可罚的事实虚构与不可罚的价值评价，避免将专业意见的合理风险预估纳入刑事追责范围。

2. 整体虚构与部分虚构的认定：刑事诈骗与民事欺诈的界限

诈骗行为中的虚构事实包括整体虚构事实和部分虚构事实。整体虚构事实即指行为人虚构全部事实，并以此获取被害人的信任；部分虚构事实则是指行为人在客观基本事实的基础上虚构了部分事实。整体虚构事实构成诈骗罪毫无争议，但部分虚构事实究竟是构成刑事诈骗还是民事欺诈，在理论上与实践上有不同看法。

部分虚构事实的定性之所以复杂，根源在于其具有“事实基础”与“虚构要素”的双重属性，须结合虚构程度、主观目的及法益侵害后果综合判断。从理论争议来看，张明楷教授提出的“实质欺骗理论”具有重要参考价值——若部分虚构事实足以使一般人陷入错误认识并处分财产，且行为人具有非法占有目的，则可能构成刑事诈骗；反之，若虚构内容属于商业夸大、交易惯例或社会生活层面的普通误导（如产品过度宣传、合同细节模糊表述），则应纳入民事欺诈范畴。

（二）诈骗罪中的“错误认识”应限于法益相关

诈骗罪的范式结构是被害人陷入错误认识，并基于这种错误认识实施了财产处分行为，体现了诈骗罪不同于其他财产犯罪的特质。但是欺骗他人，使之转移注意力，乘机取得财物，由于不是为了使对方陷入错误认识进而进行财产性处分而交付财物，故不成立诈骗罪而成立盗窃罪。[①] 被害人是否陷入错误认识并进而实施财产处分行为，是区别盗窃罪与诈骗罪的关键所在。因此，不同于抢劫罪、盗窃罪和侵占罪等财产犯罪，诈骗罪中，被害人陷入错误认识具有非常重要的意义。在参与、互动型的犯罪语境下，被害人的错误认识与财产处分行为构成了法益面临紧迫、现实危险的关键链条——若被害人未陷入错误认识，便不会实施财产处分行为，法益危险自然无从产生。而这种紧密围绕法益产生的危险逻辑，恰恰印证了诈骗罪中被害人错误认识的核心本质：其并非一般意义上的认知偏差，而是与法益直接相关的错误认识，只有这种错误认识才会进一步引发后续财产处分行为，从而对法益形成实质性威胁。

诈骗罪的规范构造要求错误认识具备“法益侵害的现实危险性”，即被害人的认知偏差须直接导致其对财产法益的处置陷入错误判断。例如，行为人欺骗被害人将真品名画当作赝品抛弃，被害人因误判财物价值——法益性质而处分财产；再如，通过混装鱼篓使他人误判鱼的数量——法益范围，并低价出售，均符合“错误认识—处分行为—法益损害”的因果链条，体现了错误认识与法益处分的直接关联性。

与法益无关的错误认识则不构成诈骗罪的构成要素，主要包括三类情形：

---

① 参见［日］大谷实：《刑法讲义各论》（新版第2版），中国人民大学出版社2008年版，第435页。

一是动机错误，如被害人因攀比心理捐款或为职场晋升送礼，其对财产处分的性质与范围认知清晰，仅因非经济动机作出决定；二是价值判断错误，如媒婆夸大相亲对象容貌、艺术品交易中对“升值空间”的主观评价，此类表述因无客观验证标准，属于社会交往中的合理评价范畴；三是未来事实误判，如房产销售对“房价上涨”的预测、投资顾问对“股票涨停”的虚构，此类不可验证的预测不涉及法益性质或归属的根本性误判，风险须由行为人自行承担。

理论与实务中，对“法益关联性”的认定须平衡形式判断与实质判断：[①]一方面，应优先审查错误认识是否指向财物的物理特征、权属证明等可验证事实，避免让主观评价影响对刑事追责的判断；另一方面，须结合个案判断虚构内容是否足以使一般人陷入对财产安全的根本性误判，如虚构“交易受政府保障”等涉及法益归属合规性的表述，即便涉及未来事实，亦可因实质影响财产处分而认定为关联法益。这一折中标准既坚守刑法谦抑性，又能精准打击利用认知优势侵犯财产法益的行为，确保罪责刑相适应原则的实现。

（三）诈骗罪帮助犯因果关系的阻却因素反思

行为人为诈骗罪正犯的犯罪行为提供了帮助，与正犯的行为和犯罪结果之间就可能存在因果关系。问题是，只要行为人为诈骗罪正犯提供的帮助与正犯的行为和犯罪结果之间存在因果关系，是否一律以诈骗罪的共犯予以认定和处罚？当前刑事司法实践中普遍存在忽略帮助犯因果关系阻却因素的问题，对帮助犯的认定和处罚出现“简单化”的倾向。以诈骗案件为例，反思帮助犯因果关系归责理论的重点在于间接故意、脱离行为、想象竞合是否可以阻却诈骗罪帮助犯的因果关系，而是为诈骗罪正犯提供帮助的行为人不成立与正犯的诈骗共同犯罪。在刑事司法实践中，司法机关如果忽略共同犯罪中帮助犯因果关系的阻却因素，认为帮助行为人只要对诈骗罪正犯的行为予以帮助，并和诈骗罪的犯罪结果之间存在因果关系，就应当一律以诈骗罪的共犯定罪处罚，这样做无疑是对诈骗罪共同犯罪中的帮助行为扩大了刑法处

---

① 参见林东茂：《一个知识论上的刑法学思考》（增订3版），中国人民大学出版社2009年版，第145页。

罚的范围，有违刑法的谦抑性原则。[①] 理论上，对诈骗罪帮助犯的因果关系归责应构建双层递进式的审查框架：首先，审查是否存在“出罪事由”，如帮助者仅有过失或中立业务行为，因缺乏犯罪故意或行为危害性显著轻微，应排除刑事处罚；其次，在确认具有可罚性的基础上，进一步考察是否存在因果关系阻却因素，如帮助行为与正犯结果之间介入了其他独立风险，或帮助者在正犯着手前有效撤回帮助并消除影响，此时应阻断归责，对帮助者以轻罪或非罪处理。这一框架既坚守事实因果关系的客观性，又通过规范评价限制刑罚滥用，确保帮助犯认定的准确性与合理性。

---

① 参见王勇杰、郭恒：《帮助犯因果关系归责理论的反思与重构——以诈骗罪帮助犯因果关系阻却为视角》，载《长治学院学报》2024 年第 3 期。

如何区分组织卖淫罪与容留卖淫罪

——欧阳某某涉嫌组织卖淫罪案

一、基本案情

2022年4月，被告人欧阳某某、卢某某、张某在T市M区某SPA水疗会所组织卖淫技师杨某、刘某某、魏某某等人从事有偿性服务等卖淫活动。其中欧阳某某系该水疗会所法人代表，出资20万元占股40%，负责给卖淫技师结算工资等；卢某某出资20万元占股40%，负责外场营销等；张某出资10万元占股20%，负责前台管理和外场营销等；三人按出资占股比例分红。同时，欧阳某某等人以月薪3500元的工资聘请被告人何某担任前台管理，协助管理该卖淫场所，包括安排卖淫技师上钟及登记管理卖淫技师的考勤等。该会所卖淫技师的卖淫价格698元至798元不等，卖淫技师每单从中分红、提成300元，当日下班时间超过24时还有每小时15元的加班费。4月19日，该场所被公安机关查获。

二、本案要点

1. 欧阳某某仅提供场所并分成嫖资的行为是否构成组织卖淫罪？

2. 何某的行为属于组织卖淫罪还是容留卖淫罪？

三、本书观点

（一）被告人与卖淫人员之间系合作分成关系，并未对其实施管理和控制行为，未创建相对严密的卖淫组织

对于该水疗会所而言，会所员工的证言证实被告人经营的会所是一家经合法登记注册的美容养生会所，正式员工7人，均签有劳动合同并为其缴纳

社保，制定了具体的规章制度，包括但不限于：员工着装要求（会所发放统一制服）、工资发放制度（有底薪）、考勤打卡制度及相应的奖惩机制。从上述证言来看，会所对于正式员工及正规美容按摩服务的管理、控制十分全面且严密。

但对于3名卖淫人员及其卖淫活动来说，在案证据不能确实、充分地证实被告人对卖淫人员或卖淫活动实施了管理、控制等组织行为。相反，本案中有充分的事实证明被告人没有对卖淫人员及卖淫活动进行管理和控制，具体如下：

首先，4名被告人及证人陈某、刘某某、魏某某等人均能够证实：卖淫人员是在会所招聘技师时主动应聘（被告人是通过正常途径招聘技师，且从未书面或口头要求应聘者必须提供特殊服务），并提出自己可以提供卖淫服务，与会所形成合作分成关系。其既没有与会所签订劳动合同，也不适用员工工资制度（其没有任何底薪，只是按照卖淫次数10天进行一次结算分成），其并不适用于上述任何员工管理制度，包括但不限于：不用打卡考勤且没有相应惩罚、不用穿会所制服（会所甚至没有给其发放制服）、不用住在员工宿舍等。更为重要的是，卖淫人员对是否接单、何时卖淫、向何人卖淫有自主决定权，不愿接单时会所和被告人不会加以强制干涉，有充分的选择自由，该事实与微信聊天记录相互印证。

其次，微信聊天记录证实被告人是在客户询问服务内容时才为其介绍相应套餐及服务内容，当客户明确提出性服务需求后才询问三名卖淫人员是否愿意接单，这是一种典型的“牵线搭桥”的介绍行为，在没有充分证据证实被告人对外推广、宣传会所提供性服务的前提下，不应将这种介绍行为拔高认定为组织或管理卖淫活动。

综上所述，对上述两种情况进行比较，可以清晰地得出结论：该会所并非人数众多、层级森严、分工明确的卖淫组织。被告人主观和客观上均对会所的正式员工和正常经营活动进行管理和控制，并形成了严密的组织体系。对于三名卖淫人员而言，她们并非某会所员工，与被告人系平等的合作关系而非管理关系，远未达到认定为卖淫组织所要求的严密性、制度性的组织特征。

（二）被告人对卖淫活动无管理性和控制性，不符合组织卖淫罪“管理或控制他人卖淫”的本质特征，应以容留卖淫罪论处

根据最高人民法院、最高人民检察院《关于办理组织、强迫、引诱、容留、介绍卖淫刑事案件适用法律若干问题的解释》，组织卖淫罪是指以招募、雇佣、纠集等手段，管理或控制他人卖淫。根据该司法解释的规定，组织卖淫行为由手段行为和目的行为构成，招募、雇佣、纠集是手段行为，管理或控制多人从事卖淫活动是目的行为，两者必须同时具备，缺一不可。但组织卖淫罪的这些手段行为也是容留、介绍卖淫罪的实行行为，因此，通过手段行为无法区分这两个罪名。而目的行为“管理或控制他人卖淫”才是组织卖淫罪的本质特征，也是区分组织卖淫罪与其他相似犯罪的关键所在。本案中，被告人没有对卖淫人员或卖淫活动进行管理或控制，不构成组织卖淫罪，具体理由如下。

1. 从组织形式上看，被告人并未创建相对严密的卖淫组织

如前所述，4名被告人及员工之间虽有分工和层级，但该分工和层级系针对会所正式员工与正常美容按摩等业务而制定，对于卖淫活动而言则不存在明显的层级与分工。从卖淫人员具有完全的人身自由、不受会所考勤、奖惩等管理性制度约束以及可以自主决定是否提供性服务等事实可以看出，卖淫人员与会所之间实质上是一种平等的合作关系而非管理、隶属关系，不符合卖淫组织所具有的严密性、管理性特征。

2. 从行为特征上来看，被告人并未实施控制和管理他人卖淫的行为

（1）被告人没有实施招募卖淫人员、招揽嫖客的行为

首先，被告人没有招募卖淫人员。被告人组织招聘的目的并非招募卖淫人员进行卖淫活动，其在招聘及面试中从未提到要求技师必须提供卖淫服务，3名卖淫人员系主动应聘并提出自己可以提供特殊服务。客观来说，3名卖淫人员也仅与会所达成平等合作关系，并未被招募为会所员工。

其次，被告并没有实施招揽嫖客的行为。该会所并未对外宣传和推广卖淫业务，其在美团等商业平台上的相关信息中从未提及可以提供涉黄服务。涉案的嫖客或自行到店嫖娼，或通过微信与相识的卖淫人员联系后嫖娼，被告人仅是在嫖客提出需求后询问卖淫人员是否愿意接单，这仅是纯粹的牵线

拉桥式的介绍行为。

（2）被告并未控制卖淫人员及卖淫活动，卖淫人员对卖淫活动始终处于绝对主导地位

首先，被告对卖淫人员没有实施任何人身控制。一方面，卖淫人员证实自己不受到会所考勤及制裁等管理性制度的约束，会所也从未要求卖淫人员必须来店内上班，卖淫人员任何时间均可以自行离开，无须向被告请示或得到被告欧阳某某的允许。另一方面，被告从未要求卖淫人员按照规章制度穿会所制服。从某种意义上来说，制服也是组织性、纪律性的体现，这也佐证了被告与卖淫人员只是合作关系，不能控制卖淫人员的行为。而在组织卖淫罪中，卖淫人员的人身往往受到一定控制，有固定的考勤制度及相应奖惩措施，请假或离店须提前向管理人员请示并须经批准，这与本案的情况存在着本质区别。

其次，卖淫人员对卖淫活动始终处于主导地位，这符合容留卖淫罪的行为特征。如前所述，本案中，卖淫人员可以自行决定是否接单、何时卖淫、向何人卖淫，被告无法强制要求或安排其接客。而在组织卖淫罪中，组织人员对卖淫人员处于绝对控制地位，卖淫人员对卖淫活动处于被动接受地位，没有任何讨价还价的能力，只能按照安排接客。

综上所述，虽然卖淫人员证实店内有营业时间，但规定的营业时间符合行业惯例和社会常理，也是该会所开展正常经营的客观需要，不能将对容留卖淫的营业时间限制等同于对他人卖淫时间的控制。

（3）被告人没有管理卖淫非法所得的行为，没有对卖淫人员进行财产控制

首先，嫖资分成方案是被告事前与卖淫人员商量达成一致得出，被告人所得分成系其提供容留卖淫场地所必要的报酬。

其次，卖淫人员系自行决定是否接客，而非由被告人安排，被告人无法通过此手段来控制卖淫人员的财产收入以形成对其的控制地位。

最后，被告人对收取嫖资分红、提成设置一定的管理性措施，不属于组织卖淫的范畴。虽然被告人对嫖资统一收款、记账，但其采取上述行为的目的是防止卖淫人员“逃单”而导致自身利益受损，是对属于自己的利益进行

管控，不能将监控行为等同于管理卖淫活动。

综上所述，本案被告仅实施了为他人卖淫提供场所及便利的行为，仅为他人卖淫创造空间等条件，并不涉及对卖淫活动的管理或控制。而组织卖淫罪要求行为人在提供卖淫场所的同时，具有管理、控制等其他组织卖淫的行为，且卖淫人员须按照其指示从事卖淫活动，并接受其管理。因此，本案中欧阳某某除为他人卖淫提供场所及便利的行为外，并无组织卖淫的行为，对他们应以容留卖淫罪论处。

（三）被告人何某宜评价为容留卖淫罪的从犯，而非协助组织卖淫罪

在本案中，欧阳某某等人以月薪3500元的工资聘请被告人何某担任前台管理，让何某协助管理该卖淫场所，何某的职责包括安排卖淫技师上钟及登记管理卖淫技师的考勤等。即便不考虑其主观故意的内容是否为协助组织卖淫，在其他涉案人员均不属于组织卖淫行为的前提下，何某即便实施了协助组织卖淫的行为（管账）也无法构成协助组织卖淫罪。

协助组织卖淫罪是组织卖淫罪的独立量刑规则，不是组织卖淫罪的帮助犯正犯化。对于何某而言，其所在团队并非实施了组织卖淫的行为，而是实施了容留卖淫行为。故不存在讨论协助组织卖淫罪的余地。又因为何某对卖淫事项本身没有决定权，负责前台协调工作，且仅赚取基本工资，参与程度低、实际作用小，可替代性较大，在本案容留卖淫罪的共同犯罪中应该评价为从犯。

四、理论探讨

（一）组织卖淫行为与容留卖淫行为的区分问题

2017年最高人民法院、最高人民检察院联合出台的《关于办理组织、强迫、引诱、容留、介绍卖淫刑事案件适用法律若干问题的解释》第1条第1款介绍了“组织他人卖淫”行为的特征，即以招募、雇佣、纠集等手段，管理或者控制他人卖淫，卖淫人员在三人以上的行为。但是第2款又强调：“组织卖淫者是否设置固定的卖淫场所、组织卖淫者人数多少、规模大小，不影响组织卖淫行为的认定。”这实际上是对组织卖淫行为与场所、人数和规模

等要素进行了分离，反而更加突出了抽象的手段，诸如招募、雇佣、纠集等。于是，在理论上，存在诸多具有代表性的意见，评述了组织卖淫与容留卖淫行为的区分方法。

主流意见认为，区分组织卖淫与容留卖淫，应当从两罪名的法定刑设定高低与罪名设置的角度进行分析。组织卖淫罪与强迫卖淫罪的法定刑相当，这说明组织卖淫行为与强迫卖淫行为具有相当性，它们之间的社会危害性应当是相等的。而组织卖淫罪的法定刑比容留卖淫罪更重，显然组织卖淫行为与容留卖淫行为存在质的差异。那么结合司法解释的规定，所谓的组织属性和管理控制属性往往需要反映为这些特征：组织属性，主要是指组织者同帮助者、卖淫人员形成紧密的雇佣与被雇佣的关系和上下级关系，且组织行为相对稳定，内部人员职能分明。管理控制属性，主要是指组织者对卖淫人员的“衣食住行”的控制，或者体现为制度化、流程化的方法（如聘请专门的管理者、上下班管理制度、有配合卖淫的基本配置与辅助人员等）。[1]

还有观点指出，组织卖淫的“组织性”应当包含强制行为，与经营场所、经营秩序的管理存在区别。[2] 换言之，假如涉案场所系一半经营正规按摩、一半偷偷开展违规卖淫活动的经营场所，此时就应当着重区分：行为人究竟是在管理经营场所，还是在管理卖淫人员。即便在管理场所的过程中，行为人对卖淫人员是否存在超越一般经营性管理、对卖淫人员实施强制手段抑或是生理、精神上的约束也应当着重分析与考虑。

如果将上述观点与实践中常见的容留卖淫行为结合起来，我们不难窥见其中的诸多差别。第一，卖淫人员是“主动加盟”而非“受到招募”，前者没有反映出“组织性”，而后者反映出“组织性”。第二，卖淫人员是“约定提成”而非“固定工资”，前者没有反映出“上下层级”，后者反映出“上下层级”。第三，卖淫人员享受场所提供的便捷，而非由管理者直接指定客户开展卖淫活动，前者反映出筛选的自由性与以卖淫人员为中心的附属性，

---

① 参见刘宪权、袁野：《组织卖淫罪法定刑设置失衡与解决路径》，载《华南师范大学学报（社会科学版）》2021 年第 1 期。

② 参见何萍：《论组织卖淫罪中的组织行为——殷某组织卖淫案评析》，载《华东政法大学学报》2013 第 4 期。

后者反映出卖淫活动被指挥的特性。此外，在组织卖淫的犯罪活动中，对被组织的人有容留卖淫行为的，应当作为组织卖淫罪的量刑情节进行考虑，而不实行数罪并罚；如果这些行为是对被组织者以外的其他人实施的，即被组织者与被容留者不具有同一性时，仍应分别定罪，实行数罪并罚。

（二）协助组织卖淫罪与容留卖淫罪的区分问题

在立法上，立法者对于组织卖淫行为中的协助组织卖淫行为成立独立的罪名，设置独立的法定刑。有观点认为，协助组织卖淫罪的设立，实际上是立法技术上将帮助犯正犯化的结果。但有疑问的是成立协助组织卖淫罪，是否以正犯实施符合构成要件的不法行为为前提？换言之，假设行为人主观上希望协助组织卖淫，但客观上帮助的对象只是实施符合容留卖淫罪的容留卖淫行为，且客观上实施了帮助行为，此时能否以协助卖淫罪评价行为人，抑或以容留卖淫罪的共同犯罪评价？

最高人民法院、最高人民检察院《关于办理组织、强迫、引诱、容留、介绍卖淫刑事案件适用法律若干问题的解释》（法释〔2017〕13 号）第 4 条第 1 款规定："明知他人实施组织卖淫犯罪活动而为其招募、运送人员或者充当保镖、打手、管账人等的，依照刑法第三百五十八条第四款的规定，以协助组织卖淫罪定罪处罚，不以组织卖淫罪的从犯论处。"有观点认为，如果没有他人现实地实施组织卖淫的正犯行为，就不可能有充当保镖、打手、管账人的协助行为。所以该观点认为，其他协助行为从属于组织卖淫的正犯行为，协助组织卖淫罪不是真正意义上的帮助犯正犯化。①

但是，上述意见的反思存在疏漏。主要问题是，管账的协助行为可能服务于容留卖淫的正犯，也可能服务于组织卖淫的正犯。管账的行为不一定服务于组织卖淫行为，无法得出协助组织卖淫行为从属于组织卖淫罪的正犯的结论。

之所以认为协助组织卖淫只是特别的量刑规定，主要原因是协助组织卖淫罪与组织卖淫罪的共犯之间的关系是交叉关系，但是却无法适用择一重罪处罚的想象竞合规定或法条竞合规则。上述司法解释第 4 条第 1 款中"以协

① 参见张明楷：《协助组织卖淫罪的重要问题》，载《中国刑事法杂志》2021 年第 5 期。

助组织卖淫罪定罪处罚，不以组织卖淫罪的从犯论处”的处理思路，本质上明确了协助组织卖淫罪相对于组织卖淫罪的共同犯罪适用的优先性，协助组织卖淫罪不存在择一重罪处罚的规定，这也就排除了对两个具有独立构成要件的罪名进行想象竞合或法条竞合的余地。

协助组织卖淫罪是量刑规则，又是部分组织卖淫帮助犯的量刑规则。这是协助组织卖淫罪与组织卖淫罪的根本联系。成立协助组织卖淫罪，必须以存在组织卖淫为前提。但在量刑规则适用的范围上，应当有合适的范围，即帮助行为应当局限在招募、运送人员或者充当保镖、打手、管账人等行为；假设只是组织行为的正犯，还应当从参与程度与贡献大小的角度综合考虑组织卖淫罪的主从犯问题。

再回到区分容留卖淫罪与协助组织卖淫罪的区分问题上。如果认为协助组织卖淫罪是量刑规则，那么区分容留卖淫罪与协助组织卖淫罪的工作就会转化为正犯性质与主观认识内容的问题。如果正犯是组织卖淫罪，那么就有协助组织卖淫罪的成立前提。反之则不存在比较的余地。在正犯实施组织卖淫行为的场合，如果这时行为人只有帮助容留卖淫的故意，则只能考虑成立容留卖淫罪；在正犯实施组织卖淫的场合，如果行为人有帮助组织卖淫的故意，则应当进一步区分其究竟有没有为正犯“招募、运送人员或者充当保镖、打手、管账人”的故意。假设行为人具有为正犯“招募、运送人员或者充当保镖、打手、管账人”的故意，那么应该考虑成立协助组织卖淫罪，相反则应当认定为组织卖淫罪的共犯。

建工挂靠关系下挪用资金罪与职务侵占罪的认定

——宝某涉嫌挪用资金罪案

一、基本案情

2012年4月，A市C公司对A市D厂“退水管道工程施工”项目进行招标。宝某为承揽该工程，经人介绍，与B市E公司达成挂靠协议，约定宝某借用B市E公司的资质和名义进行投标、施工；B市E公司按工程造价的2%向宝某收取挂靠管理费；项目由宝某自行投资施工，自主经营，自负盈亏。中标后，宝某投入资金，组织人、机、材进行施工，该项目2014年1月完工，2015年1月通过竣工验收。

2012年9月开始，发包人C公司向E公司支付工程款，E公司按照与宝某挂靠协议的约定，在扣除2%的管理费之后，将剩余工程款支付给了宝某。2013年7月，因项目开支需要，宝某直接从发包人C公司处领取了工程款的银行承兑汇票。

2014年，因审计拖延以及甲方付款不及时等原因，项目出现拖欠材料款和人工费现象，B市E公司作为被挂靠人和项目名义上的施工单位，被材料供应商通过诉讼途径追索了材料款。B市E公司认为其代宝某垫付了部分的材料款和人工费，宝某挂靠该公司施工给其造成了亏损，遂于2021年9月向B市公安局报案，要求追究宝某挪用资金罪的刑事责任。2024年5月9日，B市公安局通过网上追逃拘留了宝某。

二、本案要点

1. 建筑工程领域的挂靠人能否成为挪用资金罪或职务侵占罪的犯罪

主体？

2. 建筑工程领域中挂靠人占有挂靠项目工程款的行为是否侵犯了被挂靠企业的财产使用权和财产所有权？

三、本书观点

（一）从犯罪主体上看，宝某并非E公司工作人员

我国《刑法》第271条以及第272条明确规定，职务侵占罪和挪用资金罪的主体为特殊主体，仅限于公司、企业或者其他单位的工作人员。本案中，宝某并非E公司的工作人员，不具有挪用资金罪和职务侵占罪的主体要件，不构成挪用资金罪或职务侵占罪，具体理由如下：

其一，在我国建筑工程领域，没有资质的个人挂靠有资质的建筑施工企业承揽工程项目的现象十分普遍。[①] 虽然E公司报案时向公安机关提供了以宝某名义与其签署的《劳动合同》《浙江省B市南方建筑工程有限公司经营责任制承包合同》《项目部安全生产文明施工责任书》，上述文件名称虽然是"劳动合同"，但这只是E公司为了规避被住建部门查处挂靠违法行为的风险，与宝某签订的虚假劳动合同，并不代表双方之间存在真实的劳动合同关系。从上述几份文件的内容来看，宝某与E公司之间的关系仅体现为宝某借用E公司的资质和名义承包施工D厂"退水管道工程施工"项目。《劳动合同》中确认了宝某是该项目的实际承包人，该项目由宝某自负盈亏；《经营责任制承包合同》约定了宝某按工程造价的2%向E公司上交管理费；项目上的所有开支，包括人工费、税费、规费等均由宝某承担，项目亏损也由宝某承担；E公司在收到工程款、扣除管理费后3个工作日内将工程款全部转给宝某。从上述文件的内容来看，宝某与E公司之间明显是建筑工程领域借用资质的挂靠关系，而非劳动合同关系。

其二，宝某与E公司之间不存在隶属关系。E公司既没有向宝某发放过劳动报酬（相反，双方约定项目上的所有开支都由宝某承担），也没有为宝

① 参见关文军：《对挪用公款罪法律适用中疑难问题的分析》，载《河南社会科学》2003年第4期。

某缴纳过社保，宝某也没有享受过E公司的任何福利待遇，在该公司也没有任何的行政职务和职责权限，没有管理、调配、使用、经手该公司账户资金的便利条件。双方之间没有隶属关系，而是平等主体之间的挂靠合同关系。①

其三，E公司已经从发包人C公司支付的工程款中，按照中标价的2%扣除了该项目管理费。因此，宝某与E公司之间是挂靠关系，宝某不是E公司的工作人员，不符合挪用资金罪、职务侵占罪的主体要件。

（二）从犯罪对象和侵害法益上看，宝某并未侵害E公司的资金使用权和资金所有权

其一，E公司报案提交的《浙江省B市南方建筑工程有限公司经营责任制承包合同》第3条第1款约定了“8. 甲方收到乙方工程款，在扣除规定费用后，3个工作日内给予办理转账手续，转到乙方账号”。E公司提供的这份合同，明确了工程款是“乙方工程款”，即基于双方的挂靠关系，E公司在项目开工前就已经书面认可了，该项目的工程款是宝某的工程款；此外，E公司收到发包人支付的工程款，在扣除管理费后3个工作日内转给了宝某。

其二，尽管《经营责任制承包合同》第5条约定了建设单位预付或结算工程款必须汇入甲方指定的银行账户，随后汇入乙方结算账户，但这只是挂靠关系中形式上的“走账”程序，并不影响宝某才是工程款实际权利人的认定。

其三，从E公司提供的《经营责任制承包合同》内容来看，作为挂靠法律关系中的被挂靠人，E公司并无与发包人C公司之间形成建设工程施工合同关系赚取工程款的意思，其真实意思是取得出借资质的“管理费”，而非取得建设工程价款。

其四，案涉项目是由宝某出资和独立组织施工的，E公司未参与案涉项目的施工。E公司在其提供的《劳动合同》第2条中确认，宝某是案涉工程项目的实际承包人。宝某作为项目的实际承包人和实际施工人，工程款是其对项目实际施工的对价。尽管宝某与E公司之间的挂靠协议无效，但是根据最高人民法院《关于审理建设工程施工合同纠纷案件适用法律问题的解释》

---

① 参见王飞跃：《论挪用之“用”》，载《法学论坛》2018年第5期。

（法释〔2004〕14号）第1条第2项、第2条、第26条第2款的规定，宝某有权直接向发包人C公司请求支付工程价款。

因此，宝某无论是从E公司领取工程款还是直接从发包人C公司领取工程款承兑汇票，领取的均是其本人项目实际施工后应得的工程款。案涉工程款并不是E公司财产，宝某对工程款享有实际权利，不构成挪用资金罪或职务侵占罪。

四、理论探讨

在司法实践中，还存在大量挂靠人未经被挂靠人同意违规使用项目资金，或是以被挂靠人名义借款后违规使用等情况，涉嫌挪用资金罪或职务侵占罪。因此，有必要对相关重点争议问题进行梳理分析，以期为实务案件中的刑法评价提供学理参考。

（一）建设工程挂靠关系下挪用资金罪、职务侵占罪犯罪主体的认定

在建筑行业的挂靠中，挂靠方与被挂靠方往往披着“内部承包”或“联合经营”的外衣，实则是以合法形式掩盖其真实的挂靠关系。在这种单位挂靠关系下，双方通常采取隐藏真实关系、对外宣称“联合经营”的方式，以规避相关法律监管。在探讨建设工程挂靠背景下挪用资金罪、职务侵占罪的行为主体认定问题时，对于单位挂靠的情形不需要重点展开。原因在于单位挂靠主要发生在法人主体之间，其人员构成和职务分工相对清晰，内部权责关系较易厘清。通常情况下，一个公司借用另一个公司具备的建筑资质对外承接工程，虽然形式上表现为联合经营，但实质上属于资质借用，权责划分相对明确。通过调查公司之间的组织结构及实际运作，即可基本判断行为人是否属于单位人员。相较而言，个人挂靠情形下的人员关系更加复杂，常伴随身份混同、职责交叉、法律关系模糊等问题。① 鉴于此，应当重点分析个人挂靠关系中对行为人是否具备“单位工作人员”身份的认定问题，进而判断其是否可能构成挪用资金罪和职务侵占罪的主体。

针对个人挂靠关系中的工作人员，主要分为五种情形，分别是：有劳动

① 参见王良顺：《论挪用公款罪中的“将公款供其他单位使用”》，载《法学》2010年第7期。

合同、有工资和社保；有劳动合同、无工资和社保；无劳动合同、有工资和社保；无劳动合同、无工资和社保，但有聘书、文件；无劳动合同、无工资和社保。对于最后一种情况，行为人与公司之间没有签订劳动合同，没有工资和社保，显然行为人不属于公司的员工，此处不再展开阐述，下文主要讨论前四种情形。

1. 有劳动合同，且有工资和社保

此类情形下，行为人与单位之间不仅签订了劳动合同，具备形式上的劳动法律关系，同时实际从单位领取工资并由单位缴纳社保，已经形成完整的劳动关系。无论其最初与单位的联系是否基于挂靠目的，只要符合形式与实质双重要件，即应认定为单位的工作人员。[①] 在这类案件中，即便存在挂靠的因素，但因其已实质融入单位组织架构和管理体系，所以不影响刑事责任的认定。

2. 有劳动合同，但无工资和社保

该类型行为人虽然与单位签署了劳动合同，但未实际领取工资，单位亦未为其缴纳社保，表明其并未实际纳入单位的劳动管理体系。这种情形在实务中较为常见，通常是为了规避法律风险，挂靠方主动或被动与被挂靠单位签订形式上的合同，但并未形成真实的劳动关系，属于典型的“掩护性”挂靠安排。

认定行为人是否属于单位工作人员，不能仅依据形式上是否存在劳动合同，还须综合考察是否存在实质劳动关系。在该情形中，缺乏实质性劳动表现，仅凭合同不足以确认其单位身份，因此，不应认定行为人为单位工作人员，该行为人不是挪用资金罪或职务侵占罪的犯罪主体。

3. 无劳动合同，但有工资和社保

此类情形虽然未签订正式劳动合同，但行为人已从单位领取工资，单位亦为其缴纳社保，显示出双方之间已形成事实劳动关系。根据《劳动合同法》及相关司法解释，劳动关系的认定不仅限于书面合同，亦可依据工资支付、社保缴纳等客观事实加以确认。

---

① 参见张明楷：《刑法学》（第5版），法律出版社2016年版，第1338页。

在该种情况下，应认定行为人属于单位工作人员。特别是在实践中，单位为员工缴纳社保具有对外公示作用，是员工代表单位行事的有力佐证。例如，在调查某员工是否以单位工作人员身份参与某项业务、是否代表单位行事时，社保缴纳记录常作为重要判断依据。因此，该类情形虽缺乏合同形式，但实质上构成单位用工，应赋予其单位工作人员身份。

4. 无劳动合同、工资和社保，但有聘书或内部文件

在此类情形下，行为人虽然收到了单位出具的聘书或任职文件，但未签订劳动合同，亦未实际领取工资或享有社保保障。从法律实质看，难以认定行为人与单位之间存在真实的劳动关系。

在该种情况下，仅凭聘书或任职文件不足以认定构成劳动关系。聘书往往具有象征性、形式性，不能代替工资支付和社保缴纳所体现的管理控制关系，该类行为人不应认定为单位工作人员。

综上所述，在建设工程挂靠背景下，认定行为人是否属于单位工作人员、是否属于挪用资金罪和职务侵占罪的主体，应坚持“形式与实质相结合”的标准，既要关注劳动合同、聘书等形式资料，也要重点考察工资支付、社保缴纳等实质内容。不能仅因存在一些形式上的要件而草率作出认定，也不能忽视行为人在单位运营中的实际角色和职责。[①] 在审理此类案件时，应结合挂靠关系的本质、人员实际职能及管理归属等多维因素，进行全面判断，确保刑法适用的准确性与规范性。

（二）建设工程挂靠关系下对“本单位财物”的认定

在建设工程挂靠关系中，挂靠方与被挂靠方之间的法律关系本质上是相互独立的，且财务上彼此分离，并不构成传统意义上的雇佣或劳动关系。挂靠方通常自筹资金、独立经营、自负盈亏，其业务行为和财产也不归属于被挂靠方。因此，从财产归属角度分析，挂靠方并不当然享有或使用被挂靠方的企业财产，也不对其负有企业内部的职务义务。

在认定“本单位财物”的范围时，应将其限定为依法设立的法人组织（公司、企业或其他单位）所拥有的财产，而非自然人个人名下的财产。首

① 参见高铭暄、马克昌主编：《刑法学》（第2版），北京大学出版社2005年版，第514～515页。

先，从单位财物的性质来看，不能因挂靠关系本身缺乏合法性而否定其作为单位财产保护的必要性。即便挂靠行为违反了法律禁止性规定，也并不意味着法律应放弃对单位财产的保护，否则将削弱财产法益在刑法中的基本地位。其次，在认定单位财产的过程中，应结合个案具体情节进行分析，不宜一概而论。下文结合管理费与工程款两个典型问题，探讨在建设工程挂靠关系中如何判断相关财产是否属于“本单位财物”。

1. 关于管理费的认定

在实际建设工程挂靠操作中，挂靠协议一般为挂靠方与被挂靠方之间私下达成的合作协议，形式上可能为书面合同，也可能为口头约定。此类协议大多约定挂靠方须支付一定比例的“管理费”作为借用被挂靠方资质的对价。这种管理费具有显著的行业惯例性，虽非公开合同，但在建筑领域中极为常见。

就管理费的归属问题，可分为存在明确约定和不存在明确约定两种情况具体讨论：

若双方在挂靠协议中约定了挂靠方须支付一定比例的管理费，无论该费用是通过何种形式支付，无论最终资金是流入挂靠方账户还是被挂靠方账户，只要实质上属于管理费性质，该部分财产就应认定为被挂靠方的单位财物。这种认定不仅体现了双方合意，也维护了被挂靠方对于其所提供资质资源的合理收益权。

若双方未约定管理费的支付义务，对此实务中存在不同观点。一种观点认为，应依据建筑行业惯例推定挂靠方负有支付义务，因挂靠行为本质上具有对价性；另一种观点认为，在无约定的前提下，不应当然推定由挂靠方负担管理费。后者观点更符合司法实践。首先，挂靠行为本身为法律所禁止，不应再由此延伸出对管理费支付义务的推定；其次，现行法律并未对管理费设立统一的收费标准或依据，其法律基础本就不足。因此，在缺乏明确约定的情况下，不宜认定挂靠方所收工程款中包含应当支付给被挂靠方的管理费，更不宜据此确认其为被挂靠方的单位财产。

2. 关于工程款的认定

工程款的归属问题在挂靠关系中具有决定性意义，直接影响到是否构成挪用资金罪、职务侵占罪等罪名的判断。[①] 然而，由于挂靠关系自身的不规范性，工程款的权属认定往往因案而异，具有较大的复杂性与主观性。

若双方对工程款归属有约定，在此情况下应以合同约定为准，尊重双方的意思自治。无论是谁实际出资、谁具体管理施工，也无论工程款实际流入哪一方账户，只要约定明确，即具有拘束力。

若双方未作明确约定，此时须从以下几个方面进行综合考量。一是出资来源，如挂靠方独立承担了全部工程成本，包括材料、人工、设备租赁等费用；二是施工管理，如工程从设计到实施全过程均由挂靠方管理，被挂靠方未实际参与；三是工程款接收账户，即使工程款被发包方打入被挂靠方账户，只要上述前两项明确指向挂靠方的实质经营，则工程款应认定为挂靠方的单位财物。

实践中，较为常见的做法是发包方基于资质要求，直接将工程款打入被挂靠方账户。然而，在被挂靠方未投入成本、未参与管理的前提下，其账户上的工程款仅为代收性质，不应据此获得所有权。若此时认定工程款属于被挂靠方，则可能导致其无偿占有挂靠方的财产，从而损害挂靠方的合法经济利益，尤其不利于挂靠方支付农民工工资、供应商材料款等，进而引发一系列社会风险。

当然，如果被挂靠方在项目中实际承担了出资义务或参与了项目的管理监督，那么应当根据其投入程度合理确定其在工程款中的权益比例。在此类情况下，工程款不能全部归属挂靠方，而应根据实际参与程度按比例划分。

综上所述，建设工程挂靠关系中的财产归属的认定应当遵循“实质重于形式”原则，结合合同约定、资金流向、项目控制权、实际出资和管理等多个因素进行综合认定，避免因形式挂靠掩盖真实的经济法律关系，导致对财产权属的误判。

此外，在刑法意义上，是否为“本单位财物”并不当然取决于是否存在合法单位关系，而取决于行为人与财产之间是否存在一定的管理职务或职权

① 参见洪波：《挪用资金罪若干问题研究》，载《同济大学学报》2002年第5期。

联系。[①] 只有当行为人与单位财产之间具有关联性，即存在一定管理、控制或处分权限时，才可能成立对单位财产的侵占。在建设工程挂靠的情境中，必须充分结合其独特性，谨慎认定“本单位财物”的范围并慎重判断由此可能引发的刑事责任。

① 参见黄福涛：《挪用犯罪新论》，中国人民公安大学出版社2012年版，第73页。

提供 VPN“翻墙”服务刑事责任的认定路径

——江某涉嫌提供侵入、非法控制计算机信息系统程序、工具罪案

一、基本案情

从 2022 年年末开始，江某租用境外云服务器，搭建 VPN 并建立通信链路，通过代理访问服务器所在地区的互联网，以绕过国家网络安全管理措施，进行国际联网。为了方便对外销售 VPN 服务，江某和在美国居住的胡某炜，在美国注册公司，并利用该公司名下的国际版支付宝账号对外销售 VPN 服务。

经审计，自 2023 年 11 月 4 日至 2024 年 7 月 10 日，江某所搭建网站共注册充值会员账户 122703 个，利用他人银行账户收取 VPN 销售款项共计 27040432.20 元。

二、本案要点

江某为他人提供“翻墙”软件是否构成提供侵入、非法控制计算机信息系统程序、工具罪？

三、本书观点

（一）江某为他人提供 VPN“翻墙”软件不构成提供侵入、非法控制计算机信息系统程序、工具罪

司法实践一般将为他人提供“翻墙”软件认定为构成侵入、非法控制计算机信息系统程序、工具罪。其定罪的基本逻辑如下：VPN“翻墙”软件能

够绕过国家网信部门的限制，将境内计算机与境外服务器连接，帮助国内用户访问境外互联网，该软件具有突破计算机系统安全防护机制并且获取计算机系统数据的功能。

但是，目前法学理论界和最高人民法院、最高人民检察院出台的《关于办理危害计算机信息系统安全刑事案件应用法律若干问题的解释》均认为该行为不应认定为提供侵入、非法控制计算机信息系统程序、工具罪，主张此罪本质上是处罚为计算机犯罪提供作案工具的行为，因此明确“计算机系统入侵工具”的内涵是准确认定此罪名的基础和关键。[①]

首先，根据最高人民法院、最高人民检察院《关于办理危害计算机信息系统安全刑事案件应用法律若干问题的解释》的规定，本罪所说的“程序、工具”只能用于实施非法侵入、非法控制计算机信息系统，故不包含技术中立性程序、工具，而 VPN“翻墙”软件并非计算机系统的专门入侵工具。一方面，VPN 技术是中立的通用技术，VPN“翻墙”软件是一种常见的远程网络访问工具，最早被企业、高校用于文件传输、信息交流，后被不法分子滥用，用于逃避监管从事违法犯罪活动。另一方面，VPN“翻墙”软件并没有侵入或非法控制防火墙本身，也没有从防火墙中获取数据。其次，长城防火墙是一种网络审查方式，不具备自动处理数据的功能，与自动化控制设备等系统不同，其不属于计算机信息系统。最后，VPN“翻墙”软件避开防火墙后连接访问的是境外网络，而境外网络数据是公开的，不是需要取得授权才能访问的数据。事实上，利用 VPN“翻墙”软件传输互联网信息的过程，并没有侵入具体的计算机系统来获取数据。

但例外情况是，市场中个别 VPN 提供者向使用者提供的软件不仅可以实现“翻墙”，通过该软件还可以控制使用者的计算机隐蔽地进行挖矿等其他工作，影响、控制他人计算机系统的运行，该类行为则直接构成非法侵入计算机信息系统罪，在理论上不存在障碍。

（二）江某为他人提供 VPN“翻墙”软件涉嫌违反行政法规

提供 VPN“翻墙”软件违反《电信条例》和《计算机信息网络国际联

① 参见朱以珍、陆佳：《网络安全犯罪的行为甄别与取证障碍》，载《人民司法》2011 年第 24 期。

网管理暂行规定》的有关规定。根据《电信条例》第 7 条、第 9 条、第 14 条的规定，经营增值电信业务应当向有关主管部门申请并取得经营许可证。未经许可提供 VPN“翻墙”软件，擅自经营增值电信业务的，根据《电信条例》罚则部分的规定，应当没收违法所得并处以罚款。

《计算机信息网络国际联网管理暂行规定》第 6 条明确指出，若要进行国际联网须使用国家公用电信网所提供的“专门出入口”，也就是国际出入口信道，他人不能自行建立“专门出入口”或者使用其他“出入口”进行国际联网。《计算机信息网络国际联网管理暂行规定》第 8 条第 2 款指出，拟接入网络进行国际联网活动的，应当报有权部门申领许可证。

另外，根据《计算机信息网络国际联网管理暂行规定》第 10 条的规定，用户若要进行国际联网，则必须征得相关单位同意并办理登记手续。需要注意的是，国际信道是指陆地光缆、海底光缆及卫星通信等实际存在的物理信道，VPN“翻墙”软件实际使用的仍然是中国电信、中国移动和中国联通运营商架设的国际信道。因此，任何企业或个人制作 VPN“翻墙”软件并使用信道进行国际联网之前都必须征得接入单位同意并取得经营许可证。没有取得相关资质的，则违反《计算机信息网络国际联网管理暂行规定》第 6 条、第 8 条、第 10 条的规定，公安机关应当责令相关人员停止联网，给予警告，可以并处罚款。

四、理论探讨

（一）VPN 技术的法律定位与行政违法性

VPN（虚拟专用网络）本质上是一种中立的网络通信技术，最初用于企业远程办公、高校学术交流等合法用途，其技术本身不具有天然的违法性。在我国，VPN 的使用与提供受《电信条例》《计算机信息网络国际联网管理暂行规定》等行政法规规制，未经许可擅自经营 VPN 服务，属于“擅自从事增值电信业务”，可依法予以行政处罚（没收违法所得、罚款）。但需要注意的是，行政违法性与刑事犯罪之间存在严格界限，刑事入罪须满足刑法规定的构成要件，不能仅凭行政违法性直接推导刑事责任。

（二）VPN“翻墙”的行为模式

VPN“翻墙”技术的单纯开发行为其实是对整个网络发展起到促进作

用，开发行为本身是价值无涉的，并不涉及违法犯罪，也没有相关的法律法规明文规定禁止进行该网络技术的开发。

使用 VPN“翻墙”分为合法使用和违法使用。合法使用 VPN 进行“翻墙”的行为是无害的，如高校合法向国外购买外文数据库，并建立访问外文数据库的渠道，此时学生在学校官网访问外文数据库是得到允许的，是合法行为。但是未经批准使用 VPN 进行“翻墙”的行为即为违法，《计算机信息网络国际联网管理暂行规定》第 6 条第 2 款明确禁止未经许可连接国际网络的行为，并在第 14 条规定了相应的行政法律责任，工业和信息化部《关于清理规范互联网网络接入服务市场的通知》也明确禁止未经许可的 VPN 跨境联网。

VPN“翻墙”服务主要分两类：一是明知道下游的使用行为是为了进行相应的犯罪活动而仍提供 VPN“翻墙”服务。这种情况属于行为人为下游的犯罪活动提供帮助，对行为人进行刑事法律上的追责要依附于对下游犯罪活动刑事责任的追究。该类行为通常以以下两种方式进行刑事追责：（1）按下游犯罪的帮助犯处理。此时对行为人进行刑事追责的关键点在于犯罪主体的罪过形式，也就是说提供 VPN“翻墙”服务的行为人和下游实施犯罪行为的行为人之间必须具有共同的犯罪故意。（2）按帮助利用信息网络犯罪活动罪独立定罪处罚。[①] 二是与下游犯罪行为不存在意思联络的非法 VPN“翻墙”服务，仅有非法提供国际联网途径的意思。现实中通常以营利为主要目的，通过销售、出租 VPN“翻墙”服务等方式进行，目的是非法获取经济利益。

（三）刑事入罪的主要争议罪名及法理分析

1. 提供侵入、非法控制计算机信息系统程序、工具罪（《刑法》第 285 条）

该罪要求行为人提供的程序或工具“专门用于侵入、非法控制计算机信息系统”。VPN 的核心功能是加密通信、绕过网络访问限制，而非直接侵入特定系统或获取数据。我国“长城防火墙”属于网络审查机制，并非自动化计算机信息系统，突破防火墙的行为不涉及“侵入或控制计算机系统”的犯

① 参见刘浩、王正阳：《提供“VPN”服务行为的司法规制》，载《西南科技大学学报（哲学社会科学版）》2024 年第 2 期。

罪对象要件。多数案例显示，单纯提供 VPN 服务，无证据证明用于非法活动，难以符合该罪构成要件。

2. 非法经营罪（《刑法》第 225 条）

部分司法案例将提供 VPN“翻墙”软件的行为认定为非法经营罪的理由是，提供 VPN“翻墙”软件的行为属于经营电信业务，从事该业务应当以取得电信业务经营许可为前提，没有取得许可而擅自提供业务的属于违反国家相关规定，即扰乱电信业务市场秩序，情节严重的可认定为非法经营罪。但该种做法有欠妥当，缺乏法理基础。①

根据《电信业务分类目录》关于增值电信业务 B13 的描述可知，IP－VPN 是网络服务提供者采用某种技术在原有的互联网网络资源之上搭建虚拟专网，为用户提供互联网信息加密传送的服务。本案的 VPN“翻墙”软件符合此种业务描述，故出售 VPN“翻墙”软件属于经营增值电信业务。按照《电信条例》的规定，经有关部门审核批准可以经营增值电信业务，所以增值电信业务不是专营、专卖或者限制买卖的物品，因此，提供 VPN“翻墙”软件的行为无法根据《刑法》第 225 条第 1 项认定为非法经营罪。

另外，《电信条例》中的罚则部分没有针对未经许可从事增值电信业务转而追究刑事责任的指引性条款。《电信条例》规定的对于违法行为可追究刑事责任的情形中，第 66 条是针对发布违法信息、非法攻击他人电信网等的处罚规定，第 67 条所指向的是《电信条例》第 58 条第 2～4 项有关盗接电信线路、伪造电信凭证等的处罚规定，均与 VPN“翻墙”软件无关。第 58 条第 1 项与提供 VPN“翻墙”软件行为类似，但对于违反该规定的违法行为没有追究刑事责任的规定。② 换言之，如果要将提供 VPN“翻墙”软件行为认定为非法经营罪，只能依据《刑法》第 225 条第 4 项的规定。

《刑法》第 225 条非法经营罪的第 4 项，属于“兜底条款”，适用《刑法》第 225 条第 4 项“兜底条款”须符合“违反国家规定”且“情节严重”，但 VPN 行政违法与刑事犯罪的社会危害性差异显著，随意入罪易违反罪刑法

① 参见汤智、赵梦格：《提供“翻墙”软件行为定性分析》，载《中国检察官》2022 年第 22 期。

② 参见高艳东：《提供侵入、非法控制计算机信息系统程序、工具罪的限缩解释——以打击对象为切入》，载《法学评论》2023 年第 6 期。

定原则，学术界和司法实践都主张对该项的适用作严格限制，防止因任意扩张适用而损害司法公信力。

3. 拒不履行信息网络安全管理义务罪（《刑法》第286条之一）

根据《刑法》第286条之一的规定，互联网服务提供者不遵守互联网安全管理规范，经监管部门责令改正之后拒不改正的，以至于出现违法信息传播、侵犯个人信息、案件证据毁灭等情况并且造成严重后果或者有其他严重情节的，构成拒不履行信息网络安全管理义务罪。因此，在满足符合犯罪主体、违反行政规定、造成危害后果等要件的前提下，提供VPN"翻墙"软件可能触犯该罪名。①

首先，提供VPN"翻墙"软件的行为人属于网络服务提供者。根据最高人民法院、最高人民检察院《关于办理非法利用信息网络、帮助信息网络犯罪活动等刑事案件适用法律若干问题的解释》的规定，提供VPN"翻墙"软件行为属于该解释第1条所规定的"信息网络传输服务"，该服务的提供人符合网络服务提供者的主体要件。其次，对于私自搭建虚拟专用网络有明确的行政规定。工业和信息化部《关于清理规范互联网网络接入服务市场的通知》指出没有电信主管部门的批准，不允许采用设立或者租赁专线等方式，通过专门通道开展跨境经营活动。如果公安、网信等部门发现用户使用软件传输违法犯罪信息，可以根据上述规定责令VPN"翻墙"软件提供人关停VPN，若其仍不改正并且造成一定严重后果的，可能构成该罪。最后，向他人提供VPN"翻墙"软件可能符合《刑法》第286条第1款第4项"有其他严重情节的"。根据司法解释的规定，若互联网服务提供者多次拒不改正或者提供的服务被用于实施扰乱网络秩序、危害国家安全等违法犯罪的应当认定为"其他严重情节"的情形。②

另外，构成该罪有一个前置条件，那就是经监管部门责令采取改正措施。在实践中，监管部门对于自然人违反网络安全管理义务的行为通常会作出罚款或者拘留等行政处罚决定，由于拒不履行信息网络安全管理义务罪法律条

① 参见汤智、赵梦格：《提供"翻墙"软件行为定性分析》，载《中国检察官》2022年第22期。

② 参见郭树正：《非法经营VPN类业务定性问题研究》，载《中国检察官》2019年第2期。

文中的“责令改正”并不属于行政处罚的具体种类，其目的是让轻微违法的经营主体恢复正常状态，并没有惩戒性，那么行为人被行政处罚后仍拒不改正能否认为符合该罪前置条件？根据举轻以明重的原则，个人或单位被处以具有惩戒性的罚款、拘留等行政处罚，包括了对相关行为的否定性要求，行为人在之后仍不作为不改正并且存在严重情节的，也可以认定为拒不履行信息网络安全管理义务罪。①

（四）刑事入罪的理论升华

1. 技术中立原则的衡平适用：技术工具的规范评价边界

技术中立原则源于刑法理论对“中立帮助行为”的责任限定，其核心要义在于：当某一技术工具兼具合法与非法用途时，除非能证明提供者主观上明知他人将其用于犯罪，否则不得仅因技术被滥用而追究刑事责任。这一原则在德国刑法理论中被称为“技术工具责任理论”，强调技术开发者或提供者的中立性，避免因事后的违法使用回溯性地追究技术本身的责任。

具体到 VPN 技术，其作为一种加密通信工具，天然具备合法使用场景：企业基于跨境业务需求搭建内部 VPN 用于文件传输与视频会议，高校为学术研究开通境外数据库访问通道，均属于合理且受法律保护的用途。如果要予以刑事追责，则须通过聊天记录、交易协议等客观证据证明提供者明知用户利用 VPN 实施违法犯罪，如传播恐怖主义内容、非法获取国家秘密等，还要求主观上持希望或放任态度。若仅因技术具备绕过网络限制的功能即认定为犯罪，将导致技术创新与合理需求被过度抑制，违背技术中立原则的立法初衷。

2. 行政违法与刑事犯罪的界分：前置法与刑法的逻辑衔接

我国对 VPN 的规制体系以行政监管为基础，刑事手段仅作为补充性制裁措施。根据工业和信息化部 2017 年《关于清理规范互联网网络接入服务市场的通知》及《电信条例》，未取得增值电信业务许可的 VPN 服务属于行政违法，主管部门可依法采取责令改正、没收违法所得、罚款等措施（《电信条例》第 41 条）。刑事入罪则须满足刑法分则规定的严格构成要件，两者在行

① 参见王肃之：《论拒不履行信息网络安全管理义务的不作为性质——基于保证人路径的反思》，载《南大法学》2020 年第 3 期。

为危害性、主观恶性及制裁强度上存在显著差异。

刑事手段的适用应限于极少数严重危害网络安全的情形。一是犯罪对象的特异性。例如，VPN 服务被用于渗透攻击、植入木马程序等针对特定计算机信息系统的违法犯罪，此时可能触犯《刑法》第 285 条（提供侵入、非法控制计算机信息系统程序、工具罪）或第 286 条（破坏计算机信息系统罪）；二是法益侵害实质性。行为须造成国家安全威胁、大规模个人信息泄露等实际危害后果，还要证明 VPN 提供者与正犯存在共同犯罪故意。在此类案件中，司法机关须遵循“从一重罪处断”原则，避免对同一行为重复评价，如同时适用非法经营罪与提供侵入、非法控制计算机信息系统程序、工具罪时，应选择法定刑较重的罪名定罪。

3. 刑法谦抑性的要求：刑罚发动的必要性审视

刑法谦抑性原则要求，对于社会危害性尚未达到“非刑罚不可”程度的行为，应优先通过行政监管、行业规范等手段规制。VPN“翻墙”行为本质上是对网络访问策略的技术性突破，其社会危害性主要体现在对网络管理秩序的潜在影响，但若未出现违法信息传播或国家安全威胁，则尚不具备刑事可罚性。

司法实践中司法机关应恪守以下规则：一是前置程序优先。对未经许可的 VPN 服务提供者，应首先考虑行政违法性，通过《电信条例》等法规予以规制。二是严格限定犯罪构成要件。仅当行为符合特定犯罪构成要件时，如明知他人利用 VPN 实施电信网络诈骗，仍为其提供通信链路，才可能以帮助信息网络犯罪活动罪（《刑法》第 287 条之二）追究刑事责任，且须证明提供者的“明知”状态及帮助行为与正犯结果的刑法因果关系。① 三是证据标准从严。禁止仅凭技术功能或用户数量推定主观故意，须结合交易记录、沟通记录等证据构建完整的证明体系，避免客观归罪。

① 参见皮勇、张明诚：《帮助信息网络犯罪活动罪的司法适用》，载《苏州大学学报（哲学社会科学版）》2023 年第 1 期。

“套路贷”事后通过诉讼索财能否一概评价为诈骗罪

——刘某甲涉嫌诈骗罪案

一、基本案情

1998 年，被告人刘某甲开始在 A 市从事高利放贷活动，多次向多人及企业非法放贷，收取高额利息并通过收取“头息”“路费”等方式虚增债务。2005 年开始，王某负责记账，刘某甲先后于 2008 年、2010 年网罗刑满释放人员刘某乙、社会闲散人员李某甲、廖某甲参与放贷项目的相关工作。2009 年，刘某甲开始预设“套路”形成虚假债务并进行非法催收。2010 年 7 月 19 日，刘某甲和刘丙成立 A 市 XX 咨询有限公司，指定李某甲为法定代表人，笼络同学刘某丁、罗某甲加入团伙，以便获取更多非法利益。

2015 年起，该团队利用刘某戊的律师身份升级违法犯罪手段，通过在借款合同中设置律师费、要求公司财产担保等方式预设“套路”，再借助诉讼、仲裁等索要虚假律师费和虚假债务，犯罪手段更加隐蔽。

其诈骗手段主要可分为四个步骤：第一，借款初始收取“头息”“考察费”；第二，诱骗借款人签订本金翻倍的“借一签二”虚假合同；第三，制造虚假给付流水，让被害人转部分资金到集团其他成员账户；第四，利用虚假证据隐匿还款凭证，通过诉讼等方式索要虚高本息。

二、本案要点

1. “套路贷”事后以诉讼、仲裁或债务申报等方式获取财物的行为能否评价为诈骗罪？

2. “套路贷”事后以诉讼、仲裁或债务申报等方式获取财物的行为能否评价为虚假诉讼罪?

三、本书观点

(一)借贷双方明知收取“砍头息”“考察费”的事实,也明知“借一签二”只是为了掩盖高利放贷

“套路贷”有收取“砍头息”“考察费”的情况,民间借贷同样存在这种情况,甚至收取“砍头息”“考察费”已经成为民间借贷的潜规则。两者的表现形式虽一样,但其重要区别在于借贷双方是否明知。本案中,借款人对刘某甲收取“砍头息”“考察费”明知且口头接受,不存在认识错误,不属于最高人民法院、最高人民检察院、公安部、司法部《关于办理“套路贷”刑事案件若干问题的意见》中所说的“虚增债务”。此外,本案存在一些“借一签二”等类似阴阳合同的现象。须注意,有“套路”不等于“套路贷”“虚增”“垒高”。这些方式看似都属于“套路”,但是“套路贷”对于“虚增”强调的是“虚”而非“增”,对于“垒高”强调的也是“恶意”而非“高”的结果。只有当增加或者垒高的借款金额是借款人所不知道的、被胁迫或者事后被起诉执行的,才存在“虚假”一说。本案刘某甲“借一签二”是为了给高利贷穿上合法借贷的外衣,借款人知道阴阳合同的真相并且后续是按口头约定的高利贷还款,客观上并未实现“虚增债务”的后果。

(二)刘某甲已依约足额放款,通过诉讼维权是为了获取双方事先约定的高额利息

首先,在合同签订后,刘某甲将与各借款人约定的本金按时、足额地转给了对方,不存在不愿意或者未按约定及时放款的情形。本案中,无论哪一笔借贷,刘某甲实际出借的资金均达几十万元、几百万元甚至高达八千万元,这就与“以小博大”型的“套路贷”存在着本质的区别。正常情形下,没有人会冒着巨大的坏账风险,拿着上千万元的本金来作为“套路成本”,这显然违背基本的商业逻辑。

其次,刘某甲等人积极追求的是借款人能够按时还本付息,并没有设置还款陷阱、肆意认定违约,只要相对人按时还款,双方便不会产生任何纠纷。

例如，张某与刘某甲之间的借贷往来共计十余次，前期从未有过纠纷，只是在最后一次因为未能按时还款才产生纠纷。当债权到期无法实现时，刘某甲才会与借款人协商确定下一步的还款方案，如签订“还款计划”还是“利转本”。值得强调的是，无论是“利转本”还是签订“还款计划”在商业实践中都是广泛存在的，即便是一些普通的商业银行也会采用这种方式，最高人民法院《关于审理民间借贷案件适用法律若干问题的规定》也专门对“利转本”进行了规定。因此只要“利转本”的过程不存在欺骗借贷，双方对相关约定是明知且接受的，就不存在虚增债务的问题。

最后，经过反复催要仍无法还款时，刘某甲确实提起了诉讼或仲裁，部分案件也确实存在隐瞒部分还款事实或是在破产程序中申报虚高债权的情形，但这不意味刘某甲具有非法占有目的。

认定本案构成诈骗罪的逻辑在于行为人故意隐瞒收取借款人砍头息、已归还部分利息或者夸大本金等行为属于隐瞒真相的欺骗行为；而行为人主观上想占有可能已超出法律保护范围的财产，就具有了非法占有的目的，进而通过诉讼的方式实现债权便构成了虚假诉讼型诈骗罪。

然而，这种逻辑是站不住脚的，也与规范条文存在矛盾。这类行为虽然存在一定程度的欺诈，但是到了诉讼阶段，只有构成虚假诉讼罪的情况才能评价为“欺骗”，而诉讼时有部分隐瞒或者夸大的行为（即所谓的“部分捏造型”）并不属于虚假诉讼罪中的“捏造事实”。此外，只要出借人具有真实的债权基础就不能仅因其行使债权的方式违法而推定其具有非法占有目的。本案中，刘某甲通过诉讼维权只是为了获取双方事先约定的高额利息，而不是为了非法占有约定之外的其他财物。

四、理论探讨

（一）在借贷双方共同制作虚假文书的场合中，认定诈骗罪的难点在于明确“虚构事实、隐瞒真相”的内容以及被害人的受骗内容

1. 在形成债权到行使债权的过程中，虚假债权的形成方式具有多样性

最高人民法院《关于审理民间借贷案件适用法律若干问题的规定》第 12 条规定了多种民间借贷合同无效的场景，其中包含“未依法取得放贷资格的

出借人，以营利为目的向社会不特定对象提供借款的”。同时，高出4倍LPR的利息部分因为违法高利贷而不会被法院所支持，如此行为人便有动机通过民间借贷行为来掩盖其中职业放贷人与高利贷的现实情况。那么在“借一签二”的场合下，未必形成的就是“虚假债权”。相反，虚假的诉讼材料也可能仅是一种双方都知情的“伪装”。此时，是否构成“虚假债权”，以及“虚假债权”是否为欺诈引起的后果，都值得分析。

有学者指出，对于形成债权阶段的行为，应考察债权人所实施的侵害债务人意思自由的行为是否符合相关罪名的构成要件。[①] 能够形成虚假债权的行为方式并非仅限于欺骗。形成虚假债权的方式分为两种：一是完全不存在债务人真实意思表示，所有证明债权存在的文书、银行流水均系债权人单方伪造，这些行为涉嫌的并非财产犯罪，而是伪造文书类犯罪，只是我国《刑法》不在一般意义上处罚伪造文书的行为。二是债务人的意思存在瑕疵，若该瑕疵是由债权人通过欺骗或胁迫方式引起的，则债权人涉嫌诈骗罪敲诈勒索罪；我国《刑法》尚无对应的罪名，基于罪刑法定原则不宜以犯罪处理。[②]因此，“虚假债权”可能是由胁迫、重大误解、显失公平、乘人之危导致的，未必是由欺诈而形成。

2. 在借贷双方都对虚假材料知情的情况下，仅存在不会以虚假材料进行追偿的承诺导致被害人受骗

首先，因为“套路行为”本身就是双方共同虚构的产物，所以被害人不可能是对此产生了错误认识，而是对其他事物产生了错误认识。那么有可能的解释是，真正导致被害人陷入错误认识的内容是出借人许诺“签订、制作虚构的材料后，不会以此作为诉讼、仲裁索要本金的手段”，而恰恰是被害人轻信了这一承诺才允许配合或者容忍虚构流水与借款协议的。这一点可以参考入库案例“王某某、林某甲等人诈骗案”（2024－04－1－222－009）。在该案中，“被告人以无抵押、无担保、快速放款为诱饵吸引被害人借款，继而以‘行规’为由诱使被害人签订虚高借款合同，谎称只要按时还款，虚

① 参见何龙：《“套路贷”案件罪名适用的法释义学分析——以诈骗罪的认定为中心》，载《法学家》2022年第5期。

② 参见徐凌波：《债权行使与非法占有目的的非法性认定》，载《中外法学》2023年第3期。

高的借款金额就不用还，然后制造资金走账流水的虚假给付痕迹”。因此，套路行为能够作为欺骗手段的前提是存在以上虚假承诺的内容。①

其次，虽然存在作为欺骗行为的理论空间，但是在部分案件中，这一说法可能并不具有说服力，因为实践中有些借款合同就存在争议约定管辖的条款。比如本案中，经过律师设计的条款就会约定是否仲裁解决争议或者约定管辖法院。按照这类说法，并非全部“套路贷”案件都能够以诈骗罪定罪量刑。②

再次，即便欺骗内容是不以此为依据进行诉讼、仲裁、债权申报，行为人作出如上承诺之后也不会导致行为人处分自己占有的财产，也不会导致真的债权产生，因为实际上行为人只出借了×元的本金，就只有×元的债权。既然没有真的债权存在，又怎么会因为欺骗行为处分财产，造成真正的损失呢？

最后，即便欺骗的内容是“签订、制作虚构的材料后，也不会以此作为诉讼、仲裁索要本金的手段”，借款人因为轻信行为人的承诺而配合制造虚假材料，由此计算得到的利息实际上与双方约定的利息是一模一样的；换言之，能够计算在欺骗行为范围内的数额，应该只有多出的本金。

（二）存在虚假的诉讼材料未必构成虚假诉讼罪或者诈骗罪

1. 在罪数层面，虚假诉讼罪与诈骗罪的关系是一行为的想象竞合

有观点指出在套路贷中，虚假诉讼罪与诈骗罪的关系是牵连关系。在参考案例庞某某、徐某某诈骗案中，人民法院认为在涉诈骗罪的套路贷活动中，“伪造证据、虚假诉讼的行为系‘套路贷’诈骗犯罪的有机组成部分，不能简单地割裂予以单独评价”，“二者存在刑法上的牵连关系，依法应当择一重罪以诈骗罪追究其刑事责任”。其中，牵连关系是指行为与行为之间存在“原因和结果”或者“目的和手段”的关系，而且这种牵连关系必须具有通常性与类型性；换言之，只有当某种手段通常用于实施某种犯罪，或者某种

---

① 参见周光权：《“刑民交叉”案件的判断逻辑》，载《中国刑事法杂志》2020年第3期。

② 参见孙运梁：《财产性利益诈骗中的处分行为与处分意识：以债的诈骗为中心》，载《政治与法律》2023年第3期。

原因行为通常导致某种结果行为时，才宜认定为牵连犯。①

但是，在成立牵连犯的背景下，将虚假诉讼中取得的数额认定为诈骗罪的既遂数额并不妥当。虽然涉诈骗“套路贷”中的诈骗行为与虚假诉讼行为之间具有牵连关系，在取得财产之前行为人的“设套立债”的行为尚未对被害人的合法财产形成占有，至多存在占有转移的紧迫威胁，因此至多构成诈骗罪的未遂犯；如果通过诈骗行为吸收虚假诉讼行为进而按照诈骗罪的既遂犯进行处罚反而加重了被害人的刑罚（相比于数罪并罚）。这种认定方式显然违反了牵连犯理论的价值预设。对于主观上只想实施一罪的行为人，其主观恶性要低于想实施数罪的行为人。因此在行为人的行为被评价为数罪的基础上仅按一罪进行处罚，目的就是防止刑罚的畸重。②

按照牵连犯理论该如何对案件定性？通说观点认为，“如果牵连的全部行为中，一部行为既遂一部行为未遂时”，应当按照“重罪既遂，牵连犯是既遂，重罪是未遂，牵连犯也是未遂”的规则进行判断。③ 因此，应当按照重罪诈骗罪的既遂和未遂的情况判断。既存在未遂又存在既遂的，结合最高人民法院、最高人民检察院《关于办理诈骗刑事案件具体应用法律若干问题的解释》第6条的规定进行判断，即“诈骗既有既遂，又有未遂，分别达到不同量刑幅度的，依照处罚较重的规定处罚；达到同一量刑幅度的，以诈骗罪既遂处罚”。然而，以牵连犯处理涉诈骗“套路贷”行为可能存在疑问。虽然按照牵连犯处理案件可以获得较轻的刑罚，但诈骗行为与虚假诉讼行为未必具有构成牵连关系所要求具备的通常性。之所以会出现虚假诉讼行为，是因为被害人没有及时还款，行为人才依据材料提起民事诉讼。因此，两个行为之间的因果关系存在很大的偶然性。同时，按照司法实践的一般做法，后续的以非法占有为目的的虚假诉讼行为实质上同时构成诈骗罪和虚假诉讼罪两个罪名，最终按照想象竞合犯从一重罪处罚，认定为诈骗罪。

此外，有学者认为，两个罪名的关系是行为的吸收关系。所谓行为的吸收并不涉及数罪；其本质属于行为对行为的吸收，既不是牵连犯意义上处断

① 参见张明楷：《刑法学》（第6版），法律出版社2021年版，第651页。

② 参见邓思、陈细田：《牵连犯研究》，中国政法大学出版社2014年版，第58页。

③ 参见马克昌主编：《犯罪通论》，武汉大学出版社1991年版，第688页。

的一罪，也不是吸收犯意义上实质的一罪；行为被吸收至另一行为，案件事实就只有一行为。例如在入库案例钱某等诈骗案中，人民法院认为，本案的“套路贷”虽均进入诉讼程序，并有部分在法院达成民事调解，但并不改变各被告人此前实施的“套路”行为性质，后续诉讼行为虽侵犯财产权、司法秩序双重法益，且有部分事实发生在《刑法修正案（九）》施行以前，但对各被告人的行为应整体评价，应以诈骗重行为吸收虚假诉讼轻行为来定罪处罚。因此，对各被告人的行为应定性为构成“套路贷”犯罪中的诈骗罪。

在参考案例钱某等诈骗案中，行为人出于诈骗的故意，实施了两个不同行为。但从整体上看，诈骗被害人签署合同既是诈骗罪的实行行为，也是虚假诉讼罪的预备行为；基于此，人民法院将两行为视为连续的一行为。对于一行为触犯数个法律规定的罪名的情况，按照想象竞合或法条竞合进行处理。因为诈骗罪与虚假诉讼罪不存在法益保护的重合部分，所以对于涉诈骗“套路贷”活动中的诈骗行为与虚假诉讼行为所构成的整体行为应当按照想象竞合进行处理。诈骗罪相对于虚假诉讼罪是重罪；那么，全案应当按照诈骗罪进行评价且通过虚假诉讼获得的财产数额应当计算在诈骗罪的既遂数额内。

但此类案件按照诈骗行为吸收虚假诉讼行为处理是否合理？即便按照行为的吸收处理案件，也应当用虚假诉讼行为吸收诈骗行为。因为只有虚假诉讼行为才是贯穿全案的完整行为，而诈骗行为仅进行了一部分。行为的吸收本质上是行为合并为一，但行为合并为一并不导致原行为“增多”。换言之，在诈骗行为本来就是未遂形态的情况下，不会因为吸收了虚假诉讼行为就成为既遂形态，否则就不是吸收，而是转化。至于整体行为认定为虚假诉讼行为后，行为是否构成诈骗罪则属于案件定性问题。在此分析的基础之上，还应当依照最高人民法院、最高人民检察院《关于办理虚假诉讼刑事案件适用法律若干问题的解释》第 4 条的规定进行判断，即“实施刑法第三百零七条之一第一款行为，非法占有他人财产或者逃避合法债务，又构成诈骗罪，职务侵占罪，拒不执行判决、裁定罪，贪污罪等犯罪的，依照处罚较重的规定定罪从重处罚”。

2. 虚假诉讼罪与诈骗罪的关系并不是非此即彼的

即便在某些场合虚假诉讼与诈骗行为是一行为，可以进行整体评价，但这不意味着只要是“套路贷”事后以诉讼、仲裁或债务申报等方式获取财物的行为就能够一概评价为虚假诉讼罪或诈骗罪。①

关于诈骗罪的部分，除了诈骗内容难以明确之外，还存在非法占有目的难以证明的问题。以1572号刑事审判参考案例“何某忠诈骗案”为例。无罪观点认为何某提起诉讼是为了挽回借款无法清偿的实际损失，并非为了非法占有更多财物。在“套路贷”中通过阴阳合同掩盖违法借贷的情况比比皆是，但最终目的可能是收回约定范围内的利息。尽管这部分的利息具有非法性，但不影响其属于真实的双方意思表示的结果，以此认定为非法占有目的所指向的内容并不妥当。

关于虚假诉讼的部分，行为人隐瞒的事实只是部分事实，尚不足以认定为虚假诉讼罪。《刑法》第307条之一第1款规定，以捏造的事实提起民事诉讼，妨害司法秩序或严重侵害他人合法权益的，构成虚假诉讼罪。但是一般认为，对于行为人与他人之间确有民事法律关系和民事纠纷的，行为人依法享有诉权，不符合本罪规制的虚假诉讼情况；这种情形并不属于虚假诉讼罪所要规制的“捏造行为”。

① 参见陈兴良：《套路贷犯罪研究》，载《法制与社会发展》2021年第5期。

搭建平台与引流推广是否构成帮助信息网络犯罪活动罪

——黄某涉嫌诈骗罪、非法经营罪案；张某某涉嫌帮助信息网络犯罪活动罪案

一、基本案情

案例一：2018 年 7 月至 2019 年 7 月，黄某伙同祁某甲、张某乙搭建“LNDFX”外汇平台，黄某作为技术方与其员工吴某、陈某丙负责编程及后期维护。经查，黄某团伙从该平台获利共计 141 万元，某区检察院辖区内受害人吴某在该平台内投入 20.67 万元全部亏损。

案例二：在 2022 年 9 月至 2023 年 5 月，被告人张某某与王某丁和黄某戊等人参与“×××”团伙电信网络诈骗活动，为其提供微信公众号相关引流服务。被告人张某某通过五次交易将 11 个投资类微信公众号以 1093.5 万元的价格出售给王某丁和黄某戊，从中非法获利 788.5 万元。此外，在知道王某丁利用微信公众号进行引流可能用于网络犯罪的情况下，张某某还与吴某己合作，发布引流推广软文，帮助“×××”团伙吸引更多受害者，从中非法获利 256.15 万元，至此累计非法获利总计达到 1044.65 万元。案发后，张某某如实供述了犯罪事实，并主动退缴违法所得 1067.15 万元。

二、本案要点

1. 如何确定搭建平台并出售的行为人作为义务的范围？

2. 能否将帮助信息网络犯罪活动罪中的支付结算行为评价为支付结算型

的非法经营罪？

三、本书观点

（一）如何确定搭建平台并出售的行为人作为义务的范围

1. 作为义务的来源

第一，基于对危险源的支配产生的监督义务。危险源本身就是导致结果发生的原因，行为人处于控制危险源的地位，因而支配了结果发生的原因。但是，单纯的在事实上可以控制危险源还不能成为作为义务的来源，还必须对危险源具有监督管理义务的形式根据。也就是说，必须探讨监督义务的发生根据。包括：（1）对危险物的管理义务；（2）对他人危险行为的监督义务；（3）对自己的先前行为造成的法益侵害紧迫危险的防止义务。[①] 与此相对应，下列情形不能成为作为义务的来源：其一，行为并没有制造、增加危险的，不产生作为义务；其二，行为虽然制造、增加了危险，但是该危险并不紧迫或者微不足道的，不产生作为义务；其三，行为制造、增加的危险属于被害人的答责范围时，行为人不产生作为义务。

第二，基于与法益的无助状态的特殊关系产生的保护义务。法益处于无助或者脆弱状态是经常可以见到的情形。在这种情形下，法益的保护依赖于可能保护法益的人。但是如此还不够。只有当法律规范、制度或体制、自愿接受使法益保护具体地依赖于特定的人时，该特定人才具有保证人地位。具体而言：（1）基于法律规范产生的保护义务。在法律规范将法益保护托付给特定行为人时，行为人的不保护就成为结果发生的原因。（2）基于制度或者体制产生的保护义务。当具体的制度、体制将法益保护义务托付给特定行为人时，行为人负有保护义务。（3）基于自愿承担（合同与自愿接受等）而产生的保护义务。在法益处于无助或者脆弱状态时，行为人自愿承担保护义务，使法益的保护依赖于行为人时，行为人必须继续承担保护义务。

第三，基于对法益的危险发生领域的支配产生的阻止义务。法益的危险发生在行为人独立支配的领域时，行为人具有实质的法义务。具体而言有以

---

① 参见张明楷：《不作为犯中的先前行为》，载《法学研究》2011年第6期。

下两种情形：（1）对自己支配的建筑物、汽车等场所内的危险的阻止义务。（2）对发生在自己身体上的危险行为的阻止义务。

2. 张某某的作为义务

张某某作为微信公众号持有者与出让方负有网络安全注意义务，应当合理管控其所发布的信息是否有违反法律规定的内容；对于出卖的公众出让方应该对原有关注者负有告知义务，避免原有关注者因用户关系而陷入错误认识。因为义务范围影响行为人承担刑事责任的范围，所以刑法意义上的义务边界应该是清晰且合理的。

具体而言，张某某的作为义务应包含以下几点：

第一，在技术性审查义务层面，张某某须对微信公众号内容进行合法性筛查，避免直接发布诈骗信息或虚假投资宣传。但刑法不宜苛求其对购买方后续具体使用行为进行全面动态监督，否则将无限扩大技术中立服务提供者的责任边界，张某某在明知王某丁利用微信公众号进行引流可能用于网络犯罪活动的情况下，仍为其在不同的微信公众号上发布引流的推广软文，当即得知张某某未尽完全义务。

第二，在交易关联义务层面，张某某明知微信公众号购买方从事投资类业务时，应履行最低限度的交易对象资质审查义务。本案中，其通过 5 次高价交易出售 11 个微信公众号，交易金额逾千万元，明显超出正常市场交易特征，却未对购买方使用目的进行必要询问，实质放任微信公众号沦为犯罪工具。

第三，在持续性注意义务层面，在张某某后续与吴某己合作发布引流软文时，已通过王某丁的行为模式明确认知到微信公众号被用于犯罪活动，此时其注意义务层级应相应提升，须立即停止合作并采取封号、举报等措施，但其反而通过持续引流扩大犯罪影响，构成对作为义务的实质性违反。

3. 从作为义务角度出发，案例二张某某作为微信公众号的实际控制者只履行了部分作为义务

依照最高人民法院、最高人民检察院《关于办理非法利用信息网络、帮助信息网络犯罪活动等刑事案件适用法律若干问题的解释》第 11 条第 3 款的规定，认定帮助信息网络犯罪活动罪的“明知”须结合交易价格、行为方式

等客观情形分析。本案中，张某某以畸高价格批量出售具有投资导向的微信公众号且后续主动参与犯罪链条中的关键引流环节，已明显不属于正常网络服务提供者的行为范式，其作为义务应延伸至对犯罪行为的实质性阻断。据此，张某某的刑事责任应聚焦于其对犯罪活动的放任以及对关键环节的助推，其在技术审查与交易审查环节的作为义务缺失与后续主动参与引流行为，共同构成帮助信息网络犯罪活动罪的违法性基础。

（二）不能将帮助信息网络犯罪活动罪中的支付结算行为评价为支付结算型的非法经营罪

1. 理论分析

帮助信息网络犯罪活动罪中的支付结算行为和支付结算型的非法经营罪，虽然在客观行为上都表现为“提供资金支付结算服务”，但两者在犯罪性质、主观目的、法律要件和侵害的法益上有本质区别。

首先，两罪的性质不同。帮助信息网络犯罪活动罪的成立以“上游犯罪”的存在为前提，行为人提供支付结算，其目的是帮助他人完成其利用信息网络实施的犯罪（网络诈骗、网络赌博等）。支付结算行为本身是作为上游犯罪的帮助工具而存在的。如果不存在上游的网络犯罪，该支付结算行为就不会构成帮助信息网络犯罪活动罪。概言之，帮助信息网络犯罪活动罪更侧重于打击那些具有“通道”作用的行为，如提供自己的银行卡、收款码为犯罪分子“过账”、收款。而支付结算型非法经营罪惩罚的是行为本身，即未经国家有关主管部门批准，非法从事资金支付结算业务的行为。这种行为本身就违反了国家对金融市场准入和秩序的管理规定，构成了对市场秩序的破坏，无论其结算的资金来源是否合法。支付型非法经营罪更加“产业化”和“体系化”，行为人往往搭建了专业的平台或组织，以营利为目的，公开或半公开地为不特定的社会对象提供支付结算服务，其行为模式更像一个“影子银行”。

其次，两罪的主观目的不同。帮助信息网络犯罪活动罪要求主观上“明知”他人在利用信息网络犯罪而提供帮助，其认知内容是“为犯罪提供便利”。非法经营罪主观上是以“经营”为目的，即通过从事非法支付结算业务来牟取经济利益。虽然这类行为的客户可能是犯罪分子，但其核心目的是经营这项“业务”本身。

最后，两罪侵犯的法益不同，帮助信息网络犯罪活动罪主要侵害的是国家的网络空间管理秩序，而非法经营罪主要侵害的是国家的市场秩序，特别是金融管理秩序。

2. 案情分析

首先，黄某在接触张某乙、祁某甲之前就已经在编写相关客户关系管理系统，可见该相关管理系统以及基于此系统的开发平台并非黄某为张某乙等人违法犯罪而特制，其目的是将其作为标准产品普遍地用于外汇、期货行业。

其次，黄某等人作为平台的运维商，只是负责平台的数据更新与安全、系统稳定、网络优化，而支付渠道、出入金审核以及风控组件的管理和使用等实际控制功能均不由其控制。也就是说，黄某的上述服务属于网络平台中的基础服务，是为使用平台的所有客户提供的网络运维服务，并非专门为张某乙等人实施犯罪而提供的服务，且其在平台上所提供的外汇价格信息均真实有效，并不涉及任何违法犯罪行为。

最后，黄某没有与张某乙等人共同“经营”平台，其事实上也从未参与该平台的经营管理，亦未从平台经营收益中获得任何额外收益。黄某只是按照张某乙等人的要求搭建平台，无论是将初始平台接入高阶平台，还是将初始平台接入第三方支付通道，抑或编写风控组件并在平台交付后其仅依照运维合同提供基础网络运维服务等行为，均属于作为独立第三方提供技术服务的行为，而非共同“经营”行为，不构成非法经营罪的共犯，至多构成帮助信息网络犯罪活动罪。

四、理论探讨

（一）搭建平台并出售给犯罪分子的行为难以通过“中立帮助行为”理论出罪

搭建平台并出售给犯罪分子的行为可否通过“中立帮助行为”理论出罪，关键在于违法性与有责性的排除。在理论上，学者们常以“中立帮助行为”理论作为限缩帮助信息网络犯罪活动罪的犯罪圈的手段，以使该罪名的适用能够符合罪责刑相适应的原则的要求。在实践中，不少辩护人采用“中立帮助行为”对帮助信息网络犯罪活动行为进行出罪的辩护策略。网络平台和平台技术是一种技术中立行为，应当区分可罚的帮助行为以及不可罚的中立帮助行为。但是，该理论作为一种出罪的辩护思路，实用性并不强。

首先，“中立帮助行为”的适用前提是该行为在社会日常生活中具有普遍性和通常性且帮助者主观上对被帮助的犯罪行为没有认识。但在搭建并出售平台的场景中，行为人的主观“明知”状态往往能够被推定。如果一个平台被专门设计或定制了用于实施犯罪的功能（虚假外汇交易平台中的后台操控功能、网络赌博平台中的反侦查设置、诈骗平台中的受害者信息管理系统等），那么其开发者从一开始就不能声称自己的技术是“中立”的。该平台本身就是为犯罪而生的“凶器”，而非可用于合法用途的“菜刀”。

其次，交易过程中的各种异常情况也足以打破“中立”的表象。例如，远高于市场价的交易金额、使用虚拟货币等难以追踪的方式进行支付、买家身份不明或要求匿名、交易沟通等现象，都与正常的商业惯例相悖。一个理性的开发者在面对这些危险信号时，应当能够认识到其产品极有可能被用于非法目的。若其放任这种结果的发生，则在主观上至少构成了间接故意，不符合中立帮助行为理论所要求的“无认识”状态。

最后，很多案件显示，技术开发者实施的行为并不限于一次性的出售行为，往往还包括后续的技术维护、功能更新、服务器支持等。这种持续性的深度参与，使其行为与上游犯罪形成了紧密的共生关系，开发者实质上已成为犯罪团伙中不可或缺的技术保障环节。此时，其行为已经从一个看似中立的售前服务，演变成了贯穿犯罪过程的、持续性的帮助行为，彻底脱离了“中立”的范畴。

（二）非法经营罪、诈骗罪与帮助信息网络犯罪活动罪的区分方法

1. “支付结算服务”在帮助信息网络犯罪活动罪与非法经营罪中具有不同含义

一方面，非法经营罪的入罪以“违反国家规定”为前提。其中涉及的国家规定是《商业银行法》与《中国人民银行法》。支付结算型非法经营罪的立法背景是打击类似地下钱庄的犯罪主体，禁止未经过中国人民银行批准、扰乱经济秩序的支付结算业务行为。而帮助信息网络犯罪活动罪则在立法上

没有明确规定以此为入罪前提，显然帮助信息网络犯罪活动罪中的“支付结算”要比非法经营罪中的“支付结算业务”要宽泛很多。[①]

另一方面，帮助信息网络犯罪活动罪中的帮助行为，被类型化为“为其犯罪提供互联网接入、服务器托管、网络存储、通讯传输等技术支持，或者提供广告推广、支付结算等”的帮助行为；行为的违法性来自正犯行为，而非帮助行为本身。非法经营罪中的支付结算行为本身就属于正犯行为，其违法性来自经营行为本身，故两者存在显著差异。

2. 帮助信息网络犯罪活动罪与诈骗罪的区分方法

《刑法》第287条第3款明文规定，“有前两款行为，同时构成其他犯罪的，依照处罚较重的规定定罪处罚”。实践中，帮助信息网络犯罪活动行为往往与其他犯罪行为共同存在，如诈骗罪。因此，如何区分帮助信息网络犯罪活动罪与诈骗罪也就成了实务界与理论界的争议焦点。

有学者主张以情节严重程度来区分帮助信息网络犯罪活动罪与诈骗罪，将信息网络犯罪中的一般帮助行为认定为诈骗罪等正犯的共犯，而将情节严重的帮助行为独立认定为帮助信息网络犯罪活动罪。然而，这一分类逻辑可能导致刑法评价的实质性矛盾，情节严重的帮助信息网络犯罪活动行为构成帮助信息网络犯罪活动罪最高判处三年有期徒刑，而情节一般的却成立诈骗等罪的共犯可能判处高于三年有期徒刑，这种“重行为轻罚、轻行为重罚”的悖反现象显然不具备合理性。[②]

另有学者主张通过行为人主观明知程度来区分诈骗罪与帮助信息网络犯罪活动罪。帮助行为究竟属于诈骗罪的帮助行为还是帮助信息网络犯罪活动罪的帮助行为，关键在于行为人的明知程度。若行为人明知技术服务对象是诈骗团伙，那么认定为诈骗罪是不存在主观构成要件成立障碍的，即便行为人持有的是间接故意的主观心理。若行为人仅认识到具体的技术服务对象可能涉嫌犯罪，那么适用帮助信息网络犯罪活动罪中的帮助行为而非诈骗罪会更为合理。

---

① 参见劳东燕：《非法经营罪中支付结算业务的界定》，载《法学》2024年第9期。

② 参见薛铁成：《“帮信罪”与诈骗罪竞合前罪优先适用的反思》，载《西南民族大学学报（人文社会科学版）》2023年第11期。

售卖继承所得古玩是否构成倒卖文物罪

——师某某涉嫌倒卖文物罪案

一、基本案情

2021年9月，闫某某向张某甲求购古董，张某甲联系郭某某寻找文物渠道。郭某某遂分别联系穗某某、师某某。穗某某、师某某分别将各自的陶俑、陶器照片通过微信发给郭某某。郭某某通过张某甲转发给闫某某。闫某某与张某甲达成收购意向并谈好成交价格后，郭某某再与穗某某、师某某谈好交易价格、交易方式、交易时间等，以期从中赚取交易差价。

2021年9月28日，郭某某以2万元的价格从穗某某处购买9件陶俑。郭某某与张某甲一起到师某某位于C市的某古玩店，以400元的价格购买36件陶器。次日凌晨，郭某某、张某甲携带相关文物从C市前往S市，准备与闫某某交易时，被公安机关当场抓获。涉案陶俑、陶器共计45件，均当场扣押。

2021年10月11日，师某某在C市某古玩店被抓获；穗某某于2021年10月28日到公安机关投案。

经鉴定，从穗某某处购得的9件陶俑均为唐代文物，其中二级文物2件、三级文物6件、一般文物1件；从师某某处购买的36件陶俑，3件为汉代时期制作，1件为战国时期制作，32件为西汉时期制作，其中二级文物3件、三级文物6件、一般文物27件。

二、本案要点

1. 如何理解《文物保护法》第50条所规定的“依法继承”?

2. 售卖依法继承的古玩是否构成倒卖文物罪?

三、本书观点

（一）涉案文物不属于国家禁止流转的文物

师某某是家庭主妇，在其丈夫去世后两年（2018 年），师某某才接手其丈夫留下的古玩，并注册 C 市某文玩店。师某某并非文玩行业的资深从业者，其经营的店铺及店内的文玩物件均是其过世的丈夫遗留下来的，其本人实际上没有识别、鉴别文物的能力，无法判断其丈夫收藏的物品是文物还是工艺品。同时，其并无任何前科劣迹，不是文物贩子，本案系其第一次销售文物。师某某所售陶器是其继承丈夫所得。有观点认为涉案文物是其丈夫在外市场挑选获取的，但没有证据证明具有合法来源，故否认其继承的合法性，继而不适用《文物保护法》第 50 条第 1 项关于“依法继承”的相关条款，进而认定涉案的陶器属于国家禁止买卖的文物。

上述判断方式值得商榷。一方面，《文物保护法》第 50 条第 1 项关于“依法继承”的含义不应被狭义地理解为“从合法途径获取”；另一方面，从事实证明的角度来说，本案难以排除合理怀疑认为涉案全部陶器均来源不合法。

《文物保护法》第 50 条第 1 项“依法继承”中的“依法”应当理解为符合民法关于继承的相关规定，即有继承权的人按照民法关于继承的规定所实施的继承行为，而非对文物本身是否合法进行界定。因此，无论被继承人的文物来源如何，只要“继承”是符合民法相关规定则属于“依法继承”的范畴；若理解为对文物本身是否合法进行界定，则完全违背了该条规定的初衷，不符合解释学的相关原理，主要原因在于以下几点：

第一，《文物保护法》第 50 条是有关文物是否允许依法流通的规定。如果适用该条款的前提是要求行为人对文物来源的合法性进行举证，那么就会陷入循环论证的死结，即须先证明来源合法才可以认定“合法继承”的合法性。

第二，从《文物保护法》的体例与用语来说，所谓“依法继承”中的“依法”二字如果是指继承文物来源是合法的，那么《文物保护法》中“接受赠与”的表述却不是“依法接受赠与”。于是法院所主张的观点就存在矛盾：更容易发生的文物赠与行为可以不证明文物来源的合法性，反而继承得到的文物的合法性的证明要求却更严格。

第三，从《文物保护法》第 50 条的立法目的来说，将继承规定为一种合法取得文物的途径就是为了支持鼓励民间收藏，为文物艺术品市场松开枷锁。因此，对“依法继承”的来源合法性也不应作更为严格的理解。

此外，从民事法律的相关规定和解释也可以印证上述观点，如最高人民法院《关于对遗产中文物如何处理问题的批复》的处理意见也体现了对于文物的合法继承不受文物本身属性的限制：即使是属于国有文物（禁止经营的文物），也应承认其继承的合法性。

（二）从证明的角度来说，无证据证明师某某丈夫通过非法手段获得涉案文物

师某某的供述表示涉案陶器系其丈夫从外面“淘”回来的，这个“淘”字并不能否认该文物的合法性，从正规的文物商店购买文物也可以称为“淘”，而目前的证据也确实无法排除涉案陶器可能系师某某的丈夫通过正规的文物商店购买而来或者通过文物拍卖会等方式获得。因此，基于目前的证据无法证明师某某的丈夫通过何种方式获得涉案陶器，无法排除其系通过合法来源取得，本着存疑有利于被告人的原则，应当认定师某某丈夫系通过合法途径取得该陶器，而师某某作为配偶，通过合法的继承取得的该陶器，完全符合《文物保护法》第 50 条第 1 项规定的情形，故涉案的陶器不应认定为“国家禁止买卖的文物”。

（三）以牟利为目的是倒卖行为的本质特征，师某某的销售行为并非以牟利为目的，不属于倒卖行为

1. 以牟利为目的是倒卖行为的本质特征

根据最高人民法院、最高人民检察院《关于办理妨害文物管理等刑事案件适用法律若干问题的解释》第 6 条第 1 款的规定，“出售或者为出售而收购、运输、储存《中华人民共和国文物保护法》规定的‘国家禁止买卖的文物’的，应当认定为刑法第三百二十六条规定的‘倒卖国家禁止经营的文物’”。但师某某销售文物的行为不属于倒卖行为。

简单地将“销售行为”等同于“倒卖行为”是类推解释。《刑法》中存

在诸多有关销售违禁品的行为的规定，同时规定了不同的罪名予以规制，如贩卖毒品罪、贩卖淫秽物品牟利罪、非法买卖枪支罪等。但是对销售文物类的犯罪却规定为倒卖文物罪而非贩卖文物罪；因此，在理解“倒卖行为”之时，应当区别“倒卖行为”与“贩卖行为”，不能简单地将销售行为就认定为“倒卖”，而应根据“倒卖”行为的本质特征作出判断。

倒卖行为的本质特征在于其是一种买进又卖出的行为，其目的是赚取买价和卖价的差价，非法牟利。因此，在认定倒卖文物罪时，首先要认定行为人的行为是否符合“倒卖”的行为特征，若行为人正常出售自己收藏的“国家禁止经营的文物”，由于行为人主观上没有非法牟利的目的，不应认定为倒卖文物的行为，即使其出卖给国内的文物贩子，出卖人也仅是一般的违法行为，买受人才应认定为倒卖文物罪。就本案而言，先不管师某某所销售的物品是否属于“国家禁止经营的文物”的范畴，即使其出售的是“国家禁止经营的文物”，因其并不符合“倒卖行为”买进卖出赚取差价牟利的行为特征，也不应认定其构成倒卖文物罪。

2. 师某某主观上不具有牟利目的

法院基于师某某将陶器对外展示待售，从而认定其主观上希望通过销售获利，故认定其主观上具有牟利为目的。但是，这样的理解存在错误，具体理由如下：

第一，结合倒卖文物罪的罪状，非法牟利应当理解为通过买进卖出的倒卖行为赚取差价，纯粹因为个人收藏兴趣而买卖国家禁止经营的文物，不能以犯罪论处，如果行为人将自己收藏的文物卖给他人，虽然也取得了相应的价款，但这是文物本身的价值，谈不上非法牟利，对于这种行为也不能认定为以牟利为目的，认定其构成倒卖文物罪。

第二，根据最高人民法院、最高人民检察院、公安部、国家文物局《关于办理妨害文物管理等刑事案件若干问题的意见》（公通字〔2022〕18 号）的相关规定，认定是否具有“以牟利为目的”可以结合行为人的从业经历、认知能力、违法犯罪记录、供述情况，交易的价格、次数、件数、场所，文物的来源、外观形态等综合审查判断。

此外，师某某共销售给郭某某 7 件陶罐，余下 20～30 件均为赠送，其销售总价只有4000元；若以一审认定的36件文物来算，平均111元一件，相比较来说，穗某某以2万元的价格出卖9件陶器，平均价格2222元一件，整整是师某某销售价格的20倍。师某某的销售价格仅相当于普通工艺品的价格，不具有牟利目的。

四、理论探讨

所谓的倒卖行为，是指为牟取利润而买进卖出，如果收购或出卖文物不是为了赚取利润，则不构成本罪。《刑法》有关倒卖行为的罪名还有第227条第1款伪造、倒卖伪造的有价票证罪，第2款倒卖车票、船票罪；第228条非法转让、倒卖土地使用权罪。其中，伪造、倒卖伪造的有价票证罪不要求行为人主观上具有牟利目的，而其他倒卖行为要求行为人主观上具有牟利目的。

（一）倒卖行为包含“倒入”与“倒出”

有学者认为，将倒卖行为中的“倒入”行为认定为实行行为的做法值得商榷，其主张应以“出卖”为实行行为，而“倒入”不是认定倒卖行为的构成要件要素。形成这种观点的理由主要是，从文义来说，“倒卖”中的“倒”只是修饰出卖行为的形容词，并非指“倒入行为”；同时，该观点认为，对于“事后起意转售车票”的行为实际上缺乏倒入行为，因此形成了处罚的漏洞。①

上述观点不具有合理性。第一，“倒入”与“出卖”的行为互为因果，在刑法评价中应当整体评价。以倒卖车票罪为例，常见的黄牛、票贩子，总是先大量囤积车票导致形成社会车票稀缺性后再以高价卖出。在这类情形之中，先行囤积车票构成了出卖的重要环节，如果没有先行囤积的行为，则难以为后续出售实现牟利目的。第二，对于“事后起意转售车票”的行为人，他们往往没有牟利目的，即便事后存在牟利目的，其能够出售的车票也是非常有限的，不会扰乱市场经济秩序。

---

① 参见高艳东、祁拓：《互联网时代倒卖车票罪的规范解读——有偿抢票服务入罪》，载《浙江社会科学》2017年第11期。

（二）倒卖文物行为是否应以牟利为目的

涉及倒卖行为的罪名分布在《刑法》扰乱市场秩序罪一节与妨害文物管理罪一节之中。显然实践中“倒卖文物行为”有牟利这一元素，既是一种违反市场秩序与管理秩序的行为，又具有牟利目的。对市场秩序而言，规制侵害文物管理秩序的“倒卖”的实行行为的主要理由是对于国家禁止流转的文物，无论出卖环节流转还是倒入环节流转都侵害了法益。而且，司法解释规定了“出售或者为出售而收购、运输、储存”的行为都应当认定为倒卖文物罪，即无论是实施倒卖行为的哪一个环节都构成犯罪既遂，但《刑法》第326条规定，倒卖文物罪是以牟利为目的，倒卖国家禁止经营的文物的行为。因此，把自己占有的或收藏的国家禁止买卖的文物予以出卖的行为，明显不符合倒卖文物罪的主观方面，不宜以倒卖文物罪定罪处罚。

行为人是否构成倒卖文物罪仍不应当脱离对“倒卖”本身的理解，即不可忽略倒卖本身是为了赚取差价的牟利行为，应当先判断是否符合“倒卖”牟利的行为本质，再判断其属于倒卖行为的哪个环节，最后再认定其是否构成倒卖文物罪。

第三章

归因归责思维革新：从线性因果到系统归责

近年来，我国刑法学界对于因果关系的判断基本上形成了“归因+归责”两阶段的路径。[①] 这种理论框架强调先从事实层面考察原因，认为只有确立了事实层面的必要条件关系，才能进一步从刑法规范层面进行归责。而这种因果关系的认定思路在司法实践中似乎并未得到全面认可，其主要原因在于在“归因”和“归责”两个阶段之间存在很大程度的重叠，[②] 故而并不能以单一的线性思维，形成“先归因，再归责”的思维定式，而是需要以证据证明的客观事实为基础，系统性判断行为与结果之间的因果关系流程，[③] 最终对行为进行刑法意义上的归责。

---

① 参见郑泽星：《刑事归因与归责：以修正的条件说为重心的考察》，载《法学评论》2020 年第 3 期。

② 参见黎宏：《刑法因果关系论考察》，载《清华法学》2022 年第 3 期。

③ 参见董玉庭：《从客观因果流程到刑法因果关系》，载《中国法学》2019 年第 5 期。

异常且独立的介入因素能否中断因果关系

——郑某某涉嫌危险物品肇事罪案

一、基本案情

2021年8月14日，徐某驾驶半挂汽车A在高速公路发生事故，车辆斜停在高速公路上。随后，甲公司驾驶员王某某驾驶挂号危险物品运输车B与A车发生碰撞，致B车罐体受损破裂，装载的甲缩醛泄漏起火蔓延，造成挂号危险物品运输车B押运员赵某某当场死亡，驾驶员王某某于2021年9月9日经抢救无效死亡，另有2人受伤、5车严重损毁。

经查，郑某某系乙公司总经理、安全生产经理、安全委员会主任。乙公司作为此次危险货物运输作业的参与方，在危化品托运及充装作业过程中，落实安全生产主体责任不力，未按照国家法律法规、部门规章、行业标准及公司内部管理制度履行职责，履行安全监管职责不力，造成危险品运输半挂车B违规装载甲缩醛驶往外省，并在高速路段发生重大事故。

二、本案要点

1. 郑某某的先行行为与本案危害结果是否具有刑法意义上的因果关系？

2. A车引发的事故能否中断郑某某对本案的因果关系？

三、本书观点

（一）郑某某的先行行为与本案危害结果不具有刑法意义上的因果关系

有关观点认为郑某某作为乙公司总经理、安全生产经理、安全委员会主任。乙公司作为此次危险货物运输作业的参与方，在危化品托运及充装作业过程中，履行安全管理职责不力，导致本案危害结果的发生。在判断行为与结果之间是否存在刑法上的因果关系时，应以行为时客观存在的一切事实为基础，依据一般人的经验进行判断。在存在介入因素的场合中，在判断介入因素是否对因果关系的成立产生阻却影响时，一般是通过是否具有“相当性”的判断来加以确定的。在“相当性”的具体判断中，一般可从以下三个方面来进行：（1）最早出现的实行行为导致最后结果发生的概率的高低。（2）介入因素异常性的大小。（3）介入因素对结果发生的影响力。《刑事审判参考》第294号案例对该观点也能予以印证。

具体到本案，有关观点认为郑某某或乙公司的履行安全管理职责不力的先行行为分别为：（1）未按要求与甲公司签订《运输合同》，委托私人吴某某承运甲缩醛危险货物；（2）超范围充装作业；（3）从业人员教育培训不到位；（4）郑某某企业负责人资格证到期后未及时审验。但是本书认为，尽管郑某某及乙公司客观上存在管理疏忽的行为，但与本案所造成的危害结果之间并不存在直接、必然的因果关系。本案证据证明，涉案的重型半挂列车B在案发前曾多次接受乙公司委托运输甲缩醛，每次都是平安到达。由此也可证明，在没有第三方因素介入的情况下，上述行为并不会必然、高概率、直接地产生本案危害结果。

（二）第一阶段事故是本案异常、独立的介入因素，其导致了郑某某的行为与本案危害结果之间的因果关系中断

从本案的行为与结果之间的联系看，《道路交通事故调查报告》认定与“8·14”特大交通事故有联系的因素有6项：（1）驾驶员徐某在发生事故后未按规定开启危险报警闪光灯导致王某某驾驶的车辆发生车祸的行为；（2）驾驶员王某某超越罐式车辆罐体的适装介质列表范围内运输危化品，驾车过程中未能有效控制车辆安全行驶速度导致车辆相撞的行为；（3）车辆所有人吴某某通过变相挂靠，安排驾驶员超越罐体适装范围运输甲缩醛的行为；（4）郑某某安全监管不力的行为；（5）郑某某超越罐体适装范围充装的行为；（6）王某某落实运输安全监管责任不力的行为。就本案而言，从行为与结果联系的紧密程度看，第一个因素是导致事故发生的直接原因，即如果没有第一阶段事故的发生（驾驶员徐某驾驶的重型半挂列车与右侧波形护栏、中央水泥隔离带发生碰撞，后整车横停于通行车道内），后续阶段的事故并

不必然会产生，也就不会必然导致本案结果的发生。因此，第一阶段事故是本案异常、独立的介入因素，且该介入因素对本案结果起决定性作用。

综上所述，即便郑某某存在对企业疏于管理的行为，但该先行行为并不能单独导致本次交通事故的发生。本次交通事故结果的必然发生是第三方因素的介入所致（第一阶段事故），而该介入因素是异常且独立的，并对本案结果的发生起决定性作用。故此，该介入因素导致了郑某某的先行行为与本案结果之间因果关系的中断。

四、理论探讨

介入因素在具体案件中形式多样，可能包括被害人行为、第三方干预和自然因素等，增加了因果关系认定的复杂性。实务中因判断标准不明确，导致在存在介入因素的情形下因果关系的认定存在差异，同案不同判现象较为常见，影响司法公正和权威。因此，亟须建立统一科学的判断标准，合理评估介入因素对结果的影响，保障法律适用的一致性和公平性。

（一）因果关系的理论评析

刑法上的因果关系所要解决的核心问题在于，当某一构成要件结果发生后，必须明确该结果是由谁实施的构成要件行为（实行行为）所导致，从而将该结果归责于行为人。介入因素对刑法因果关系的影响问题始终是一个重要的研究课题。纵观因果关系理论的发展历程，依次形成了“条件说”“相当因果关系说”“客观归责理论”“危险现实化理论”等主要观点，构建出多层次、多维度的评价标准。

1. 条件说：刑法因果关系理论的起点

在刑法因果关系的判断中，条件说在面对存在介入因素的情形时，通常采用“排除思维法”进行判断：即假设某一事实不存在，观察是否仍会发生相同的结果。[①] 如果结果仍然发生，则说明该事实并非其原因；若结果因此不出现，则该事实就是构成原因。然而，该理论未能区分各条件之间的实际影响力，在存在介入因素时，往往将实行行为与介入因素一并视为原因，与

---

① 参见陈建清、刘炳岩：《关于条件说之缺陷的反思》，载《山东警察学院学报》2024 年第 4 期。

结果形成条件关系。这种平等对待所有条件的做法无法从客观上对责任大小进行区分，有扩大因果关系范围之嫌，可能导致刑事责任范围过度扩张，甚至产生与社会一般观感不符的判定。

2. 相当因果关系说：基于经验法则的归责标准

相当因果关系说作为对条件说的进一步发展，优势在于明确区分“条件”与“原因”。其核心观点认为，若某一行为造成的结果属于“等效结果”，则可认定存在因果关系。①在考察介入因素时，该理论以行为本身为起点，借助一般社会经验，从多个可能条件中筛选出具有刑法评价意义的原因，从而避免了简单回溯造成的因果链条泛化问题。

根据经验判断标准的不同，该理论又细化为主观说、客观说与折中说三种立场。主观说和折中说均依据行为人的主观认知评估因果关系，未能体现因果关系应有的客观性，甚至可能因行为人知识缺乏而全然否认因果联系，导致判断范围过窄。而客观说虽以一般经验作为基准，但无法合理解释某些异常介入因素未中断因果链的情况。

相当因果关系说的判断标准趋于模糊，而“等效性”标准在司法实务中仍依赖裁判者的价值判断，缺乏统一操作规范，致使案件处理存在不确定性。

3. 客观归责理论：突破传统因果逻辑的责任判断路径

客观归责理论由德国刑法学者克劳斯·罗克辛提出，是以条件说为出发点、为解决归责标准而提出的一般理论。客观归责理论的三层次检验标准如下：第一，制造法所不容许的风险，即行为必须创设刑法禁止的风险；第二，实现法所不容许的风险，即风险在结果中实现，两者须具有规范关联性；第三，风险的实现处于构成要件的效力范围内，即结果必须属于构成要件的规范保护目的。该理论在判断风险是否实现的层面，深入讨论介入因素的作用，强调通过“反面排除规则”评估行为所潜藏的风险是否在后续发展中实际发生。②换言之，若结果并未体现出行为中所包含的违法风险，则该结果不应

① 参见钱叶六：《刑法因果关系理论的重要发展与立场选择》，载《中国刑事法杂志》2022年第4期。

② 参见宋春雨：《客观归责理论视角下重大责任事故罪因果关系的判断》，载《中国检察官》2024年第22期。

归因于该行为，即介入因素异常且独立阻断风险流时排除归责。

客观归责理论具有一定的解释力，但也存在明显不足：其未对实行行为的界限作出明确划定，涵盖内容过于宽泛，涉及的问题已超出构成要件的判断范围。此外，许多可归责问题亦可通过现有法律概念（实行行为、可预见性、结果避免可能性等）解决。同时，该理论将因果成立与归责判断混为一谈，可能打破三阶层犯罪论体系中事实判断与价值判断的界限，影响体系结构的严谨性。

4. 危险现实化理论：存在介入因素时因果关系判断的核心范式

危险现实化理论则侧重于判断行为所引发的风险是否真正转化为损害结果。其评判逻辑是先明确行为所包含的危险类型，再于因果链条中考察该危险是否最终实现为具体后果。①

根据危险表现的方式不同，该理论将有关情形区分为“直接实现型”与“间接实现型”：前者关注介入因素是否系行为本身诱发，后者则分析介入因素是否实现了行为的潜在危险。间接类型进一步细分为因被害人、第三人或加害人介入所引起的三种情况。在因果关系的认定中，直接型着眼于前一行为对后果的决定性影响；而间接型则评估介入因素所承载的风险是否已被先行行为所涵盖。若先行行为并未包含诱发该介入因素的风险，则两者之间不构成因果联系。此时，造成结果的是介入因素所独立携带的风险，而非先行行为所引发的危险内容。由此可见，危险现实化理论在处理介入因素引发的因果关系时，提供了可行且具有实际操作性的判断工具。

（二）危险现实化理论的适用路径

1. 危险现实化理论中危险的定义

危险现实化理论中的危险包括行为人的行为和不受人影响的自然事实两个方面，其中行为人行为危险的定义与前述行为人违反强制性注意义务、没有采取措施损害刑法所保护的法益的论述相吻合；不受人影响的自然事实的危险，涵盖了不被一般人所预见或回避的危险情形。也就是说，危险的定义

---

① 参见蒋太珂：《危险现实化理论的生成：缘起、构造及其界限》，载《青少年犯罪问题》2024 年第 4 期。

是行为人实施符合刑法上构成要件的行为，侵害受保护的法益达到一定程度的不法行为，以及不被一般人所能预见或回避的自然事实。

2. 危险现实转化与否的判断方法

尽管危险性与对结果的贡献之间并不总是呈现直接的正相关，但在缺乏危险性的情形下，讨论行为对结果的贡献便失去了基础。同时，即使行为具有高度的危险性，也并不意味着该危险必然会现实化。因此，以实行行为是否对危害结果具有实际作用来替代单纯判断其危险性是否实现，更能体现危险现实化的规范逻辑。①

在对危险是否转化为现实的规范层面进行判断时，首先应考察实行行为是否对危害结果产生了实质性的推动作用。在这一判断中，应满足两个基本条件：第一，实行行为的现实危险性必须针对具体的被害人。只有当危险明确作用于结果的实际受害者，才能在规范上建立实行行为与结果之间的因果联系，并合理归责于行为人。若危险仅针对他人或不特定对象，则无法认定该行为对结果具有实质性贡献，也不能将结果归于行为人。因此，危险的针对性是判断规范性贡献的前提。第二，该危险在危害结果发生时必须仍然处于持续作用之中。如果危险已经解除，随后发生的危害结果便无法认定为实行行为所导致的结果，也就不能认为行为对该结果具有规范上的贡献。

3. 实行行为对结果贡献大小的判断

危险现实化理论认为，认定因果关系的关键在于：实行行为是否内含导致具体结果现实发生的危险性。换句话说，判断实行行为与介入因素对结果的贡献大小，实际上是为了评估该结果的现实危险性是否系由实行行为所引发。

在判断贡献力大小时，应坚持因果关系的客观属性，以行为发生时的全部客观事实为基础，并以科学的鉴定意见作为依据。将科学鉴定建立在行为当时的客观情况之上，使因果关系的判断成为一种纯粹的事实认定，避免受到行为人主观意图或社会常识的干扰。只有当危害行为本身包含结果发生的现实可能性，并且该危险通过行为被转化为现实，才可认定两者之间存在因果关系。

---

① 参见宋佳恒：《因果关系认定中行为对结果的贡献及其危险的现实化》，载《刑事法评论》2022 年第 2 期。

“多因一果”案件如何准确认定因果关系

——刘某涉嫌滥用职权案；彭某某涉嫌玩忽职守罪案；周某某涉嫌玩忽职守罪案

一、基本案情

（一）刘某涉嫌滥用职权案

刘某先后担任 L 县委副书记、县长以及县委书记，是 L 县实施营改计划、落实食品安全工作的第一责任人。2019 年校园食堂原料配送项目招标筹备期间，他接受请托违规将服务期限定为 6 年（超出国家规定的 3 年上限），并帮助 B 公司中标。2019 年 B 公司大米镉超标被查处后，他干预案件处理，还推荐采购 B 公司大米。2020 年刘某明知该大米存在镉超标及其他质量问题，未经讨论考察就推荐给配送企业续签合同。面对群众、工作人员反映的质量问题以及市场监管局局长的建议，刘某均未正确对待，仍要求继续采购。2022 年 B 公司大米再次镉超标，刘某却要求企业恢复采购，相关部门也未全面查处问题大米。2023 年审计发现 B 公司供米存在严重问题后，刘某未采取有效措施制止，导致 461.79 万斤劣质大米被配送至多所学校，大量流入学生餐桌，严重损害群众利益，破坏国家机关形象，降低政府公信力，造成恶劣社会影响。

（二）彭某某涉嫌玩忽职守罪案

彭某某担任 L 县发改局党组书记、局长，负责全盘工作。2020 年，相关文件明确县发改局在学生营养餐工作中的职责，包括食品价格监测、审定食谱、协助解决食材采购问题等，并要求各成员单位发挥统筹指导和督促落实作用，定期自查。2022 年 3 月初，分管副局长伍某某向彭某某报告：学生营养餐原料配送服务工作存在对牛肉等部分食材未采集批发价的问题。彭某某未重视，仍让按现有工作模式进行学生营养餐核价、定价。同年9月初，伍某某再次报告8月底核价工作完成，提出本地牛肉零售价过高，建议重新核价，彭某某虽认可问题，但以该工作由教育局牵头为由按教育局意见办理，未安排重新核价。彭某某自任职以来，不重视学生营养餐工作，未严格按照县政府办文件履职，在面对采购本地牛肉中存在的问题，未按正常程序处理。其不作为导致营养餐配送企业工作人员与发改局工作人员肖某某等人相互勾结，抬高牛肉价格，最终造成国家财产损失。

（三）周某某涉嫌玩忽职守罪案

周某某于2011年被分配到L县社会养老保险管理站（后变更为社会养老保险服务中心）工作，2017年至2020年从事机关事业单位退休人员退休业务复审工作，工作岗位在社保服务大厅5号窗口。在此期间，周某某未能恪尽职守，认真履行复审职责。一方面，未依照规定更改其负责的复审账号的初始密码；另一方面，在明确初审岗位人员黎某知悉并使用其复审账号及密码处理复审业务的情况下，既未采取阻止措施，也未及时更新密码，导致其复审账号及密码长时间被黎某使用。

在2018年至2019年周某某在职期间，黎某利用社保信息系统，通过使用其本人或其他人的初审账号，继而利用周某某的复审账号及密码进行复审，以恢复定期待遇、零星补发及关键信息变更等方法，实施欺诈行为。黎某为不符合领取退休待遇条件的多人发放了总计1389860.52元的社保养老金，并将这些资金非法占为己有，肆意挥霍。此行为导致了大部分赃款无法追回，给国家造成了严重的经济损失。

二、本案要点

1. “多因一果”情形下，如何准确认定渎职行为与危害结果之间的因果关系？

2. “多因一果”情形下，如何准确认定渎职人员的责任轻重？

三、本书观点

（一）刘某涉嫌滥用职权案

有关观点认为，刘某在担任L县主要领导期间，滥用职权行为具体表现为超越职权与违规履职两个方面：一是在四统配送项目中，刘某违反《政府采购法》及财政部关于服务项目期限的规定，通过“打招呼”的方式干预招投标程序，帮助特定企业中标，并擅自将合同期限延长，严重突破行政职权边界；二是在食品安全监管中，其作为第一责任人，违反《地方党政领导干部食品安全责任制规定》，多次干预市场监管部门执法，对镉超标1.5倍的B公司仅作罚款处理，强令继续采购问题大米，公开推荐问题企业并压制监管建议。其行为既包含超越法定权限干预市场经济活动的越权行为，又存在违背食品安全监管职责的违规履职，两者共同作用导致监管体系失效、公共利益受损，符合滥用职权罪中“不正确履行职责”的犯罪构成要件。

虽然刘某存在干预监管的行为，但危害结果的产生是“多因一果”。B公司自身的欺诈行为，郭某某偷偷将黄米（饲料米，不可食用）替换为陈米销售给B公司，以及B公司在大米中掺杂碎米、陈米，私自伪造合格的大米检验报告，这些才是导致问题大米流入学校、造成恶劣社会影响的关键因素。B公司作为采购方，疏于检查产品质量，在发现问题后仅通过更换大米的方式被动整改，没有采取严格应对措施，也对危害结果的发生起到了重要作用。

从因果关系的强度来看，刘某的干预行为与危害结果之间的联系并非直接的、必然的。刘某推荐B公司为营养餐供应商，并不必然导致问题大米进入学校，中间还存在采购方的选择、监管方的执行以及B公司自身的行为等多个环节。而且，从宁某某的供述可知，其使用B公司大米是因为利益捆绑，并非仅因为刘某的推荐。因此，刘某的行为与危害结果之间的因果关系较弱，其渎职行为并非结果发生的直接原因，在责任认定时，不应将全部责任归咎于刘某，可酌定减轻处罚。

（二）彭某某涉嫌玩忽职守罪案

彭某某在担任L县发改局局长期间，其玩忽职守行为的客观要件表现为：作为学生营养餐“四统”配送服务监管责任主体，彭某某负有价格监测、核价审定和问题处置等法定职责。但其在履职过程中存在重大过失：一是对下属伍某某多次反映的牛肉采购价未采集批发价、零售价过高等问题未予重视，未按实施方案要求启动重新核价程序；二是在明知全部采购本地牛肉不现实且价格虚高的情况下，以“教育局牵头工作”为由推卸监管责任，放任监管流程流于形式。

除彭某某的行为之外，分管局长伍某某的玩忽职守行为亦是导致国家财产遭受损失的关键因素。伍某某作为牛肉核价工作的直接负责人，在发现价格问题时，仅以口头形式进行了简单汇报，且未将核价的实际情况及他人意见正式向彭某某进行汇报，从而切断了彭某某了解事实真相的途径，存在欺瞒上级、隐瞒下级的行为，导致问题无法得到及时解决。此外，股长肖某接受配送公司的贿赂，捏造“本地牛肉”一事，直接影响了核价结果，成为造成国家财产损失的直接原因。

彭某某玩忽职守的行为与所产生的危害结果之间的因果关系相对较弱。校园食堂原料配送核价工作涉及30余个项目，仅牛肉核价出现问题，其余项目均正常核价，说明彭某某的失职行为并非推动危害结果发生的主要动力。在判断彭某某的刑事责任时，应充分考虑其他因素的作用，依据因果关系强度合理认定其责任，避免对其量刑过重。

（三）周某某涉嫌玩忽职守罪案

本案中单位监管缺位是社保基金损失的关键因素。社保服务中心安排黎某同时担任初审与系统管理员两个岗位，这种不合理的岗位设置为黎某盗取其他同事的社保系统账户提供了便利条件。而且，周某某调离社保服务大厅复审岗位后，单位多次忽视其禁用账号的申请，甚至将其复审账号分给继任者邹某华继续使用，这严重违反风险防控制度。

从因果关系角度分析，周某某未按规定修改密码、未制止黎某使用账号的行为与社保基金损失之间，存在单位监管不力这一重要介入因素。单位的不作为使黎某能够持续盗用账号，与危害结果之间的联系更为紧密，因果关系强度更大。周某某虽存在一定过错，但考虑到单位在整个事件中的重大管理漏洞，且第三方黎某的违法行为明显超出周某某的职权监管范围，在认定周某某的刑事责任时，应综合衡量各因素的因果关系强度，合理确定其应承担的责任。法院也是考虑到了这一点，最终对其作出免予刑事处罚的决定。

四、理论探讨

（一）应当结合职权范围来判断渎职行为与危害结果之间的因果关系

在判定行为人是否应当承担滥用职权的刑事责任时，需要重点关注的方面包括行为人的职权职责、所实施的违规行为，以及这些与危害后果之间的因果关系。

行为人的职权职责是滥用职权罪成立的基础和前提，而渎职行为的职权相关性与不当性则是渎职实行行为成立的条件。① 若行为人不具备相应的职权职责，就不存在渎职行为。行为人实施违规行为是滥用职权罪成立的关键所在。客观上，行为人实施了违规行为，违反了正确履行职责的义务，因而具有可责难性。因果关系的存在是滥用职权罪成立的依据。这种因果关系将滥用职权行为与危害后果联系起来，使危害后果能够归责于行为人。关于违规行为的判定，要求行为人违反相关规定不正确履行职责。这通常表现为超越职权和违规履职，如实施未被授予某项职权的行为，或者虽然拥有职权，但违反规定处理事项。违规行为要求行为人违反法律、法规、规章、政策、行业规范、上级或本单位的管理规定及程序等。②

（二）应当根据行为人的主观过错程度与渎职行为参与程度判断刑事责任的大小

在正确认识渎职行为及其与危害结果之间的因果关系的前提下，应当厘清因果关系界分与责任划分的边界。③ 首先，根据行为人主观过错程度，若主观上存在故意，即行为人明知违规行为会导致危害结果，则对危害结果负

---

① 参见马路瑶：《渎职罪因果关系的认定——以危险的现实化说为分析路径》，载《中国刑事法杂志》2022 年第 4 期。

② 参见谌元生：《浅议对滥用职权的理解和把握》，载中央纪委国家监委网，https：//www.ccdi. gov. cn/hdjln/ywtt/202206/t20220630_202293. html。

③ 参见韩子昌、于逸生：《刑法因果关系新论：解构、归属与定性——以渎职罪因果关系为分析对象》，载《学习与探索》2020 年第 11 期。

全部或主要责任，如索贿后滥用职权；若主观上存在重大过失，如严重失职未发现安全隐患的，承担直接责任；若行为人系一般过失，如轻微程序违规并且未导致严重后果，则可能减轻责任，未造成法定损失可能只须承担行政责任。需要强调的是，渎职行为造成的“重大损失”等危害结果属于渎职犯罪构成要件，实际上并不属于客观处罚条件。① 其次，从行为与结果的关联性出发，具体实施渎职行为的个人承担危害结果的直接责任，如违规签批的官员；主管领导对下属渎职行为失察或纵容负领导责任，如长期默许违规执法；至于集体决策中的渎职行为，参与者按实际作用分担责任。此外，需要增加对于制度性责任的考量。若危害结果系由制度漏洞或系统性监管缺失引发（如罚没创收机制刺激滥权），除追究个人责任外，还须追究单位或上级部门的管理责任。

因为滥用职权罪属于结果犯，所以滥用职权的行为与危害后果之间必须存在刑法意义上的因果关系。在“多因一果”的情况下，应当对行为人的行为导致结果发生的可能性大小、介入因素对结果发生的作用大小等因素进行考量，以此来判定行为人违规行为与危害后果之间的因果关系。如果行为人的行为具有导致最终结果发生的高度可能性，则可以认定因果关系存在。实际上，滥用职权罪的结果归责认定并不以重大损失受行为人支配为必要，而只要求行为人对重大损失的发生起到一定推动作用。② 相应地，行为人的违法行为与危害后果之间的关系越紧密，原因力越大，承担的刑事责任也就越重。③ 一般认为在判定因果关系时，应当以行为发生时客观存在的事实为基础，依据社会公众的普遍经验进行判断。

---

① 参见姜涛：《渎职犯罪因果关系的判断方法》，载《河北法学》2021 年第 11 期。

② 参见劳东燕：《滥用职权罪客观要件的教义学解读——兼论故意·过失的混合犯罪类型》，载《法律科学》2019 年第 4 期。

③ 参见喻娥：《玩忽职守类犯罪认定及证据收集》，载中央纪委国家监委网，https：//www. ccdi. gov. cn/hdjln/ywtt/202105/t20210520_18501. html。

如何认定司法人员在徇私枉法犯罪中的主从犯地位

——李某某涉嫌徇私枉法罪案

一、基本案情

2015 年 7 月，高某某因涉嫌贪污罪被起诉至 W 县人民法院，案件由杨某承办。高某某的配偶李某某为 W 县法院原政治部主任。李某某为了使高某某能够以立功的方式获得从轻处理，联系 W 县人民法院刑事审判庭法官邓某某，请求其给予关照，寻找虚假立功线索，邓某某答应帮忙。

邓某某得知戴某乙交通肇事案有虚假立功线索后，将相关情况告知李某某和高某某，并介绍二人与 W 县公安局的曾某某认识。李某某请求曾某某帮忙制作高某某的虚假立功材料，曾某某同意帮忙。曾某某通过戴某乙交通肇事案的公安承办人戴某甲，为高某某制作了立功举报笔录。杨某收到虚假立功材料后，将李某某约至办公室，表示公安的材料存在问题，李某某请求其关照。杨某在审理高某某贪污案期间，收受了高某某弟弟高某乙所送的财物。

尽管杨某明知高某某的立功材料存在问题，但仍错误认定高某某构成立功，判处高某某拘役六个月。判决后，戴某乙交通肇事案被移送至 W 县人民法院提起公诉，邓某某为掩盖虚假立功事实，协调将案件划分给自己承办。后高某某贪污案经人民法院再审，再审法院认为高某某不构成立功，判决高某某犯贪污罪，判处有期徒刑一年，缓刑一年。

二、本案要点

1. 案外司法工作人员请托他人提供虚假立功材料，是否构成徇私枉法罪的共同犯罪？

2. 案外司法工作人员在未行使职权的情况下，能否评价为共同犯罪的从犯？

三、本书观点

（一）李某某未实质介入具体案件司法权运行

李某某虽具有司法人员身份，但其行为与高某某虚假立功材料等一系列案件的司法权运行是分离的。首先，李某某主动申请回避表明其已通过程序选择剥离了与该案相关的职权关联。根据《刑事诉讼法》第 29 条的规定，司法人员对存在利害关系的案件应依法回避，李某某主动回避审理、未参与审判委员会讨论或决策的行为，已实质阻断了其职务身份与案件办理的法定联系。

其次，我国刑法理论普遍采用"职责论"作为判断职务犯罪主体要件的标准，以区别于"身份论"。该标准要求"职责"应为特定的、具体的职责，而非一般性、抽象性的职责。即只有具体办理特定案件的司法人员，以及对该特定案件的办理具有指示、指挥等权限的司法人员，才能成为徇私枉法罪的正犯。李某某既非案件承办人，也未利用审判委员会委员身份对承办人杨某施加职权干预，例如，未要求杨某必须采信虚假立功情节。其介入行为本质上是以"家属身份"通过私人关系请求邓某某、曾某某协助，未直接行使司法权力。从"职责论"角度分析，李某某因未实际行使司法职权，其行为性质更偏向于共同犯罪中的辅助性角色，这是认定其从犯地位的基础。

（二）李某某在犯罪全过程中仅起辅助作用

从犯意发起与犯罪策划的从属性来看，李某某的行为体现为对犯罪链条的辅助性参与。其一，在犯意发起层面，其提出"寻找虚假立功材料"的请求虽为犯罪起点，但未进一步主导伪造材料的策划。具体犯罪方案由邓某某设计、曾某某实施，李某某的角色限于被动响应与配合，未提出具体伪造细节或技术性指令。其二，在行为分工层面，李某某未直接实施任何核心犯罪行为：虚假立功材料的制作由曾某某完成，立功情节的认定由杨某独立判断，其作用仅限于牵线搭桥。

从因果关系的间接性与结果归责的有限性来看，李某某的行为与枉法裁判结果之间缺乏直接、必然的联系。涉案法院错误认定立功的主要原因并非李某某的请求行为直接导致。根据刑法中的因果关系中断理论，杨某作为案件承办人，其独立实施的受贿行为与枉法裁判之间具有直接因果关系，该介入因素具有异常性与独立性，足以中断李某某牵线行为与结果之间的刑法因果关系，故李某某仅须对其辅助行为负责。同时，再审改判表明，虚假立功材料未对高某某的最终量刑产生实质影响，进一步印证李某某行为的因果力薄弱。

（三）李某某法益侵害程度与社会危害性显著低于其他主犯

李某某的行为对司法公正的侵害具有间接性与阶段性特征。一方面，其行为限于促成虚假材料进入司法程序，未直接滥用司法权作出枉法裁判，相较于邓某某、曾某某直接操控司法权运行的行为，其对法益的侵害强度显著较低。另一方面，再审程序纠正原审错误后，司法公正得以恢复，其行为未造成不可逆的法益损害。根据法益侵害的动态评价原则，若犯罪行为的结果可通过法定程序修复，则其危害性应区别于实质性、终局性损害。本案中，李某某的行为更接近于“程序性干扰”，而非“实体性破坏”。

从主观恶性看，李某某出于家属情感请求从轻处罚，其动机具有特定情境下的“情感驱动”特征，相较于邓某某、曾某某基于职权的主动舞弊，其主观恶性显著较轻。社会危害性层面，其行为未形成“权力寻租”的示范效应，危害性局限于个案范畴。反观其他主犯，邓某某利用刑事审判庭法官身份策划伪造、曾某某滥用公安职权制作虚假材料，他们的行为直接冲击司法权的廉洁性与公信力，可能诱发系统性腐败风险。因此，李某某的责任程度应区别于直接破坏司法权运行机制的主犯。

综上所述，从职权关联的断裂性、行为作用的辅助性、法益侵害的间接性出发，李某某的行为不符合主犯认定标准，应依法认定为从犯，以符合罪责刑相适应原则。

四、理论探讨

（一）案外司法工作人员出具虚假立功材料行为的罪名分析

有学者总结，类似本案中案外司法工作人员除了构成徇私枉法罪的共同犯罪之外，还可能涉嫌其他罪名，包括帮助犯罪分子逃避处罚罪、滥用职权罪与帮助伪造证据罪。[①] 还有学者认为，提供虚假立功材料本犯的行为同时成立妨害作证罪正犯与徇私枉法罪共犯；两者应当按照想象竞合，择一重罪处罚，即以徇私枉法罪定罪处罚。[②]

尽管同一行为可能涉嫌多个罪名，但罪名与罪名之间有特殊与一般的区分。因此，应当从两个方面分析其适用的罪名：一是案外司法工作人员是否使用了职权，二是案外司法工作人员行为所干涉对象的性质。至于帮助犯罪分子逃避处罚罪，则因有关犯罪行为往往出现在虚假立功材料制作之前，本书暂不予讨论。

从职权的角度来说，若案外司法工作人员使用了职权，则涉嫌滥用职权罪的正犯或徇私枉法罪的正犯，但两者存在法条竞合，根据《刑法》第 397 条第 2 款的规定，徇私枉法罪系特殊身份的罪名，应当作为特别法条优先适用于一般法条。若不存在使用职权的情况，则行为人涉嫌妨害作证罪与帮助伪造证据罪。以上两罪名不以特殊身份为构成要件要素，司法工作人员妨害作证的仅属于从重情节。

从行为所干涉对象性质的角度来说，若行为人以暴力、威胁、贿买等方法阻止证人作证或者指使他人作伪证的，则构成妨害作证罪；若行为人帮助当事人毁灭、伪造证据的，则构成帮助伪造证据罪。

在行为所涉对象性质与职权使用的视角下，若行为人使用职权或参与使用职权的共同犯罪之中，则在妨害作证罪或者帮助伪造证据罪与徇私枉法罪之间发生想象竞合，按照从一重罪处罚的规则，应当以法定刑更高的徇私枉

---

① 参见赵赤：《案外司法工作人员出具虚假立功材料的刑法评价》，载《中国检察官》2021 年第 24 期。

② 参见方凡、朱晓芹、偰锦良：《“假立功”案件中本犯的刑法评价》，载《中国检察官》2024 年第 14 期。

法罪定罪量刑。若行为人未使用职权，也未参与使用职权的共同犯罪之中，则按照妨害作证罪或者帮助伪造证据罪定罪量刑。

（二）案外司法工作人员出具虚假立功材料行为的主从犯认定

我国刑法在共犯参与人的分类上采用了“作用＋分工”的双层标准，采取的是“双层区分制”模式，其中主要采用了作用分类法。主犯是指在共同犯罪中起主要作用的犯罪分子，从犯在共同犯罪中起次要或辅助作用。具体到共同徇私枉法案件中的责任划分，如果共同犯罪人均为司法人员，须结合司法人员的职权身份与具体行为的作用性质进行实质判断。

结合前文对“职责论”与因果关系的分析，职权身份的实质参与程度直接决定行为对法益的侵害方式：直接行使职权者通常构成主犯，而对于仅以身份背景实施辅助行为者宜认定为从犯。

然而，徇私枉法罪的设立初衷在于防止司法人员利用职权徇私舞弊，具体表现为对明知是无罪的人而使其受追诉，对明知是有罪的人而故意包庇不使其受追诉，或者在刑事审判活动中故意违背事实和法律作枉法裁判，从而损害司法公信力和法律权威。该罪的保护法益在于司法公正与司法机关的正常活动，确保刑事案件的办理能够严格依法进行，保障法律的正确实施和公民的合法权益。因此，在判定共同徇私枉法案件中的主从犯时，除了考量个人在犯罪活动中的作用，还需要评估其对上述法益的侵害程度及对社会的危害性大小。

总之，评价具有司法人员身份的人员在徇私枉法共同犯罪中的主从犯地位，应当建立在对“身份”与“作用”在共犯认定中参与程度的认识基础之上。在司法实践中，应严格遵循实质判断标准，避免因身份标签模糊主犯与从犯的界限，损害刑法评价的精准性与公正性。根据我国刑法“作用＋分工”的双层区分制标准，结合徇私枉法罪的立法宗旨与司法实践要求，对被告人主从犯地位的认定须从职权身份关联性、行为作用实质性、法益侵害程度三个方面进行综合分析。

网络开设赌场共犯结构中“代理”的刑事责任认定
——蔡某开设赌场罪案

一、基本案情

2022年5月起，被告人夏某为谋取非法利益，邀集技术人员伍某某共同开发名为“嘉禾”的网络赌博软件，后又邀请蔡某加入，共同组织实施网络赌博活动。该软件以“邵阳剥皮”“打筒子”等传统棋牌游戏的变种为赌博方式，面向不特定公众开放，三人分工明确、合作运营。

“嘉禾”平台设有上下分服务，按照“一元兑一分”的规则进行投注和兑现，并通过系统自动抽取“水钱”，再按层级返利方式分配给代理及其上线，形成传销式推广结构。蔡某在平台中的角色实质上是代理而非股东，所谓股份只是分配平台收益的一个依据（蔡某实际仅能分得15%）。

该平台累计接收投注金额801654元，兑现下分338574.3元。

二、本案要点

1. 蔡某是否属于开设赌场罪的主犯，如何界定外围推广人员在网络型开设赌场犯罪中的地位?

2. 在网络型开设赌场犯罪中，平台构建与技术控制人员是否当然构成主犯?

三、本书观点

蔡某不构成开设赌场罪的主犯，主从犯的划分不仅取决于参与顺序的先后或分成比例的高低，还取决于有关人员对整个犯罪活动的支配能力与功能性作用。

（一）蔡某对赌博平台仅做推广不构成主犯

蔡某未参与网络赌博平台的建设、运行或后台管理，其行为与犯罪的技术核心、组织中心无实际联系。从权限分布来看，其并不掌握平台运行的关键要素，既无接触后台系统的权限，也未参与服务器部署、程序开发或数据监控等活动。平台的整体技术结构与控制机制均由其他人员掌握，其所具有的“股东”身份，仅是作为分成比例设定的一个名义标识，并不具备真实的公司治理或管理意义，亦无法据此推定其具备平台事务的决策权或运营管理权。

根据最高人民法院、最高人民检察院、公安部2010年联合印发的《关于办理网络赌博犯罪案件适用法律若干问题的意见》（公通字〔2010〕40号）的规定，利用互联网、移动通讯终端等传输赌博视频、数据，组织赌博活动，为赌博网站担任代理并接受投注的，属于开设赌场行为。据此，蔡某的代理行为确已构成开设赌场罪，但代理行为并不必然等同于控制、管理行为。从行为内容上看，蔡某的行为仅限于发展下级代理并按比例抽成，本身并不直接组织或控制具体的赌博行为。各下级代理所招募的赌客，均系蔡某独立拉拢，其未参与统一培训、管理或行为规制，亦未对赌博活动的展开方式、时间、赌资流动等实施任何组织、协调或指挥行为。因此，其行为实质上属于典型的外围推广活动，缺乏犯罪体系中的统筹性和控制性活动，只发挥边缘作用。此外，其分成比例仅为平台利润的15%，相较平台持有“超级账号”的技术控制人员和负责整体运营的人员，蔡某的收益明显不如他们，反映出其在整体犯罪利益链条中的地位亦处于从属地位。从实际影响力来看，其行为对赌博活动的规模扩张或持续运作不具有决定性作用，不符合构成主犯所要求的“在共同犯罪中起主要作用”的实质标准。①

因此，综合蔡某不具备技术控制权、无组织协调行为、作用限于外围引流等因素，其行为性质明显属于次要或辅助作用，不应认定为主犯。

---

① 参见张明楷：《刑法学》（第5版），法律出版社2016年版，第125页。

（二）其他对赌博平台的管理、运营有实际支配能力的人为主犯

与外围推广人员不同，网络型开设赌场犯罪的组织结构高度依赖技术支撑和系统管理，平台的构建、维护与权限控制是该类犯罪能否长期、高效运行的核心条件。网络赌博平台通常通过远程服务器部署、加密通信技术、分级权限设定及后台数据操控的方式实现对赌博活动的持续化、自动化与隐蔽化运作。在此模式下，系统开发人员和运行维护人员往往控制着整个平台的运作逻辑、数据流通与权限设置，是犯罪结构中不可替代的关键角色。

在本案中，平台的核心构建和运行由夏某和技术人员伍某某共同完成。夏某主导平台的日常维护与人员协调，承担整体运营管理职责，确保平台在赌博活动开展过程中的稳定性与可持续性。伍某某则负责赌博软件系统的设计、开发及上线部署工作，实际掌握后台操作权限，并持有“超级账号”，可调控数据参数、修改运行逻辑，甚至具备作弊操作能力。二人的行为系对赌博犯罪活动实质运作的主导与掌控，既具备对平台架构与权限系统的实质支配，又对赌博活动的技术支撑与流程管理起到直接决定作用。在赌博活动的组织链条中，负责“技术＋管理”双重控制结构的中枢环节的人员的地位远高于外层的代理、推广人员。司法实践中，在涉及网络型开设赌场案件时，往往将行为人是否参与赌博平台的“搭建—上线—运行—控制”等核心环节作为划分主犯与从犯的关键标准。具备后台权限、实施技术管理、参与平台策略制定与程序运行优化的人员，通常被认定为主犯，这是因为其行为对赌博活动的生成、维持与扩张起到决定性作用。

基于上述原因，夏某与伍某某应当被认定为赌博活动的组织者与技术控制者，属于该赌博犯罪体系中的主导力量，与外围代理角色存在本质区别，应认定为主犯。

四、理论探讨

随着信息技术的发展，网络赌博犯罪日趋复杂、隐蔽，传统共犯理论在适用上面临挑战，网络犯罪的技术特性需要突破传统共犯理论。最高人民法院、最高人民检察院、公安部《关于办理网络赌博犯罪案件适用法律若干问题的意见》引入片面共犯理论，并扩展“明知”与帮助行为的认定标准，以

强化对网络型开设赌场行为的规制。这一突破引发了对相关认定条件的理论与实务讨论，故有必要首先从理论基础层面对共犯认定问题加以梳理。

（一）网络赌场共犯的认定理论基础

在我国传统共犯理论中，成立共同犯罪须同时满足主客观两方面的条件：主观上行为人须具有共同犯罪的故意，客观上须存在共同实施犯罪的行为。[①] 然而，在网络赌博犯罪中，网络技术服务具有中立性质。技术服务提供者与赌博网站的运营者之间通常不存在直接的意思联络，但从客观角度分析，技术服务的确为犯罪行为提供了支持。传统的共犯理论中所强调的双向意思联络，在追究此类单方帮助行为的责任时显得不甚适宜。针对网络型开设赌场罪的技术特性，最高人民法院、最高人民检察院、公安部《关于办理网络赌博犯罪案件适用法律若干问题的意见》在继承片面共犯理论的基础上，对网络赌博类犯罪共犯的认定标准进行了扩张性解释。

最高人民法院、最高人民检察院、公安部《关于办理网络赌博犯罪案件适用法律若干问题的意见》不仅明确规定了三种构成共犯的具体情形，还对“明知”标准进行了拓展，指出在特定条件下，即使帮助行为人与实施网络赌博的行为人之间主观上未达成意思联络，只要帮助人“明知”其行为可能促进赌博活动，即可认定其构成共同犯罪。[②] 由此可见，最高人民法院、最高人民检察院、公安部《关于办理网络赌博犯罪案件适用法律若干问题的意见》采纳了片面共犯理论，并对网络型开设赌场罪的共犯构成进行了规范与延展。

片面共犯是指参与同一犯罪的行为人中，一方单方面具有与他人共同犯罪的故意，而另一方对此并不知情的情形。从传统共犯理论出发，认定共犯行为并不要求具备如收取服务费、赌资或传播信息数量等特定情节，而最高人民法院、最高人民检察院、公安部《关于办理网络赌博犯罪案件适用法律若干问题的意见》却将这些情节作为判断标准之一，表明其意在合理界定、

---

① 参见王华伟：《网络赌博犯罪的罪名体系与法律适用》，载《法治研究》2023 年第 6 期。

② 参见孙道萃：《网络片面共同犯罪的制裁边界：兼议“快播”案》，载《浙江工商大学学报》2016 年第 4 期。

限制片面共犯理论的适用边界。这实际上是通过设置量化指标，对片面共犯的适用进行规制。

依据传统共犯理论，行为人的定罪量刑应建立在“部分行为、整体责任”的基础之上，强调共同行为的整体性，不能仅依据帮助行为本身对帮助行为人独立定罪。而最高人民法院、最高人民检察院、公安部《关于办理网络赌博犯罪案件适用法律若干问题的意见》则对实施前述三类帮助行为的行为人提出了“数量或数额达到规定标准 5 倍以上应认定为情节严重”的规定，是对帮助行为的独立性评价。这种强调行为量化标准的做法，实质上突破了传统共犯理论中对帮助行为附属性的认定原则。

由此可见，最高人民法院、最高人民检察院、公安部《关于办理网络赌博犯罪案件适用法律若干问题的意见》对网络型开设赌场罪共犯的认定标准明显具有扩张性，实质上引入并运用了“片面共犯”理论，以适应网络犯罪隐蔽性强、技术手段复杂等特点，是对我国传统共犯理论体系的一种突破与发展。

（二）网络型开设赌场罪中共犯的类型化分析

利用网络实施开设赌场的行为，主要表现为通过互联网搭建并运行赌博网站，组织赌资的支付结算，以及对赌博活动进行线上推广。针对该类行为，最高人民法院、最高人民检察院、公安部《关于办理网络赌博犯罪案件适用法律若干问题的意见》在第 2 条第 1 款明确规定了构成网络型开设赌场罪共犯的三种典型情形，即网络运营服务商型共犯、第三方支付平台型共犯、广告宣传平台型共犯。

1. 网络运营服务商型共犯

网络运营服务商是否构成共犯，应结合服务的实质性与行为人的主观状态进行综合判断。如果网络运营服务商在明知其服务将被用于赌博活动的情况下，仍提供关键性支持，则即使其提供的服务本身属于正常业务，也应认定其在客观上为犯罪提供了帮助，从而构成网络型开设赌场罪的共犯。

若提供的服务对网络赌场的开设具有实质性帮助，则网络运营服务商在网络型开设赌场罪中构成共犯。网络空间是网络赌博活动的基础载体，网络赌场的搭建与运转往往依赖于网络运营服务商提供的服务器托管、网络接入、技术维护等关键支持。[①] 然而，在部分情形下，即便行为人借助网络平台开设赌场，该平台本身的功能仅为一般性基础功能（如通信工具），并未对赌博活动构成实质性支持，如通过社交软件的通信功能联络赌博人员，或借助翻墙软件设立境外赌博服务器。[②] 这类平台或工具的服务未对赌博行为提供关键支持，因而通常不构成网络型开设赌场罪的共犯。

如果网络运营服务商主观上"明知"其服务被用于网络赌博活动，则网络运营服务商在网络型开设赌场罪中构成共犯。若服务提供方明知行为人利用其平台或服务开设赌场，仍继续为其提供服务且不采取合理措施予以制止，应当认定其具有主观"明知"，构成共犯。最高人民法院、最高人民检察院、公安部《关于办理网络赌博犯罪案件适用法律若干问题的意见》对"明知"的认定提供了具体指引，其中包括公众就赌博活动向运营服务商进行举报、监管机关发出通知、行为人过往存在赌博平台运营记录等情节，均可作为认定"明知"的佐证。

2. 第三方支付平台型共犯

在传统开设赌场犯罪中，赌资通常通过现金、票据等形式进行结算。而随着第三方支付技术的广泛应用与不断成熟，为了增强隐蔽性、规避监管，网络型开设赌场犯罪多依赖具有匿名性与便利性的第三方支付平台实现赌资的结算与流转。

根据最高人民法院、最高人民检察院、公安部《关于办理网络赌博犯罪案件适用法律若干问题的意见》第 2 条第 1 款的规定，为赌博网站提供资金支付结算服务，且收取服务费金额达到 1 万元以上或帮助收取赌资金额达 20 万元以上的，应当认定为网络型开设赌场罪的共犯。据此，是否提供资金结算服务、是否收取服务费和是否协助收取赌资，可作为判断第三方支付平台是否构成共犯的重要标准。

"收取赌资"应当被解释为资金在赌客和代理人之间的双向流动。有观点认为，赌博网站"收取赌资"应限定为资金从赌客或代理人自下而上流向

① 参见赵秉志、张新平：《试论网络共同犯罪》，载《政法论坛》2002 年第 3 期。

② 参见陈洪兵：《试论网络共同犯罪网络服务商的刑事责任边界——"快播案"判决为切入点》，载《武汉大学学报》2019 年第 2 期。

赌场，反方向的资金流动（赌场向赌客支付赌资）则不构成最高人民法院、最高人民检察院、公安部《关于办理网络赌博犯罪案件适用法律若干问题的意见》规定的“帮助收取赌资”。但是，网络赌博活动中的资金流转本质上是双向流动的：不仅包括赌资从参赌人员流入赌场账户的情形，也包括赌场向赌客发放赌金或返点的情形。若将“帮助收取赌资”限定为单向流入，不仅偏离了最高人民法院、最高人民检察院、公安部《关于办理网络赌博犯罪案件适用法律若干问题的意见》旨在切断赌博犯罪利益链条的立法初衷，也将削弱对网络赌博犯罪的打击力度。因此，凡是为上述双向资金流动提供支付、转账、提现等服务的第三方平台，若其行为已构成对网络赌博犯罪的实质帮助，且主观上具有明知，均可认定为共犯。

此外，若第三方支付平台除提供资金结算服务外，还实施了其他协助网络开设赌场的行为，如定向技术支持、虚拟账户伪装、反侦查服务等，对此应综合其行为性质与所起作用判断是否构成共犯。若符合《刑法》关于共同犯罪的一般规定，即行为人在主观上具有共同犯罪故意，客观上实施了实质协助行为，则可按共犯论处。[①] 若不构成共犯但其行为已符合掩饰、隐瞒犯罪所得罪或洗钱罪等其他罪名的构成要件，则应依据相应罪名依法追责。

3. 广告宣传平台型共犯

明确“投放广告”的法律内涵，是判断广告宣传平台是否构成网络型开设赌场罪共犯的前提条件。依据《广告法》的规定，广告是指通过一定媒介或者形式，向不特定对象介绍商品或服务的商业宣传活动。由此可见，广告本质上具有商业性和传播性两大特征。因此，在认定广告宣传平台是否构成网络型开设赌场罪的共犯时，应严格把握“广告”行为的两个核心特征：其一，是否面向不特定公众；其二，是否具备明确且具有引导性的内容。这一标准对于判断广告行为是否对网络赌场提供了实质帮助，进而判断是否符合共犯构成要件具有关键意义。

首先，广告的传播对象具有不特定性。广告的基本目的在于通过向不特

① 参见周道鸾、张军主编：《刑法罪名精释》（下）（第4版），人民法院出版社2013年版，第672页。

定的社会公众宣传特定商品或服务，实现商业推广效果。对于网络赌博而言，相关广告的功能在于通过面向不特定多数人的传播，引导更多个体关注并进入赌博网站参与赌博活动。正是基于此种向社会广泛传播、吸引流量的特征，相关广告行为在本质上具备促进赌博活动扩散的功能，可能构成对网络型开设赌场行为的实质性帮助。

其次，广告内容必须具有明确性，即广告受众能够依据所发布的信息准确进入相应的网络赌场参与赌博活动。① 具体而言，赌博广告应包含网址、赌博形式及进入网络赌场的具体方式等关键信息，确保潜在赌客能够顺利访问该赌场。若广告中未体现上述必要内容，则难以有效吸引赌客，从而对网络开设赌场行为未能构成实质性的帮助。

综上所述，无论依托何种媒介对网络赌场进行广告宣传，通常都能满足面向不特定多数群体的要求，且只有在他人能够依据广告内容自主进入网络赌场参与赌博的情况下，该广告宣传平台方可认定为网络型开设赌场罪的共犯。但若相关信息发布于成员相对固定的聊天群，由于受众群体的限定，该信息不属于面向不特定社会公众，因而不符合广告的基本特征。此外，若广告内容未包含与赌博网站相关的具体网址、赔率等关键信息，仅停留在吸引不特定群体注意的层面，而意图参赌者无法据此进入赌场，则广告目的无法实现，也不能认定为网络型开设赌场罪中的“投放广告”，此时广告宣传平台不构成该罪的共犯。

（三）网络赌场内部人员的共犯认定

在现今网络赌博犯罪日益隐蔽化、组织化的背景下，网络赌场内部人员是否构成网络型开设赌场罪的共犯，成为理论界与实务界广泛关注的问题。对于该类人员的刑事责任认定，在判断内部人员是否构成共犯时，应结合以下几个方面进行具体把握：一是其是否清楚知悉所从事的业务系为赌博活动服务；二是其是否具有较高的可替代性，如是否可由普通劳工随时替代；三是其是否直接参与赌资的管理、参与组织架构的构建或对赌博业务的发展提供决策支持。只有在以上要素综合指向行为具有共同犯罪的主客观构成条件

① 参见高铭暄、马克昌主编：《刑法学》（第9版），北京大学出版社2019年版，第587页。

时，方可合理认定其刑事责任。

首先，应明确赌场内部人员身份的多样性以及行为的复杂性。在网络赌场的运作中，存在大量非核心、外围的从业人员，其中包括技术维护、内容编辑、在线客服、推广文案、数据录入、话务接线等岗位。这些人员一般以领取固定工资的形式获取报酬，从表面上看，其职责较为单一、层级较低。但这并不意味着他们的行为必然无刑事责任，而应进一步结合其行为对网络赌场整体功能的支撑性、可替代性、持续性进行具体分析。

其次，如果网络赌场内部人员的工作内容涉及网络赌场的核心业务环节，具有一定的技术门槛或管理权限，如担任网站后台技术员、维护赌博系统稳定运行，或作为代理推广人员引流参赌人员，抑或是负责赌资统计、账户核对等资金管理工作，则其行为已不仅限于简单劳务，而是构成对网络赌场运行的实质性帮助。这类人员对赌博犯罪链条的稳定与扩大具有直接促进作用，具备较强的主观故意和行为危害性，应依法认定为共同犯罪，并依照其在共同犯罪中的地位与作用予以适当量刑。

第四章

刑事证明思维转向：从经验证明到理性证明

长期以来，我国关于刑事证明以“侦查中心主义”或者“流水线结构”为主，这是由1979年颁行的《刑事诉讼法》确立的分段包干和选择性接力的证明结构所决定的。[①] 然而，随着《刑事诉讼法》的多次修改，特别是在“以审判为中心”的诉讼制度改革的推进过程中，传统的刑事证明中存在的过度依赖卷宗、庭审虚化以及侦查结论不足等问题日益凸显，部分学者倡导引入“以印证判断为基础，以情理判断为检验”的双层刑事证明模式，[②] 以及构建高概率模型，[③] 也都表明我国刑事证明思维确实到了需要转型升级的特殊时期。

---

① 参见李昌盛：《中国式证明结构：分段包干和选择性接力》，载《浙江工商大学学报》2024年第1期。

② 参见杜邈：《论双层刑事证明模式》，载《国家检察官学院学报》2024年第5期。

③ 参见杜文静：《刑事证明标准的高概率模型》，载《逻辑学研究》2024年第2期。

实物灭失型受贿犯罪数额的认定规则与证据标准

——彭某某受贿罪案

一、基本案情

2014 年 1 月至 2024 年 2 月，彭某某利用职务上的便利，为 40 余名个人及公司在学生营养餐食材核价定价、项目工程承揽、项目资金申请与拨付、收费标准调整、人事调整等方面谋取利益，非法收受财物共计 120 万元，已涉嫌受贿罪。在彭某某非法收受的财物中，共有香烟、酒和现金三种财物。

按照行贿人与彭某某的供述，彭某某共收受了 124 瓶茅台酒、126 条和天下牌香烟。而经 L 县监察委员会委托，L 县价格认证中心仅对涉案的 88 瓶茅台酒、78 条和天下牌香烟进行鉴定，并出具了价格认定结论书。根据彭某某亲属的陈述，涉案烟酒存放在其住所内，但本案案卷中并无涉案香烟、茅台酒的实物扣押清单或者相关照片。

二、本案要点

1. 在实物灭失且无其他客观证据的情况下，能否仅凭行贿人和被告人的供述认定易消耗品烟酒的数量与价值？

2. 在部分实物灭失的情况下，能否仅凭言词证据认定未核实实物的数量与价值？

三、本书观点

（一）在缺乏实物证据的场合，应正确适用存疑有利于被告原则认定犯罪数额

犯罪数额，是指具有定罪量刑意义并与犯罪行为相关联的能够以货币形式表示的经济利益数量。[①] 就贪污受贿犯罪而言，为实质性地矫正“计赃论罪”的机械化缺陷，《刑法修正案（九）》采取了“数额+情节”的定罪量刑模式。虽然有学者对“数额+情节”模式提出了理论性审视，[②] 但其对我国反腐败刑事法治水平的提高也值得肯定。从规范演进逻辑来看，为了全面反映个罪的社会危害性、充分体现罪责刑相适应原则等适时地修正规范是当然之举，但犯罪数额仍是对贪污受贿行为定罪量刑的核心依据。众所周知，准确认定犯罪数额主要依赖于客观存在的实物证据以及与之相对应的言词证据，但实务中较难处理的情况是缺乏实物证据时如何准确认定犯罪数额，尤其是涉及易消耗品的案件。由于烟酒类财物属于易消耗品，可能被当事人以使用、消耗、转送他人等方式直接或间接地处置，能否仅凭主观言词证据对其犯罪数额进行概括式认定在实践中始终存在争议。换言之，在案件事实存疑时，对于相对应的言词证据之效力的处断规则是值得研究的重要刑事法治课题。在处理这类案件时，既要避免仅凭被告人供述、证人证言等主观言词证据来认定犯罪数额，也要正确适用存疑有利于被告原则并结合案件具体情况准确地认定犯罪数额。

存疑有利于被告原则是现代刑事司法中一项重要的原则，其目的在于保障人权。目前，达成共识的是对指控犯罪事实的“疑罪从无”及构成犯罪情况下的“罪疑从轻”，这又包括了以下几层内涵：一是是否构成犯罪存疑时应认定无罪；二是重罪事实存疑的，应认定有证据支持的较轻犯罪事实；三是多起犯罪中部分犯罪事实存疑的，应对该部分事实不予认定；四是从重情

---

① 参见张勇、高新杰：《犯罪数额问题研究》，载《河南师范大学学报（哲学社会科学版）》2002年第5期。

② 参见姜涛：《贪污受贿犯罪之量刑标准的再界定》，载《比较法研究》2017年第1期。

节存疑的，应对该情节不予认定；五是涉案数额存疑的，应采取就低不就高的认定方式。[①] 而在本案缺乏部分烟酒等实物证据的情况下，导致被告人涉案数额存疑，进而无法对其责任刑进行准确判定，但其构成犯罪的事实没有疑问，因此应当对该部分犯罪事实不予认定或降低认定的犯罪数额，以此保障被告人的合法权益。

然而，想要在实践中正确审慎地适用存疑有利于被告原则还需要结合全案证据链进行综合判断。例如，王某某收受了行贿人张某提供的海鲜券与水果券，两种礼券均无票面金额，其中海鲜券实物已经灭失；法院最终对海鲜券不予认定，对水果券按行贿人、受贿人供述就低认定为5400元。[②] 在此案中，两种礼券情况不同但涉案数额均存在合理怀疑，法院对此采取了区分思路：一是对没有实物证据且证人证言与被告人供述不一致的海鲜券，因事实不清、证据不足，不予认定；二是对存在被告人供述但无票面金额的水果券按照有利被告人的数额予以认定。可以看出，即使是涉案数额存疑的，也并非均按就低不就高的方式进行认定。具体来说：其一，缺乏其他客观证据的，仅凭言词证据难以形成完整证据链，应直接排除相应犯罪数额。一般来说，被告人和行贿人不会对现金以外的财物数额形成非常精准的认识，除非有严格的账本、收据等材料作为根据。而当被告人与行贿人同时出现记忆偏差时，从证明标准的角度无法排除合理怀疑。其二，存有其他客观证据但与言词证据难以相互印证的，应按就低不就高的原则认定犯罪数额。当其他客观证据与言词证据在数额上存在出入或难以形成一致性的结论时，实质上是对行为性质并无疑问，选择较低数额作为认定犯罪数额的依据，能够避免在证据不充分的情况下作出对被告不利的认定，是司法公正与保障人权的具体体现。其三，存有其他客观证据且与言词证据相互印证的，可以作为判断犯罪数额的依据。在直接实物证据灭失的情况下，能够结合其他客观证据与言词证据形成完整证据链的，应按照案件事实认定犯罪数额。这本质上并不属于犯罪

① 参见龙宗智：《存疑有利于被告原则及司法适用》，载《中国法学》2024年第1期。

② 参见浙江省龙游县人民法院刑事判决书，（2016）浙0825刑初360号。

数额存疑的情形，而是证据规则的适用问题。当直接证据灭失，尤其是实物证据不复存在时，须依据间接证据和言词证据进行综合判断。

（二）在实物灭失且无其他客观证据的情况下，对其犯罪数额不予认定

实务中有观点认为，“在烟酒实物已被消耗或灭失的情况下，无法对所涉烟酒进行价格认定，不宜对相关烟酒价值作出评价”，“在这种情况下，因相关烟酒已经灭失，无法确定相关烟酒的价值，因受贿罪对犯罪金额有法定要求，即使收送双方供证一致，也不能认定受贿犯罪”①。此种观点具有合理性，在实物灭失且无其他客观证据的场合，价格认定机构因缺乏对涉案物品性质和特质的参考而难以得出符合案件事实的结论。以烟酒为例，只有存在实物的情况下，才能判断烟酒的年份和具体品质；若缺乏年份、品质等信息，便难以对涉案物品进行价格认定，进而导致相关财物的犯罪数额认定存在误判的可能性，无法排除合理怀疑，也就不能作为定罪量刑的依据。

例如，在丁某某受贿案中，② 公诉机关指控被告人丁某某在2012年至2021年利用职务上的便利为相关单位、社团和经济组织人员、民营企业主、工程承包人谋取利益，非法收受财物共计215.66092万元，由于香烟等物品均已灭失，无法估价，因此公诉机关并未将其作为犯罪数额。

又如，在张某峰、张某受贿案中，③ 人民法院对于抗诉机关提出的“原判认定张某峰、张某收受他人西凤酒、手机、香烟等物，但未依法判决追缴，应予纠正”的意见并未采纳，而是经审理查明后认为，张某峰、张某分别收受邱某军1箱西凤酒、张某峰收受李某亚2条硬中华香烟、张某收受崔某东苹果4手机1部的事实，依法应当予以追缴或退赔，但上述物品现已经灭失，没有追缴的可能。侦查机关未对上述物品作估价鉴定，没有退赔的依据。

值得注意的是，对于现金或者转账而言，行为人收受的对象是一般等价物，不需要进行物品特征分析，也不存在需要价格认定的可能，故对于现金

① 参见卢新潮：《收受烟酒等物品如何定性处理》，载中央纪委国家监委网，https：//www.ccdi. gov. cn/yaowenn/202211/t20221123_232593. html。

② 参见浙江省龙游县人民法院刑事判决书，（2022）粤5122刑初468号。

③ 参见安徽省宿州市中级人民法院刑事裁定书，（2014）宿中刑终字第00387号。

或转账的数额可以予以认定。

（三）在部分实物灭失的情况下，不能仅凭言词证据认定无法核实实物的数量与价值

虽然被告人所收受的易消耗品部分灭失，但未灭失部分仍然可以提供样本品质、特征为价格认定解决前提性障碍，问题在于能否凭此以及行受贿人的供述直接进行数量与价值认定？本书持否定立场，认为虽存在部分烟酒实物，但对于其余无法核实的烟酒实物在没有确切反映处分财物的证据材料时，不宜仅根据言词证据进行认定。

之所以主张在缺乏针对性证据时不宜认定相应犯罪数额，是因为烟酒的市场价值会因为年份等原因出现很大的波动，此类烟酒的价格情况与彼类烟酒的价格情况可能存在诸多不一致的情况。更为重要的是，不能确保言词证据全面真实地反映具体财物的数量情况与价格特征。根据《被盗财物价格认定规则（2020 年）》（发改价认办〔2020〕97 号）的相关规定，如果需要对灭失财物进行价格认定，仍需要对其客观要素予以核查；对不能通过文字、照片等材料全面准确反映其名称、数量、规格型号、真伪质量、实物状况等影响价格重要因素的，价格认定机构可以不予受理。

在彭某某案中，能够确认存在部分烟酒实物并对其进行了价格认定，但对于未认定价格的烟酒实物并没有其他证据能够证明其确实是彭某某收受或者被其直接处分。此外，办案机关关于彭某某已经送检的烟酒并未形成扣押清单，难以反映其真实性。对于此案送检财物未形成扣押清单的问题，依据《监察法实施条例》第 239 条第 1 款“对查封、扣押、冻结的涉嫌职务犯罪所得财物及孳息应当妥善保管，并制作《移送司法机关涉案财物清单》随案移送人民检察院。对作为证据使用的实物应当随案移送；对不宜移送的，应当将清单、照片和其他证明文件随案移送”的规定，该程序存在瑕疵，若其与其他在案客观证据无法形成完整证据链，应当承担证据资格丧失或证明效力减弱的不利后果。

“以审判为中心”强调庭审实质化，而对言词证据加强审查则是避免冤假错案的关键所在。一方面，即便法庭存在认定无实物部分财物数额的倾向，也应当依照证据规则处理，在形成排除合理怀疑的证据链后予以认定；另一

方面，在庭审过程中，对于本就缺乏客观证据材料予以印证的情况，应当突出直接言词规则，责令证人出庭作证。在彭某某案中，在彭某某与行贿人关于烟酒数量的表述完全一致的场合中，因缺少实物证据，不能真实反映案件事实，此时应责令证人出庭来强化证据的可信度与证明力。根据《刑事诉讼法》第55条第1款的规定，对一切案件的判处都要重证据，重调查研究，不轻信口供。彭某某案存在40余名行贿人，虽然要求其全部以证人身份出庭存在困难，但为贯彻落实直接言词原则，审查本就缺乏印证的证人证言具有重要意义。按照《刑事诉讼法》的相关规定，经人民法院通知，证人拒不出庭作证的，不得在法庭上宣读其证言笔录，该证人证言不得作为定案的依据。如果法庭未通知证人出庭作证，导致案件仅通过宣读证人证言的方式进行质证，便大大削弱了证据的证明力，此时法院应该考虑对相应数额部分不予认可。

四、理论探讨

在彭某某案中，关于其受贿犯罪数额的认定依据存在两种不同情况：一种是存在烟酒实物等客观证据且有行贿人与受贿人对于收受贿赂数量表述完全一致的主观证据，能够证实部分的烟酒实物经法定价格认定程序予以确认；另一种是虽然存有主观言词证据但与之对应的客观实物已经灭失且没有其他证据能够证明确实被受贿人收受或者直接处分。尽管这两种情况存在一个共同前提，即受贿人主观上对收受行为予以认可，但能否以同一证据认定规则进行相同处理则存在疑问。换言之，在原物灭失且未予扣押的情况下有关受贿物品的价格认定存在一定困难，而能否应将实物灭失且无法补充举证的涉案物品价值计入受贿既遂数额？抑或基于存疑有利于被告原则，将该部分作为未遂情节进行认定？这些问题都值得进一步研究。

贿赂犯罪中，证明贿赂物品价值的证据主要是行贿人的言词证据、购买物品的发票等相关书证，以及有关机构出具的价格认定结论书这三种证据，但这些证据所反映的物品价值往往并不一致，进而影响受贿数额的认定。对此，形成了犯罪数额主观标准、客观标准之争，两种标准往往差异巨大，采取不同的认定标准会得出不同的受贿数额，进而对贿赂犯罪的定罪量刑产生重大影响。因此，遵循主客观相一致原则，依据受贿人的主观认知情况，以贿赂物品的客观价值为基础，对受贿数额进行类型化分析，再结合不同类型的证据予以综合认定，以便实现对贿赂犯罪的精准惩治。

一方面，基于主客观相一致原则，依据受贿人收受贿赂物品的实际价值以及受贿人主观上是否明确知晓贿赂物品价值，进而判断是否采信受贿人对收受物品的主观认知，尤其注意收集受贿人对所收受烟酒的价值是否知情或知情程度等主观认知。[①] 对于受贿人明知收受物品价值的情形，应依据受贿人的主观认识认定受贿金额；对于确实存在并经过价格认定的烟酒实物，如果存在源于行贿人告知、受贿人询问或相关书面凭证等其他证据证实的，可以直接认定受贿人收受物品的准确价值。另一方面，依据客观标准以贿赂物品的客观价值认定受贿数额，选择适当的证据类型，如购买价格书证、评估价格等。对于未核实的烟酒实物，若没有其他证据能够证明确实被受贿人收受或者直接处分的，则须审查受贿人是否询问行贿人有关物品价值、行贿人告知价值是否与购买价格相一致等；若受贿人询问物品价值或行贿人明确告知，抑或有相关书证凭证证实价值的，此时受贿数额按照收受物品的购买价格进行认定即可，无须进行价格评估。

值得注意的是，存在一些特殊情形，如所收受的物品经鉴定系赝品，而行贿人确系以高昂价格购买，此时受贿人误以为是真品加以收受。由于贿赂物系赝品这一意志以外的原因致使受贿人未收受相当于购买价格财物的，应当认定为受贿未遂。然而，当行贿人故意以赝品或次品充当真品且告知受贿人以真品价格购买，根据主客观相统一原则，此时受贿数额应按照客观评估价格认定。此种逻辑与普通盗窃犯罪中认定犯罪数额的路径有异曲同工之妙，都要求行为人应对行为对象的价值有概括性认识。对于受贿物品价值的概括性认识，不能只凭受贿人毫无根据的主观猜测或纯粹性臆造，认知程度具体包含对物品的种类方面有不偏离社会正常人的理解判断，进而判定是否足以产生认识错误。[②] 司法实践中，受贿人对受贿总次数、物品的总价值以及受

① 参见闵江南：《如何根据〈条例〉认定处理收受高档烟酒行为》，载《中国纪检监察》2025年第3期。

② 参见吴国海：《浅议贿赂犯罪案件中受贿数额的认定》，载《中国检察官》2016年第12期。

贿物品的真假往往是不明确的，因此，受贿数额不应简单依据言词证据进行认定，而应遵循主客观相一致原则，实现主观标准与客观标准在受贿人“认知”范围内的协调统一，对具体情形具体分析，避免主观归罪或者客观归罪，以实现对受贿行为的精准惩治。

DNA 鉴定“不排除包含”结论是否足以排除合理怀疑

——田某某涉嫌强制猥亵罪案

一、基本案情

2024 年 7 月，A 市火车站派出所民警接指挥中心通报，某次列车车厢有一男子涉嫌猥亵妇女。当日凌晨 3 时许，黄某某乘坐该次列车由 B 市至 C 市的硬卧上铺，在上铺睡觉时被同车厢上铺的男子田某某分两次实施了猥亵行为，当其想再进一步向下进行猥亵行为的时候，黄某某假装咳嗽才让田某某的动作停止。随后，黄某某找到她的带队老师林某某并将情况予以告知，林某某于 7 时 20 分向列车乘警报警，随后乘警将田某某移交至 A 市火车站派出所。

同月，A 市铁路公安局司法鉴定中心出具鉴定书，对案发现场提取的相关物证进行了 DNA 检测。鉴定结果显示：在黄某某所穿黑色长裤外侧裆部提取的可疑斑迹中，检出混合基因型，明确包含黄某某的 DNA 分型，而且结果为“不排除包含田某某 DNA 分型”。

二、本案要点

1. 如何理解 DNA 鉴定意见中的“不排除包含”表述？
2. “不排除包含”是否达到不排除合理怀疑的刑事证据证明标准？

三、本书观点

（一）DNA 鉴定结果的类型

根据《法庭科学 DNA 检验鉴定文书内容及格式》（GA/T 1161—2014）

标准的规定，对于混合样品的 DNA 检验，应当根据样品中所体现的遗传标记信息进行科学分析，准确判断检材与比对样本之间是否存在来源关系。具体而言：

第一，当比对样本中有三个以上基因座的等位基因在检材中未被检出，即存在多个位点的信息缺失或不一致的情况时，可以据此给出“排除”的鉴定意见，表明该比对样本不可能是混合样品的组成来源之一。

第二，当检材明确为双人混合样品，即其来源限定为两人，混合样品的各基因座的谱带完整且各基因的谱带峰高、面积比完全符合两个人的混合分型，鉴定机构可以依据这些充分的分型信息，作出“不排除”该样品源于这两人的鉴定意见。也就是说，现有证据支持这两人可能为该混合样品的来源者。

第三，对于不符合上述两类明确情形的其他混合样品，如样本来源人数不明确、分型信息不完整、谱带比值不合常规等情况，因存在较大不确定性，鉴定机构应秉持谨慎原则，不作出明确的鉴定意见，即不给出是否排除或不排除的判断结论。

（二）“不排除包含”意见的法律分析

在使用 STR 分型技术进行 DNA 检验时，若在某一基因座检测出 3 个或更多的等位基因，通常意味着该检材中存在混合的 DNA 成分，即来自两人或多人的混合样品。在这种情况下，我国司法实践中的通行观点认为：如果在混合 DNA 分型中能够检出被害人的等位基因，而犯罪嫌疑人所携带的等位基因无法与剩余的等位基因组合相符，则可以据此作出排除嫌疑人的鉴定意见。

相反，如果嫌疑人所携带的等位基因能够与剩余的等位基因匹配，即与该混合分型中的非被害人部分相符，则不能排除其为该混合样品的组成来源之一。此时，尚不足以得出唯一性的结论，还须对多个 STR 基因座的检验结果进行进一步的似然比（LR）分析，以评估嫌疑人 DNA 出现在检材中的可能性相对于随机个体的可能性，从而提高结论的科学准确性。

因此，对于“不排除包含”的检验结论，其是否等同于“包含”或是否可以直接据此确认或排除嫌疑人，并非一概而论，还须结合整体的 STR 分型数据及相关的统计学分析结果作出综合判断。这也反映出 DNA 混合样品分析中的复杂性与谨慎性。

下面以一份检验结果为例，来分析一下这个问题（见表 4－1）。

表 4－1　检验结果示例

检验对象	STR 序列				
	D3S1358	TH01	D21S11	D18S51	Penta E
被害人	15/16	9/9	29/30	12/16	12/14
擦拭物	15/16	7/9	29/30/32.2	12/14/16/24	11/12/14/20
嫌疑人	15/15	7/9	32.2/32.2	14/24	11/20

以上表格所示数据为例，将被害人样本与擦拭物样本在各个 STR 基因座上的基因型数值进行逐一比对，可以观察到两者在多个基因座上的等位基因数值完全一致或存在重合。

例如，在 D3S1358 基因座上，两份样本均表现为 15/16 的基因型，完全一致；在 D21S11 基因座上，两者均包含 29 和 30 两个等位基因，亦存在重合。如果所有已检测的基因座均显示相同或部分重叠的等位基因信息，则可以据此支持两份样本来源于同一人的结论。

具体到该图示结果，可以认定被害人样本与擦拭物中均检测出了被害人的 DNA 成分。如果此图示对应的是一起真实的强奸案件的 DNA 检验结果，则能够在一定程度上建立起被害人与该生物检材之间的联系，进而作为推断案情的重要依据之一。

综上所述，虽然鉴定意见中使用了文义上具有不明确性的表述，即“不排除包含”，但这不代表该鉴定意见的结论没有证明力。应当基于鉴定技术的原理和具体规则，全面细致地审查整份鉴定文书中反映事物特征的具体数据和得出结论的分析过程，准确理解该结论在本案中所代表的实际含义和证据价值。

（三）“不排除包含”鉴定结论应当结合其他证据综合评价

A 市铁路公安局司法鉴定中心出具的 DNA 鉴定结论为“不排除包含田某某 DNA 分型”。这一结论从字面意思来看，只是表明存在包含田某某 DNA

分型的可能性，但并未给出明确、肯定的结论。从“排除合理怀疑”的角度分析，该结论存在以下问题，难以达到“排除合理怀疑”的证明标准。

首先，“不排除包含”的表述具有一定程度的不确定性和模糊性，存在多种可能性。有可能田某某的 DNA 确实存在于可疑斑迹中，但也有可能是其他原因导致出现这种检测结果，如在日常生活中双方偶然的接触或现场环境对检验样本的污染，这些都属于合理怀疑的范畴。仅依据这一相对模糊的鉴定结论，无法确切证明田某某实施了猥亵行为并在现场留下了自己的 DNA。

其次，从证据链条的完整性来看，仅有 DNA 鉴定结论这一份可能有罪的证据，缺乏其他直接证据或有力的间接证据与之相互印证，如能够直接或间接证明田某某实施了猥亵行为的现场监控视频或证人证言。换言之，“不排除包含”的 DNA 鉴定结论无法排除其他合理怀疑，不能据此就认定田某某有罪。

综上所述，田某某案中的 DNA 鉴定中“不排除包含”的结论表明田某某的 DNA 仅可能存在于可疑斑迹中，但是否确切存在仍具有一定程度的不确定性，同时这一结论缺乏其他具有证明力的有罪证据相互印证，证据链条不完整，尚不足以排除合理怀疑。因此，不能仅根据 DNA 鉴定意见和被害人的陈述就认定田某某有罪。本案还需要结合案件其他证据，如黄某某的陈述、现场的监控视频、证人证言等，综合判断是否能达到刑事案件的证明标准。

四、理论探讨

“排除合理怀疑”是判断被告人是否构成犯罪的证明标准，其作为罪与非罪的分界线，要求理论界与实务界必须达成统一、准确的理解。若对该标准的认识存在分歧，则难免产生司法适用混乱，如果各审判机关标准不一，不仅削弱审级和再审的监督效力，违背司法制度追求统一与公正的初衷，也易引发法律适用错误。因此，推动“排除合理怀疑”标准的统一与明确，不仅是实现程序公正的基础，也是实现刑法“惩罚犯罪”和“保障人权”双重机能即实体正义的程序保障，更是维护法治统一和权威的程序利器。

（一）“排除合理怀疑”的理论内涵

1. 对“合理怀疑”中“合理”的界定

“合理怀疑”的核心在于“合理”二字，即怀疑必须基于证据，依赖于客观、可查证的案件事实，并能够经受逻辑规则与经验法则的检验。这一标准强调的是怀疑的客观基础。

首先，“合理怀疑”必须有理有据。诉讼程序并非为了排除所有可能的怀疑，而是排除“合理”的怀疑。因此，任何怀疑都不能凭空设想或主观臆断，必须建立在一定的证据基础上。若允许无根据的怀疑介入审判，将导致诉讼程序的混乱与失控。同样，“合理怀疑”应当是“有理由的怀疑”；在英美法系国家，陪审团若作出无罪裁决，也须拿出可供解释的理由。尽管这种要求并非让法官或被告承担证明责任，而是促使裁判者将其“合理怀疑”的逻辑呈现为可供检验的推理过程。例如，在英国，法官只须排除那些缺乏合理依据的猜测性怀疑，即可认定达到了“排除合理怀疑”的证明标准。

其次，对“合理怀疑”的判断应以全案证据为基础。诉讼的核心是证据的对抗与推理，“排除合理怀疑”并非单纯依赖裁判者的主观确信，而是基于全案证据所展开的理性推演。合理怀疑的判断应关注证据之间是否能够相互印证、是否构成完整的证据链。最高人民法院的司法解释对此有明确要求：对于证据间存在无法排除的矛盾或仅有间接证据且缺乏唯一结论的案件，则不能认定事实成立。同时，“合理怀疑”应源自控方证据的不足，即对被告人不利的事实尚无法被现有证据体系充分覆盖或解释，这些证据的“空白区”正是合理怀疑生成的空间。

最后，成立合理怀疑还须符合逻辑原理和生活经验。案件事实应通过证据逻辑推导得出，怀疑亦应有逻辑和事实依据支撑。例如，加拿大最高法院曾指出，若一个陪审员能为其怀疑提出符合逻辑的理由，无论是基于已有证据，还是因为关键证据缺失，都可能构成合理怀疑。这种判断必须可被验证，不能仅靠猜测或假设。

在实践中，经验常用于弥补证据之间的缺口或纾解举证困境，但司法人员运用经验进行判断时，应保持谨慎，并在裁判文书中清晰表述其推理过程，以防主观武断。在英美法系中，陪审团常通过“故事讲述法”来判断案件事实的可信度，即根据证人或当事人所陈述的案情是否符合日常经验和常识，作出合乎逻辑的裁决。

2. 对“合理怀疑”中“怀疑”的界定

“合理怀疑”是刑事诉讼中核心的证明标准之一，对“怀疑”的认定应当是一种法律上的认定，要求以一般理性人的判断为评价标准，才具有说服力。① 只有具备足以影响审判人员对事实的认定，怀疑才构成“合理怀疑”，体现了该标准的主观性。

首先，对“合理怀疑”的判断应基于一般理性人的评价标准。这一标准要求不是以法律专业人士的高度理性作为参照，而是以普通理性公众的判断为基础。“合理怀疑”应按照一般社会成员的认知进行评价。在英美法系中亦有类似理解，“排除合理怀疑”被视为一种主观心理状态，其形成基础是有良知、有常识的普通人的判断，而非法官或律师的专业判断。由此，审判人员在认定案件是否存在合理怀疑时，应自我校准于一般理性人的标准，否则其判断可能会因为偏离常理而失去正当性。

其次，真正构成“合理怀疑”的怀疑，应能在主观上动摇审判人员对案件事实的确信，导致其在认定被告是否实施犯罪行为时产生犹豫或不确定感。根据《布莱克法律词典》的解释，排除合理怀疑的证明意味着达到“道德上的确信”，即陪审员在理性评估全部证据后，确信被告实施了指控行为，并排除了其他合理解释的可能性。在美国加州刑法中，“合理怀疑”被界定为一种“经过全面评估所有证据后，陪审员仍无法对被告有罪形成稳定内心确信”的心理状态。美国第二巡回法院亦明确指出，“合理怀疑”是一种建立在理性和常识基础之上，使理性人产生犹豫的怀疑。而广泛适用的司法解释更进一步指出，“合理怀疑”应当像人们在面对人生重大决定时所产生的那种谨慎和不确定。②

此外，学术界也有人提出“类比法”，试图通过与日常生活决策过程的

① 参见胡广政、王丹丹：《我国刑事诉讼法中的排除合理怀疑》，载《人民检察》2016 年第 5 期。

② 参见樊崇义：《实体真实的相对性——修改后刑诉法第五十三条证明标准的理解和适用》，载《人民检察》2013 年第 7 期。

对比来解释“合理怀疑”的标准。一种做法是将刑事裁判中的“内心确信”类比为人在作出重要人生决定时所应达到的信念程度；另一种做法是将“合理怀疑”比作那种足以令理性人产生迟疑和犹豫的疑问。这种类比强调了“合理怀疑”并不等于理论上的不确定，而是现实中足以动摇内心确信、影响理性判断的疑虑。

（二）“排除合理怀疑”的要求

刑事诉讼中的证明标准即要求排除“合理怀疑”。因此，若要明确“排除合理怀疑”的内涵，应从其构成要素入手进行分层分析。根据《刑事诉讼法》第55条第2款第3项的规定，即“综合全案证据，对所认定事实已排除合理怀疑”，可提炼出以下四个核心判断维度：以全案证据为基础，立足于案件事实本身，运用逻辑与经验释疑，最终形成审判人员内心的确定确信。①

1. 以全案证据为基础，强调证据之间的相互印证与系统性

所谓“全案证据”，不仅指量的全面，还强调质的协调。证据之间应能相互印证，形成环环相扣的证据链或“证明锁链”，以支撑案件事实的整体性。由于单个证据往往具有片段性，仅凭孤立证据难以重构完整案情，所以必须依靠证据之间的相互支撑来还原案件全貌。此外，对于存在矛盾的证据，“相互印证”原则也可作为证据选择的重要标准。② 能与其他证据形成印证关系者应予采信，反之则应剔除。例如本文前述两起案件中，被害人陈述因无法与其他证据互相印证而被质疑，反而发现被告人供述与其他证据之间存在补强关系，提高了其可信性。

2. 根植于案件事实，整体考察案情的连贯性与完整性

“合理怀疑”的排除必须立足于案件的全貌，而非片面局部。只有整体掌握好案件事实，才能作出准确判断。判断“合理怀疑”不能拘泥于个别疑点而忽视全局，同时不排斥对关键争议焦点的适当关注。若不能从整体事实出发，致使判决存在重大争议，不仅可能造成司法资源的浪费，也会削弱司

---

① 参见胡雨晴：《存疑不起诉中适用“排除合理怀疑”的实践样态及其程序控制》，载《中国刑事法杂志》2024年第5期。

② 参见施鹏鹏：《刑事裁判中的自由心证——论中国刑事证明体系的变革》，载《政法论坛》2018年第4期。

法的公信力。

3. 释疑以逻辑与经验，强调理性推理的主观能动性

判断是否“排除合理怀疑”，不仅是证据的被动呈现，更依赖审判人员的理性判断与经验运用。逻辑推理作为认定事实的工具，在不同法系中采用的类型不同：英美法系强调归纳推理，而我国更多采用演绎推理。与此同时，经验发挥重要作用，既包括日常生活经验，也包括专业领域知识（医学、金融等知识）的运用。逻辑与经验的综合运用，能够弥合证据链中的断点，构建事实的高度可能性。如在多起案件中，尽管某些犯罪构成要件证据不足，法官仍凭借经验与逻辑推演，作出了符合“排除合理怀疑”标准的认定。相反，也有在控方证据表面完整、辩方未提出异议的情况下，审判人员主动识别并指出存在“合理怀疑”的情形，展现了逻辑与经验在司法判断中的关键作用。

4. 最终形成内心确信，要求主观上完全排除疑虑

“排除合理怀疑”作为刑事证明标准的最高形态，要求审判人员在内心对被告有罪形成确定确信，不能存在动摇与犹疑。若内心仍有合理疑问，则应依法作出无罪判决，体现“疑罪从无”的原则。早在《唐律》中即有“诸疑罪，各依所犯，以赎论”的规定，强调疑案从轻或从无处理。[①] 在现代法治国家亦是如此，被告定罪必须达到“道德上的确定性”，即对所作判断“形成永久性的内心确信”。

综上所述，排除合理怀疑不仅是一种证据评价标准，更是一种理性、系统与良知交融的司法判断过程。它既要求证据层面的逻辑严密与经验支撑，也要求裁判者主观层面的坚定确信，是确保无罪推定原则落实、防止冤错案件发生的制度基石。

（三）认定“排除合理怀疑”的标准

在明确了“排除合理怀疑”所应具备的条件后，进一步需要回答的是：案件事实须达到何种程度，方可认定“合理怀疑”已被排除？结合前文分析，可归纳出达到“排除合理怀疑”标准的三个核心要求。

① 参见肖沛权：《论庭审实质化视角下定罪证明标准的适用》，载《政法论坛》2019 年第 5 期。

1. 结论具备“唯一性”与“排他性”

所谓“唯一性”，是指全案证据之间存在本质的必然联系，所得出的结论只能是一个，不容其他解释；“排他性”则要求在合理范围内排除其他可能性，包括案件非犯罪事件、犯罪行为并非由被告人实施等情形。若案件存在多个合理结论或行为人指向不能明确，则不能认定已排除合理怀疑。

2. 实现主客观相统一

这包括两个方面：一方面，在证据证明上，应能在客观上证实被告人实施了特定的犯罪行为，同时在主观上具有相应的故意或过失，两者之间合理对应，互相印证；另一方面，在裁判判断上，审判人员在客观上作出有罪裁决的同时，内心应对该认定确信不疑。缺乏这种主观确信或客观证据支持的统一，将难以形成合法有效的定罪判断。

3. 正向证明与反向排除结论一致

“排除合理怀疑”不仅要求通过证据推理（正向证明）得出犯罪事实已成立的结论，同时须通过反向检验，即逐一排除疑点后仍可得出相同结论，两者具有高度一致性。① 这种双重验证机制，是对案件事实“唯一性”与“排他性”的有力保障。

综上所述，只有当案件事实同时符合上述三个标准，才能认定已达到“排除合理怀疑”的证明程度，从而合法合理地作出有罪裁判。

① 参见肖沛权：《排除合理怀疑研究》，法律出版社2015年版，第27页。

醉酒型危险驾驶案件证据合法性审查与实质出罪路径

——周某涉嫌危险驾驶案

一、基本案情

2024年7月19日晚，周某与潘某、张某等5人在A市某商业区一家饭馆聚餐。聚餐过程中，周某饮用约200毫升白酒。当天21时21分许，周某驾车从停车场起步，未开示廓灯且呈“S”形行驶，先后碰撞空调外机、立柱及3辆停放车辆。交警到场后发现周某言语含混、酒气明显，经呼气检测酒含量达190毫克/100毫升。随后，一名交警和两名协警带领周某前往某医院抽取血样，某鉴定中心出具鉴定报告确认其血醇含量为190.3毫克/100毫升，超醉驾标准137.88%。

二、本案要点

1. 公安机关提取血样行为的性质是属于行政强制措施，还是刑事侦查行为？

2. 公安机关提取血样行为合法性的认定标准是什么？

三、本书观点

（一）公安机关提取血样的行为应当被认定为行政强制措施

传统观点认为，执法人员在案件中扣押当事人并提取血样的行为属于刑事侦查行为，而刑事侦查的启动必须以刑事案件的正式立案为前提。在立案之前，公安机关根据举报线索所实施的审查活动，属于不限制被调查人身自由及财产权利的“初查”行为。在立案之前提取血样的行为，既不属于刑事侦查行为，又由于其对当事人人身自由造成了暂时限制，也不能认定为“初查”行为。因此，扣押当事人并提取血样的行为应当被认定为行政强制措施。

对此，公安部于2020年修订发布的《道路交通安全违法行为处理程序规定》第24条对“检验体内酒精”相关执法行为进行了明确规定。其第25条则对此类强制措施的实施程序作出了详细规定，包括听取当事人陈述和申辩、制作行政强制措施凭证、凭证由当事人和交通警察签字或盖章，并加盖公安机关交通管理部门印章；若当事人拒绝签名，交通警察应在凭证上注明。此外，若现场采取措施，交通警察须在24小时内向所属交管部门负责人报告并补办批准手续；若交管部门负责人认为不应采取该措施，应当立即予以解除。

（二）本案公安机关提取血样的行为违反行政强制措施的规定

公安机关扣押当事人并提取血样的行为涉及当事人人身自由，其属于法律保留事项，应由法律来设置相应权限。根据《行政强制法》的规定，应由两名交通警察采取扣押当事人检验其体内酒精含量等行政强制措施。而公安部《道路交通安全违法行为处理程序规定》规定可以由两名交通警察或者由一名交通警察带领警务辅助人员将车辆驾驶人带到医疗机构提取血样。从法律位阶来看，《行政强制法》的法律位阶高于《道路交通安全违法行为处理程序规定》，对于同一事务后者的规定只能对前者进行细化而不能拓宽或缩减，因此，应优先适用《行政强制法》对执法人员身份和人数的要求，即应由两名正式交通警察扣押当事人检验其体内酒精含量。

本案中，根据侦查机关提供的酒精含量呼气测试记录单、当事人血样提取登记表，酒精呼气测试和血样提取是由两名交警李某、余某实施的，警号分别为1××××8、1×××××3。但是，记录抽血过程的录音录像显示，周某抽血过程中有3名警务人员在场（包含拍摄人员），其中一人身着辅警背心，一人警号为A9×××9（辅警），一人为拍摄人员，身份不明。同时，物证封装袋上仅有李某一人签名。由此可见，李某和余某二人中至少有一人不在抽血现场，抽血现场最多只有一名具有执法权的交警在场。因此，本案抽血过程存在两处程序违法：一是本案的行政强制行为并不是由两名以上行政执法人员实施的，违反了《行政强制法》关于抽血行为的相关规定。二是当事人血样提取登记表中出现了不在场人员的签字，其真实性、合法性、客观性存疑。

四、理论探讨

醉驾行为入刑推动了公民对于交通法律法规的自觉遵守，其立法目的得以初步实现。然而，将此类微罪大规模予以入罪，必然会产生挤占刑事司法资源、罪犯恶习“交叉感染”增加再犯风险等各种不利后果。因此，为醉驾行为构建一套行之有效的出罪路径就显得十分必要。

（一）形式路径：“证据瑕疵”的程序性制裁

刑事诉讼程序上对醉酒型危险驾驶罪的出罪，绝大多数是基于“不起诉”制度对部分案件进行分流。公诉机关享有的“公诉裁量权”赋予其可以视具体情形来确定是否起诉当事人，而非一律起诉。关于不起诉制度，我国《刑事诉讼法》规定了5种不起诉类型，对于醉驾案件在实务中适用较多的是“相对不起诉”、“存疑不起诉”和“法定不起诉”。[①] 基于前文讨论的案例，这里主要对适用“存疑不起诉”类型的醉驾案件的出罪路径进行分析。

1. 醉驾案件“存疑不起诉”的适用标准

《刑事诉讼法》第175条第4款规定，人民检察院在审查案件过程中，经二次补充侦查后仍认为证据不足、不符合起诉条件的，应依法作出不起诉决定。该制度被称为“存疑不起诉”。其法律后果是由于侦查机关所收集的证据无法查明案件事实，未能达到提起公诉的证明标准，致使案件在诉讼阶段不能成立，从而实现对犯罪嫌疑人“出罪”的处理。这种情形属于法定无罪，其实质逻辑在于即便犯罪嫌疑人事实上可能存在犯罪行为，但囿于其形式上缺乏足够证据支撑，诉讼程序无法证实其构成犯罪，因此依法不予起诉。

“存疑不起诉”制度的适用主体为人民检察院，适用阶段仅限于审查起诉阶段。值得注意的是，其适用存在一个前提性要求，即在完成补充侦查后，

---

① 参见敦宁：《醉驾治理的司法困境及其破解之策》，载《法商研究》2021年第4期。

案件事实仍不清、证据仍不确实充分，未达到《刑事诉讼法》所要求的起诉标准。此时，检察机关依据现有证据难以查清案件事实，无法排除合理怀疑，进而无法提起公诉，依法只能作出“存疑不起诉”决定。该制度本质上是一种被动的、具有诉讼阶段限制性的出罪方式。其并非检察机关主动宣告犯罪嫌疑人无罪或免责，而是在现有侦查能力和证据条件下，不得已作出的程序性处理。这是“存疑不起诉”区别于其他出罪路径（无罪判决、正当防卫等）的关键所在。

在实务中，对于涉嫌危险驾驶的案件，调查取证的重点包括犯罪嫌疑人的身份信息、醉酒程度的检验鉴定材料、所驾车辆是否属于机动车、公安机关执法现场情况的记录，以及犯罪嫌疑人本人的陈述与辩解等证据。除此之外，可能包括饮酒过程、驾驶行为、道路条件及交通事故等方面的争议性证据。由于这类案件的证据体系较为复杂，因此对取证质量和证明力要求较高。① 检察机关最终作出“存疑不起诉”决定，便是反映案件存在证据不足、事实不明等实质问题。

2. 醉驾案件“存疑不起诉”的生成机理

刑事诉讼程序中，由公安机关对案件调查取证，侦查结束后认为犯罪事实调查清楚的应移送检察院提起公诉，并提供法庭审判所需的证据材料。检察机关认为犯罪嫌疑人的犯罪事实已经查清，证据确实、充分，依法应当追究刑事责任的，应作出起诉决定；如果经补充侦查后认为犯罪事实不清楚，证据不确实、不充分，则作出不起诉决定。

对于醉酒型危险驾驶案件，应由公安机关对饮酒行为、驾驶行为、道路条件等案件事实侦查取证，对犯罪嫌疑人血液酒精含量进行鉴定并判断是否达到醉驾标准，并全面调查“在道路上”“驾驶了”“机动车”等重要犯罪事实。对于犯罪构成要件的各要素都必须有符合程序规定的、有证明力的证据予以证实。适用“存疑不起诉”的主要原因是证据不足导致的事实不清，主要体现为证据的收集与获取违反法定程序、超越证据调查的主体权限、证

① 参见左智鸣：《醉驾出罪中但书适用的法教义学检讨——以〈关于办理醉酒危险驾驶刑事案件的意见〉第 12 条为切入》，载《甘肃政法大学学报》2025 年第 1 期。

据不具有证明力、案件没有查清楚事实或遗漏了犯罪事实、没有排除合理怀疑等。

醉酒型危险驾驶案件中较为关键的定罪事实是犯罪嫌疑人达到醉酒标准，其是通过血液酒精含量来证明的，因此对犯罪嫌疑人的血液酒精含量的鉴定尤为重要。[①] 实务中，由公安机关在查获犯罪嫌疑人后在规定时间内将其带至医疗机构按照法定程序提取血液，按规定进行封存后在规定时间送至符合资质的鉴定机构进行鉴定，出具血液酒精含量检测报告。检测血液酒精含量的步骤较为复杂，必须遵循法定的程序进行检测，如果任一环节不符合规定，都会影响证据的证明力。[②]

首先，须核查行政强制措施凭证的实体要件——该文书必须完整载明当事人身份信息、强制措施种类及法律依据，重点核验凭证落款处是否有两名以上执法人员亲笔签名、是否加盖公安机关交通管理部门实体印章，特别注意实践中常见的“电子签章未同步备案”或“代签未注明事由”等程序瑕疵。其次，须进行时间轴比对，通过调取执法记录仪时间戳、医院抽血记录、检测机构接收时间等多维度证据，确认凭证制作时间是否严格限定在采血后24小时内，[③] 对于“事后补签”“时间倒签”等情形，可结合《公安机关办理行政案件程序规定》第67条关于“即时生效”的规定主张程序违法。最后，须审查是否履行法定告知义务——凭证应当体现执法人员已向当事人宣读行政强制措施告知书，并完整记录当事人陈述申辩内容，对于当事人拒签情形，须同步审查笔录中是否记载拒签原因及见证人签字。若发现上述任一环节存在程序缺失（未制作凭证、凭证无签章、超期审批等），可以向法院提交排除非法证据申请书并附具执法视频节选、文书时间鉴定报告等佐证材料。

总的来说，对血液酒精含量检测的精细化、高标准要求是严格遵循司法

---

① 参见张超、钟兴全：《醉驾案件血液酒精含量重新鉴定问题研究》，载《中国检察官》2020年第19期。

② 参见刘艳红：《醉驾犯罪血液酒精含量鉴定证据客观性与合法性之判断》，载《法学论坛》2014年第5期。

③ 参见王志刚：《论血液样本证据的特性及其采集司法程序的完善》，载《政治与法律》2012年第3期。

程序、准确适用刑法的当然体现，这也对提高醉驾案件办理质量、保障当事人合法权益具有重要价值。一方面，精细化、高标准的要求能够促使执法人员在采血、送检、检测等各个环节严格遵守法定程序，减少因程序瑕疵导致的证据无效或排除，从而提高案件的诉讼效率和成功率。另一方面，通过对血液酒精含量检测的严格把控，可以确保案件事实得以被准确查明，避免冤假错案的发生，维护司法的公信力和权威性。

（二）实质路径：犯罪构成要件的法教义学分析

根据《刑法》第133条之一的规定，醉酒型危险驾驶行为是指“在道路上醉酒驾驶机动车的行为”，准确理解这一规范表述，是适用该准备的重要前提。以刑法教义学为剖析工具，醉酒型危险驾驶行为可以拆解为以下四个构成要素，即醉酒状态、驾驶行为、驾驶工具与空间场域。①

1. 醉酒状态

在基于法益保护的立场对醉酒状态这一构成要件要素进行实质解释之后，可以认为，醉驾行为中的醉酒状态是指驾驶员因饮酒而丧失或部分丧失对自身驾驶行为之辨认与控制能力的状态。由此可见，即使行为人在案发时血液中酒精含量达到80毫克/100毫升以上，只要其并未由此丧失或部分丧失对自身驾驶行为的辨认与控制能力，就不能认定其具备醉酒状态。事实上，在现实生活中基于自身的不同生理体质，不同个体对酒精的代谢和耐受程度是不一样的。由此，以血液中的酒精含量作为判断醉酒状态具备与否的唯一标准，就会不适当地扩大醉酒状态的成立范围，可能导致醉酒型危险驾驶罪的犯罪圈的不适当扩张，这显然有失公允。

2. 驾驶行为

就驾驶行为而言，其字面含义通常为“控制机动车行驶的行为”，但何为驾驶需要从驾驶人行为与车辆行驶行为两个方面考虑。例如醉酒之后准备驾驶却尚未驶出的行为以及醉酒后开启车辆在驾驶位睡觉的行为，行为人在醉酒状态具备之时虽然具有控制机动车的能力，也确实通过机械钥匙或遥控

① 参见王志祥、融昊：《醉驾行为出罪路径的刑法教义学阐释》，载《北方法学》2022年第1期。

钥匙启动了车辆，但此时机动车仍处于相对静止的未行驶状态，并未对道路交通公共安全造成任何形式的威胁。另外，行为人醉酒后在广场、公共停车场等公众通行的场所挪车的行为，由于其运动距离较短且速度极低，难言其对此场所内的公共安全创造了法不容许的风险。因此，从正面理解驾驶行为在有些场合会得出不当结论，具体分析时还要特别考虑上述行为是否对道路交通公共安全创设了法不容许的风险，进而判断是否符合“驾驶行为”这一构成要件要素。

3. 驾驶工具

关于“机动车”一词覆盖范围的界定，一直是理论与实务中的争议焦点，尤其是对于“超标电动自行车”是否应纳入机动车范畴的问题一直存在明显分歧。部分学者认为，所谓“超标电动自行车”，实际上已达到电动轻便摩托车甚至电动摩托车的技术标准，其在质量、最高时速等方面已达到或接近机动车的性能要求，因而应当依据摩托车的相关规定将其认定为机动车。但是，就醉酒型危险驾驶行为的不法属性而言，其具有行政违法与刑事违法的双重属性，基于体系解释的理念，对“机动车”等概念性法律术语的理解应当与其对应的行政法规保持一致，而不能随意进行扩大解释。将超标电动车认定为机动车属于不合理的扩大解释，违反罪刑法定原则。[①]

4. 空间场域

对醉驾行为所发生的空间场域——“道路”一词的理解应符合行政法的相关规定，即指公路、城市道路和虽在单位管辖范围但允许社会机动车通行的地方。值得强调的是，对危险驾驶罪中“道路”的理解应重点把握驾驶行为的发生地是否具有“公共性”。[②] 只要具有“公共性”，即便“乡间小道”也可以被认定为危险驾驶罪中的“道路”。“公共性”最本质的特征在于对象的不特定性。只要允许不特定的社会车辆自由通行，就属于道路；如果仅允许与管辖单位、人员有业务往来，亲友关系等特定事由的来访者的车辆通行，则不属于允许社会车辆通行。据此，对于醉酒后由他人驾驶至居民小区门口

---

① 参见梁云宝：《论“醉驾”新规下醉酒型危险驾驶罪中机动车的新标准》，载《政治与法律》2024 年第 10 期。

② 参见谢小剑：《醉酒型危险驾驶行为出罪机制反思》，载《法商研究》2025 年第 1 期。

后接替驾驶进入居民小区的情况，或者驾驶出公共停车场、居民小区后即交由他人驾驶的行为，若居民小区实行封闭式管理模式，不面向不特定社会人员开放，其就不具备所谓的公共性，此时该行为的空间场域可以通过限缩解释的方式排除在醉酒型危险驾驶罪中作为构成要件要素的空间场域之外，该行为也就不符合醉酒型危险驾驶罪的构成要件。①

① 参见李睿懿：《醉酒危险驾驶的治罪与治理》，载《中国应用法学》2024 年第 3 期。

醉酒型强奸案“违背妇女意愿”认定与“其他手段”的解释边界

——雷某涉嫌强奸罪案

一、基本案情

2017年11月22日晚，雷某与朋友邓某甲“约色”，叫邓某甲约几个女的吃饭，以图机会和这些女性发生性关系。邓某甲约李某乙一起吃晚饭，李某乙和闺蜜彭某（案发时年15岁）、朋友刘某丙一起赴饭局。其间，彭某喝了两杯啤酒便呈现醉酒状态，刘某丙将彭某背至雷某车上，后雷某驾车至某宾馆，并将彭某背到某宾馆房间发生了性关系，后彭某报警。案发后，彭某对侦查机关陈述：“我平常酒量还好，喝啤酒不超过3瓶的话都不会醉。”证人李某乙亦称：“我和彭某平时一起出去玩时常喝酒，她的酒量不错，无论是白酒还是啤酒，都能喝一些，像喝一杯啤酒这样的量，她根本不可能醉。”

二、本案要点

1. 与他人醉酒后发生性关系，是否可以直接推定为违背他人意志？

2. 使他人陷入醉酒状态是否属于强奸罪中的“其他手段”？

三、本书观点

（一）与他人醉酒后发生关系不应直接推定为“违背妇女意志”

强奸罪，是指行为人违背妇女意志，采用暴力、胁迫或者其他手段，强行与妇女发生性关系的行为。实践中，强奸罪的具体类型多种多样，基于前述案例，本书主要探析醉酒型强奸行为。在刑法理论上，认定强奸罪是否成立，关键在于行为人是否“违背妇女意志”，而对“妇女意志”的判断又离不开对妇女行为能力的考察。换言之，醉酒型强奸案件中的妇女行为能力与妇女意志存在何种关联以及应当如何判断，是犯罪成立的核心症结。关于“以醉酒方式奸淫妇女”包括两种情形：一是行为人主动将妇女灌醉后实施性行为，该种情形在实践中普遍认定构成强奸罪，司法认识上无实质争议；二是行为人在发现妇女处于醉酒状态后与其发生性关系。对于第二种情形是否构成强奸罪，关键在于行为是否违背了被害人的意志，即是否侵犯了其性自主权。

应当指出，最高人民法院、最高人民检察院、公安部《关于当前办理强奸案件中具体应用法律的若干问题的解答》① 所列示的“醉酒”情形，难以涵盖后一种情况，理由如下：

第一，是否构成强奸罪仍以是否违背被害人意志为核心判断标准，即是否侵犯其性自主决定权。这一判断通常须结合被害人是否存在反抗意志或反抗能力来综合分析。而醉酒并不当然意味着被害人不具备反抗意识或能力，实践中已有裁判文书载明，部分被害人虽处于醉酒状态，但仍积极反抗。倘若将“醉酒状态”一律纳入“无法抗拒”的范畴，无疑将导致强奸罪入罪门槛被不合理地抬高。

第二，从文义解释角度来看，最高人民法院、最高人民检察院、公安部《关于当前办理强奸案件中具体应用法律的若干问题的解答》中对于“药物麻醉”一词的含义解说得较为明确，即指行为人施加药物使被害人麻醉，不包含被害人因自身原因处于麻醉状态。“醉酒”与“药物麻醉”在该条文中并列使用，结合句式结构可知，其主语为“犯罪分子”，修饰词为“手段”或“方法”，据此推定，“醉酒”亦应理解为行为人主动使被害人醉酒，而非指被害人自行饮酒致醉的情形。所谓“醉酒”，是指因摄入超量酒精导致中枢神经系统功能受抑，从而影响认知与行为能力的客观生理状态。其判断应结合血液酒精浓度或实际摄入酒精量与个体身体承受能力综合认定，而非仅凭主观描述。人可模拟醉酒状态，故对“醉酒至不能、不知反抗”的认定，

① 该司法性文件现已废止。

尤须严谨、客观。

第三，醉酒型强奸案中“不能、不知反抗”的状态认定，不能脱离案件具体事实，仅凭当事人或证人言词即予确认。以前述雷某案为例，该案证人证言前后矛盾，如李某艳、邓某雄等人在初次证言中称彭某“趴在桌上像喝醉了”，但后续均明确表示其“饭后在车上聊天、唱歌，意识清醒”；刘某才虽称其“喝了酒”，但其本人并未在首份证言上签字，且案发当晚摄入酒量极少，亦无明显醉酒表现。鉴于当事人、证人证言前后矛盾，其中立性、客观性存疑。重要的是，构成强奸罪要求行为人违背妇女意志，侵犯其性自主权，换言之，即使处于饮酒状态，亦须达到“意识模糊、身体瘫软”或“完全丧失性防卫能力”的程度，方可认定为“不能、不知反抗”。而若仅为饮酒后略显迷糊或情绪松弛，尚不足以排除其基于自由意志的性同意。该类状态与恋爱关系或交往背景下发生的“半推半就”“默示同意”等正常性行为形式极易混淆，更应慎重判断，不可草率推定。

综上所述，妇女在醉酒状态下，由于酒精的作用，其辨认和控制自己行为的能力会有所减弱甚至丧失，但这并不意味着其完全丧失了对性行为的选择权。因此，不能单纯以妇女处于醉酒状态为由，就直接推定其与他人发生性关系是违背其意志的。雷某案中，无论是从酒精摄入的客观情况来看，还是从事前事中事后彭某的具体表现来看，均难认定其处于不能或不知反抗的状态，据此推定雷某违背妇女意志，进而认定构成强奸，缺乏事实依据与法律基础。

（二）基于在案证据不能认定雷某构成强奸罪

在刑事责任的认定中，坚持主客观相统一原则是我国刑法的一项基本要求。所谓主客观相统一，是指行为人只有在客观上实施了构成犯罪的行为，并且主观上具有相应的故意或过失，才能认定其构成犯罪。离开对行为人主观状态的考察，仅凭客观结果认定犯罪，不仅违背刑法基本原理，也有可能造成事实认定与法律评价的偏差，陷入客观归责的陷阱。具体到强奸罪，刑法不仅要求行为人在客观上实施了违背妇女意志、与其发生性关系的行为，还要求行为人具有明知或者应知对方无法有效表达意志或反抗从而仍然实施性行为的主观故意。因此，在判断是否构成强奸罪时，不仅要确认被害人是否处于不知反抗或不能反抗的状态，更要确认被告人是否知悉或能够认知到这一状态。

就雷某案而言，被害人彭某是否处于醉酒状态导致其性防卫能力显著削弱，是认定是否构成强奸罪的重要客观前提，而被告人雷某能否认识到彭某处于这种状态，则是判断其是否具有强奸故意的主观要素。从现有证据看，被害人彭某本人在案发后陈述："我平常酒量还好，喝啤酒不超过3瓶的话都不会醉。"这说明其身体对酒精具有较高耐受力。证人李某乙亦称："我和彭某平时一起出去玩时常喝酒，她的酒量不错，不论是白酒还是啤酒，都能喝一些，像喝一杯啤酒这样的量，她根本不可能醉。"该证言再次印证了彭某并非酒量低微、易醉体质的事实。此外，另一在场证人刘某某在其首次证言中也提到："我自己喝了3杯啤酒，还帮彭某挡了两杯酒，彭某最多只喝了不到两杯啤酒。"其描述与其他证人证言相互印证，一致表明彭某当晚饮酒量极小。更为具体的是，辩护人在庭审中还提交了饭店老板的证言。该证言明确指出，饭店自2017年起仅提供哈尔滨啤酒，酒精度为3.8%，且所用酒杯为一次性杯，容量约为100毫升。按此计算，彭某饮用不到200毫升的啤酒，其摄入的总酒精量不足8毫升（以3.8%计），相较于普通成年女性的代谢能力和其本人此前描述的酒量水平而言，远不足以导致意识模糊、身体机能失控的醉酒状态。基于上述证据，完全可以认为彭某当晚的酒精摄入量远低于其身体所能承受的极限水平，也远不足以使其陷入明显醉酒、丧失性防卫能力的状态。其当晚是否真正处于醉酒的状态，本身即存在重大疑问。

退一步而言，即使假设彭某主观上感觉身体不适、略有醉意，也不能当然推出雷某能够察觉这一状态。被告人是否能够识别当时具体情境下被害人是否处于"无法反抗"状态必须依赖自己对被害人当时语言、行为、神态等方面的综合观察和判断。从证据反映的情况看，彭某在饭局过程中无异常表现，也无突然昏睡或意识模糊的情形出现，未表现出典型的醉酒症状，如站立不稳、言语混乱或意识涣散等。作为与她同处一桌的雷某，无法凭借其有限接触，合理推断彭某已经处于醉酒且无法反抗的状态。

综上所述，从客观方面看，彭某当晚饮酒量较低，不足以导致其性防卫能力明显削弱；从主观方面看，雷某亦无法依据当时情境判断其已醉酒至丧失反抗能力的程度，不具备构成强奸罪所需的故意。依据主客观相统一原则，当行为人缺乏对被害人醉酒状态的认知时，不能认定其主观方面具有犯罪故意，雷某的行为不应被认定为强奸罪。

四、理论探讨

强奸罪作为一种自然犯，其行为方式随社会发展不断演变。近年来，新型性侵方式频现，不仅冲击司法认知，也挑战社会道德底线。作为兜底条款的“其他手段”，其内涵与外延直接影响强奸罪的法益保护和规制边界。关于“其他手段”的具体内涵，1984 年最高人民法院、最高人民检察院、公安部联合发布的《关于当前办理强奸案件中具体应用法律的若干问题的解答》明确指出：“其他手段”是指除暴力、胁迫之外，使被害妇女无法抗拒的手段，如利用妇女患重病、处于熟睡状态之机进行奸淫，或采取灌醉、药物麻醉、假借治病等方式对妇女进行奸淫。然而，传统对“其他手段”的理解已难以适应当下的实践需求。当前“其他手段”表现多样，较为缺乏系统类型化的分析，既有认定规则仍以暴力为核心，难以应对复杂多变的侵害方式，无法全面保护被害人性权益。因此，有必要在新的刑法语境下，重新界定“其他手段”的内涵与外延，科学划分其行为类型，完善认定标准。

（一）强奸罪“其他手段”的类型化分析

1. 欺骗型“其他手段”

欺骗型强奸，简称“骗奸”，是指行为人通过欺骗使被害人产生错误认识，基于该错误认识同意发生性关系的行为。学界对其界定不一，但实践中常见以下三种表现形式：一是以迷信手段欺骗，如声称性交能带来健康、转运等利益，或利用迷信威胁胁迫被害人，这类情形往往比简单欺骗更严重，构成精神胁迫。二是以治病为由欺骗，分为被害人明知须性交但被误导为治疗必要和被害人对性交行为性质存在根本误解两种。此类多利用医务人员的信任关系，使被害人难以抗拒。三是以利益诱导欺骗，行为人通过许诺金钱、职位、出道机会等虚假利益诱骗女性发生性关系，常见于包装成功人士或招聘高级助理等情形。

2. 被害人醉酒型“其他手段”

被害人醉酒型强奸是指行为人在被害人醉酒、意识模糊或昏睡无意识时，与其发生性行为。但如果被害人在醉酒状态下仍能保持清醒意识，并明确拒绝性行为，行为人仍强行实施性行为，则构成使用暴力型强奸。[①] 根据醉酒原因，可分为两种情况：一是行为人预谋或与他人合谋，通过劝酒灌醉被害人，以制造其无法反抗的状态，这种主动制造的不抵抗状态，其危害性与暴力胁迫相当；二是被害人醉酒非行为人所致，或行为人与被害人共同饮酒时无奸淫意图，待被害人醉酒后才起犯罪念头，属于消极利用被害人失去反抗能力的情况，其相比前者社会危害性较低。

3. 被害人吸毒型“其他手段”

被害人吸毒型“其他手段”较少受到关注，实践中也相对罕见。此类型主要指行为人在强迫、引诱、容留、欺骗或教唆被害人吸食甲基苯丙胺（冰毒）后，利用被害人因吸毒而丧失反抗意识和能力实施奸淫。强迫或引诱吸毒可能是为了达到奸淫目的的手段，也可能最初只是单纯的强迫或引诱，后来因发现被害人吸毒后无反抗能力而趁机实施奸淫。无论哪种情况，吸毒对身体的危害巨大，所造成的后果难以弥补，其恶劣程度等同甚至超过暴力胁迫，具有严重社会危害性。[②]

（二）“其他手段”认定标准

1. 以欺骗手段实施奸淫行为的规范认定

关于欺诈型奸淫的定性，我国刑法理论主要存在被告人自我答责说、事实错误与动机错误说、法益错误说三种学说。学者们提出，欺诈构成强奸的情形主要有三种：一是欺骗导致被害人对性行为的自然属性不知情；二是被害人虽知自然属性，但对法律属性产生错误认识；三是被害人在生命健康权与性自主权之间被迫选择。司法实践中，性行为的自然属性与法律属性难以区分，增加了定罪难度，多认为只有严重欺诈行为才构成强奸，其他情形可能成立其他罪名。[③]

具体来看，利诱型欺骗因被害人仍有选择权且性行为不一定造成心理创

---

① 参见陈兴良：《准强奸罪的定性研究》，载《政治与法律》2022 年第 6 期。

② 参见姜远亮、刘寅：《对吸毒致幻引发的危害行为的实证分析与司法应对》，载《法律适用（司法案例）》2017 年第 14 期。

③ 参见罗翔：《论欺诈型强奸》，载《中南大学学报（社会科学版）》2007 年第 4 期。

伤，通常不构成强奸罪，但可能构成财产犯罪。如欧某案中，被害人因借款诱骗同意性行为，虽有威胁但未达心理压制，故不构成强奸。迷信欺骗则须分以下三种情况：（1）轻微迷信诱骗导致被害人产生动机错误，不构成强奸；（2）利用宗教信仰对被害人精神强制，使其丧失反抗能力，应认定为强奸；（3）迷信欺骗达到威胁恐吓程度，致使被害人因恐惧屈服，也应成立强奸罪。以治病为由的欺骗，若被害人对性行为性质产生事实认知错误且无反抗能力，行为人构成利用其他手段强奸。例如王某林案中，利用被害人对政府工作人员的信任和未成年人对性知识的缺乏，以“治病”谎言诱骗发生性行为，构成强奸罪。

总之，欺诈型奸淫在司法实践中，只有当欺骗行为严重侵犯被害人自主意志，致使其丧失真实同意时，方可认定为强奸罪。

2. 在被害人醉酒后实施奸淫行为的规范认定

针对醉酒型强奸案件，若行为人事先预谋通过酒精灌醉妇女以实施奸淫，则构成强奸罪无可争议。但如果行为人未参与灌醉行为，仅是事后趁妇女醉酒“捡尸”，或者虽与妇女一同饮酒但仅在其醉酒后才产生实施性行为意图，是否构成犯罪应根据具体案情审慎认定。[①]

被害人的醉酒状态一般分为两类：第一类是性防卫能力完全丧失，接近昏睡或意识模糊，反应迟钝甚至无意识，无法表达同意或反抗。这种情况下，性行为完全由行为人单方面决定，被害人无选择权，行为人应构成强奸罪。第二类是被害人虽醉酒但仍具有一定的语言表达和判断能力，能够进行一定程度的同意或拒绝且行为人未使用暴力或胁迫。这种情形下，性行为是否违背被害人意愿难以直接判断，需要综合双方关系、当时环境、受害者态度及行为表现等因素进行全面分析。[②] 此外，醉酒后被害人即使尚有一定清醒意识，鉴于饮酒导致的身体失衡和认知能力下降，不能苛求其作出强烈反抗，反抗行为并非认定强奸罪的必要条件。若被害人在醉酒状态下明确同意性行

---

① 参见罗翔：《论对同意的认识错误——以性侵犯罪中的假想同意切入》，载《清华法学》2010 年第 1 期。

② 参见王颖利、刘俊杰、周华：《被害人醉酒状态下熟人型强奸案件的定性》，载《中国检察官》2019 年第 22 期。

为，则该同意应被视为有效，行为人不构成强奸。随着社会观念的变化，司法应结合证据和生活常识，既保障被害人合法权益，又坚持疑罪从无原则，避免误判，不能因被害人醉酒就一律认定强奸罪，还应警惕被害人故意利用醉酒诱导行为人发生性关系后反悔的情况。

3. 在被害人吸毒后实施奸淫行为的规范认定

无论行为人是否预谋欺骗、强迫或引诱被害人吸毒，只要将其置于无力反抗状态后实施奸淫，均应认定为强奸罪。吸食甲基苯丙胺等毒品能刺激中枢神经，导致认知障碍、判断力和控制力下降，被害人在此状态下难以行使完整的性自主权和防卫能力。即使无法证明犯罪人前期以吸毒为手段实施强奸，但其利用了被害人因毒品作用而无法反抗的状态，两者存在因果关系，构成强奸罪。犯罪人因先前引诱、欺骗等行为致被害人处于危险境地，负有保护义务，反而实施犯罪，主观恶性及社会危害性等同于“捡尸”强奸。

若行为人未参与引诱吸毒，而是趁被害人自愿吸毒后精神错乱时实施性侵，应结合现场环境、双方关系、被害人状况等因素综合判断。无明确同意证据的，应推定不同意，不能以无反抗认定默示同意。吸毒状态虽不同于醉酒昏迷，但此时的被害人受毒品影响导致感知和行为能力明显下降，实质上没有行为能力。[①] 毒品对个体和社会的危害远超酒精，复吸多因神经生化变化难以逆转。我国饮酒文化较为普遍，而强迫他人吸毒严重违法且违背道德，故对利用毒品致被害人无法反抗后实施的强奸，定罪与量刑应较醉酒强奸更严厉。

① 参见魏汉涛：《强奸罪的本质特征与立法模式之反思》，载《环球法律评论》2012 年第 4 期。

司法会计鉴定的审查思路和质证要点

——郑某甲、郑某乙涉嫌帮助信息网络犯罪活动罪案

一、基本案情

被告人郑某乙、郑某甲，二人明知其父亲郑某丙以及弟弟郑某丁等人在某国非法换汇，仍将自己名下多张银行卡提供给郑某丙和 B 公司的财务苏某某等人使用。

2020 年年底以来，郑某乙在其父亲郑某丙的指使下，先后将自己名下 5 张银行卡提供给 B 公司使用，用于接收涉赌博平台的非法资金，有时还在郑某丙等人的指使下，自己操作手机银行将汇入卡内的非法资金转账给他人。

审查起诉阶段，公诉机关否定了起诉意见书以某会计师事务所鉴定的结论为依据，以郑某甲、郑某乙涉案账户“总进账 57153455. 36 元、总出账 57402646. 1 元、收到 A 体育（A 体育为综合性网络赌博平台）关联卡转入金额 22603875 元”为事实向人民法院起诉。

经补充侦查，郑某乙五个银行账户总进账中 36599769. 07 元是郑某乙与其家庭成员之间及与某国 B 公司在正常经营过程中的资金来往行为，该金额应在其总进账流水中减除，其余 37489371. 86 元为非法进账资金。郑某甲五个银行账户中 18976010. 95 元是郑某甲与其家庭成员之间及与某国 B 公司在正常经营过程中的资金往来行为，该金额应在其总进账流水中减除，其余 38177444. 41 元为非法进账资金。

二、本案要点

1. 本案作为定罪量刑依据的司法会计鉴定，存在何种程序瑕疵与错误？

2. 辩护人如何识别这些瑕疵与错误，推动侦查机关补充侦查，从而准确

认定犯罪数额，实现罪轻辩护的效果？

三、本书观点

（一）银行卡用于公司的正常运营是辩方质证的事实基础

B 公司系在某国依法成立的实体企业，从事的亦均是合法的生产与贸易；B 公司业务涵盖范围广，产业链模式为自产自营自销，国外业务所经营商品货物均为实物且买卖离手，收入有某国当地货币、美金、人民币，在交易过程中不会预留付款方的身份信息及付款账号信息，为了便捷客户，所以才使用个人账户进行收支，结算时便直接汇入个人银行卡，但最终资金均被用于公司日常开支。从资金性质本身看，上述资金是开展实体经营实际获得的合法收入，并非全部都是犯罪所得。

以此为质证的起点，就能够明确鉴定本身能够统计得到的数据很难直接、正确反映资金的性质。因此，辩方应该明确质证的事实基础，为区分涉案违法资金与合法经营的正常资金作为铺垫，结合程序瑕疵与程序错误督促重新鉴定或者补充侦查。

（二）司法会计鉴定所依据的检材不完整、不合法

1. 检材包含犯罪嫌疑人的供述明显违法

司法会计鉴定报告显示，其检材中包含了在案的犯罪嫌疑人在侦查机关所做的供述，但是根据最高人民检察院所颁布实施的《人民检察院司法会计工作细则（试行）》第 24 条第 2 项的规定，鉴定意见不得依据犯罪嫌疑人供述、被害人陈述、证人证言等非财务会计资料形成，故该鉴定意见的合法性存疑。

2. 委托机关未移送全部检材

该鉴定报告的第 3 条显示，送检的相关资料包含了已抓获的十三名犯罪嫌疑人及相关人员的案卷材料、涉案人员及其他相关人员的银行流水电子档等。但是鉴定报告仅罗列了七名犯罪嫌疑人，其余六名相关人员的身份不明；并且，案卷材料、银行流水电子档中涉及的相关人员身份均指代不明确，难以认定是否与本案有关。

（三）司法会计鉴定得出的结论客观性存疑

1. 鉴定意见超出范围对法律问题作出认定

司法会计鉴定通常是指依法取得有关司法会计鉴定资格的鉴定机构和鉴定人受司法机关或当事人委托，运用会计学的原理和方法，通过检查、计算、验证和鉴证和监证对会计凭证、会计账簿、会计报表和其他会计资料等财务状况进行检验、鉴别和判断并提供鉴定结论的活动。对象包括会计凭证、会计账簿、会计报表和其他会计资料等，所依据的是《注册会计师法》《会计法》等法律法规。但本案中鉴定意见所罗列的鉴定依据却包含了作为刑事法律内的《刑事诉讼法》，以及最高人民法院、最高人民检察院《关于办理非法利用信息网络、帮助信息网络犯罪活动等刑事案件适用法律若干问题的解释》，上述规范性文件实际属于刑事审判相关的法律法规，在现有证据都未能认定B公司构成犯罪的前提下，鉴定意见直接将该公司认定为犯罪团伙。

2. 鉴定意见的出具超过规定期限

鉴定报告显示，该项鉴定自2023年2月15日开始，至2023年7月23日才形成结论，明显超过《司法鉴定程序通则》第28条所规定的30个工作日的时限。虽然鉴定事项涉及复杂、疑难、特殊技术问题或者鉴定过程需要较长时间的，经本机构负责人批准，完成鉴定的时限可以延长，但是延长时限一般不得超过30个工作日。本案完成鉴定的时间明显超出法定期限。

3. 鉴定方法的科学性不足

根据本案鉴定报告中所列明的鉴定基本方法和鉴定结论，鉴定机构是将郑某甲账号中与A体育网站关联卡、四个用于接收付款的中转团伙账号及诈骗团伙的收款账户有关联的进行标记，再将郑某甲的个人银行账户资金流入及流出抵消了这些账户内部往来后的资金流入及流出进行标记，得出郑某甲涉案金额相关的流水。时间从2021年1月至2022年12月，六张本人银行账户的资金按照上述方法进行统计以得出郑某甲的涉案金额。

但是结合现有证据，上述鉴定方法明显存在错误。首先，对于涉及开设赌场资金部分，不仅对流入资金进行计算，还对流出资金进行统计，资金流水的计算明显存在重复。其次，流入的资金部分包含了一级卡和二级卡，两类卡中的资金是否存在重复问题，以及一级卡和二级卡之间到底是什么关系，目前还没有相关证据，明显存疑。最后，侦查机关所出具的“A体育网络开设赌场案综合材料”显示，郑某甲所控制的帮助父亲进行转账的六张个人银行卡，从2020年年底至2022年2月，A体育网站转入资金共计1041350元。但是该鉴定报告显示，转入资金高达20385657元。计算周期缩短了，但资金整整相差了19344307元。因此，鉴定报告中关于犯罪金额的统计明显存在问题。

四、理论探讨

2017年，中央全面深化改革领导小组第三十七次会议指出，司法鉴定制度是解决诉讼涉及的专门性问题、帮助司法机关查明案件事实的司法保障制度。健全统一司法鉴定管理体制，要适应以审判为中心的诉讼制度改革，完善工作机制，严格执业责任，强化监督管理，加强司法鉴定与办案工作的衔接，不断提高司法鉴定质量和公信力，保障诉讼活动顺利进行，促进司法公正。

（一）司法鉴定的适用现状

事实上，无论是司法会计鉴定还是其他类型的司法鉴定，刑事司法实践普遍存在片面采信司法鉴定意见的趋势，[①] 这实际上是对“科学方法”的依赖，这种依赖必然导致裁判经验与事实审查能力弱化，具体表现在以下几点：其一，鉴定人不出庭接受质证，或者法院认为没有必要要求鉴定人出庭接受质证，这种现象阻碍了对鉴定意见的进一步阐明。同时，将庭审转移到事前与事后的书面审查过程之中的做法，既导致了法庭查明案件事实、排除合理怀疑的机会流失，还变相剥夺了辩方合理的质证权利。[②] 其二，虽然鉴定机构不是办案机构，但因为绝大部分鉴定意见是在公安侦查阶段形成的，公安机关的办案人员极易与鉴定人员提前接触，进而导致鉴定结论受到公安机关的影响。例如，《公安机关鉴定规则》第19条第2款规定，委托鉴定单位应当指派熟悉案（事）件情况的两名办案人员送检。其三，当前庭审普遍注重

① 参见陈永生：《论刑事司法对鉴定的迷信与制度防范》，载《中国法学》2021年第6期。
② 参见王敏远、李嘉：《司法鉴定法律的二元结构分析》，载《中国司法鉴定》2024年第1期。

对鉴定意见进行形式审查，对鉴定意见的本体内容与推理过程的实质性审查不足。但是，如果不进行实质性审查，而仅关注鉴定机构本身是否具有符合法律规定的鉴定资质，就会架空鉴定意见的合理性审查。

（二）鉴定报告和审计报告的区分适用

针对本案涉及的司法会计鉴定，实践中存在两种不当的操作倾向：一种是把审计报告作为司法会计鉴定使用，或是不排除依据审计思维形成的司法会计鉴定报告。第一种倾向错误非常明显，因为审计报告不是法定的司法鉴定类型，而且两者采用的方法也不相同。司法会计鉴定的程序依据是《司法鉴定程序通则》，属于刑事诉讼活动的一部分，须由具备司法鉴定资质的机构完成；而审计报告遵循财政部《注册会计师审计准则》，与司法鉴定资质无关。另一种则较为隐蔽，主要以混杂证人证言或主观函证的材料作为检材出现。根据《人民检察院司法会计工作细则（试行）》第 8 条的规定，司法会计鉴定检材由财务会计资料及相关材料组成，其中财务会计资料主要包括会计凭证、会计账簿、会计报表、发票存根等，相关材料包括银行对账单、财务移交清单、现场勘查记录等。对该部分的审查，主要审查检材是否为上述材料，对其他单位出具的审计报告、验资报告、函证等材料，由于鉴定人对这些材料形成过程缺乏亲历性，不能将自己的鉴定意见建立在他人证明正确基础之上。①

由此可见，无论是刑事诉讼中的控方还是辩方，都应当着重分析鉴定意见内透露出的非科学倾向、入罪倾向与形式审查倾向。尤其是辩方在质证环节，应当严格把关鉴定意见的证据资格和合法性，指出鉴定意见中存在的明显矛盾以及违反证据规则、鉴定规则的内容。

① 参见章宣静、张倩：《司法会计鉴定意见审查研究——以法院不采信鉴定意见为例》，载《中国注册会计师》2019 年第 4 期。

如何判断集资诈骗罪非法占有目的形成的时间节点

——肖某某涉嫌集资诈骗罪案

一、基本案情

被告人肖某某和陈某甲于2021年11月1日注册成立某旅游开发有限公司，被告人肖某某担任公司法人。该公司成立后在未开展任何实际业务的情况下，于2021年11月5日至2022年2月18日，面向W区不特定老年群体进行公开宣传，以到门店咨询送面条、鸡蛋等吸引老年人到公司咨询投资，公司虚构经营农副产品、茶山、茶厂等事由，许以月息2%的高额利息，骗取24名老年人签订借款合同，收取老年人出借投资资金，后被告人肖某某等人将所收取的资金挥霍，没有向被害人返还的意图。经会计师事务所审计，非法集资诈骗金额478750元，共计返还自然人投资者利息6500元，实际诈骗金额为472250元。

另查明，被告人肖某某曾因犯集资诈骗罪于2023年6月19日被K市中级人民法院判处有期徒刑三年六个月。两案手法类似，均系以旅游、保健等事由吸引老人投资。

二、本案要点

1. 集资诈骗案件是否应当审查被告人形成非法占有目的的具体时间？

2. 应当采取何种方法对本案的被告人形成非法占有目的的具体时间进行分析？

三、本书观点

（一）应当结合案件事实分析非法占有目的形成的时间

根据最高人民检察院《关于办理涉互联网金融犯罪案件有关问题座谈会纪要》第15条的规定，对于共同犯罪或单位犯罪案件，不同层级的犯罪嫌疑人之间存在犯罪目的发生转化或者犯罪目的明显不同的，应当根据犯罪嫌疑人的犯罪目的分别认定。要注意区分犯罪目的发生转变的时间节点。

犯罪嫌疑人在初始阶段仅具有非法吸收公众存款的故意，不具有非法占有目的，但在发生经营失败、资金链断裂等问题后，明知没有归还能力仍然继续吸收公众存款的，这一时间节点之后的行为应当认定为集资诈骗罪，此前的行为应当认定为非法吸收公众存款罪。

在共同犯罪或单位犯罪中，应根据犯罪嫌疑人层级、职责分工、获取收益方式及知情程度等差异认定不同犯罪目的。在非法集资犯罪中，有的犯罪嫌疑人具有非法占有的目的，有的则不具有非法占有目的，对此，应当分别认定为集资诈骗罪和非法吸收公众存款罪。

由此可见，非法占有目的的形成存在从无到有的过程。在非法集资案件中共同犯罪的团伙中可能存在有人具有非法占有目的，而其他人不具有非法占有目的的情形；而个人的非法占有目的既可能在行为一开始就存在，也可能在行为过程中产生。因此，本案也需要结合案件实际情况分析肖某某在何时产生了非法占有目的，而不应该笼统地认为肖某某从公司注册时起就存在非法占有目的。

（二）在司法实践中判断非法占有目的形成时间的情形

已有生效判决表明，在非法集资犯罪中，不具有非法占有目的的行为人可以评价为非法吸收公众存款罪，与其他具有非法占有目的的行为人相区别（见表4－2）。

表4－2 相关已有生效判决的具体情况

案号	裁判结果	法院观点
(2019) 粤15刑终94号	一审法院判决：被告人黄某某的行为已构成集资诈骗罪；二审法院改判为非法吸收公众存款罪	本案中，没有直接在案证据证实上诉人黄某某知情刘某3携款逃匿，亦没有直接在案证据证实其本人有携款逃匿的意图，故不能认定上诉人黄某某具有非法占有的目的
(2018) 赣08刑终348号	一审法院判决：被告人胡某某不具有非法占有目的，仅构成非法吸收公众存款罪；二审法院维持原判	上诉人刘某某、胡某某及原审被告人孟某某受卢某军雇佣，向社会公众非法集资，所集资的款项由胡某某通过支付现金或转账方式交给了卢某军，由卢某军占有和使用，而卢某军未归案，现有在案证据不能证实孟某某、刘某某、胡某某具有非法占有集资款的主观故意
(2017) 赣11刑终132号	一审法院判决：被告人占某某犯集资诈骗罪，判处有期徒刑五年；二审法院改判：上诉人占某某犯非法吸收公众存款罪，判处有期徒刑二年	综观全案证据，在整个共同集资行为中，没有充分在案证据证实占某某主观上明知桑某某没有任何经营的项目、桑某某将所借的资金用于归还欠款、不具备还款能力的事实，客观上占某某也没有占有资金或收取好处费的行为，而是将集资款全部交给桑某某使用，即本案中认定占某某与桑某某有着非法占有集资款的共同故意的证据不足
(2016) 湘08刑终79号	一审法院判决：被告人向某某犯集资诈骗罪，判处有期徒刑七年；二审法院改判：向某某犯非法吸收公众存款罪，判处有期徒刑四年	向某某及其辩护人提出"主观上不存在非法占有的故意，没有与印某一起挥霍、滥用集资款"，经查，现有证据不足以证实向某某明知印某具有非法占有的目的而帮助其非法集资并与其一起挥霍、滥用集资款，根据相关司法解释的规定，非法集资共同犯罪中部分行为人具有非法占有的目的，其他行为人没有非法占有集资款的共同故意和行为的，对具有非法占有目的的行为人以集资诈骗罪定罪处罚，故对该上诉及辩护理由予以采纳

续表

案号	裁判结果	法院观点
（2017）湘11刑终27号	一审法院判决：被告人周某某犯非法吸收公众存款罪，判处有期徒刑七年；二审法院改判：上诉人（原审被告人）周某某犯非法吸收公众存款罪，判处有期徒刑五年	周某某所任总经理职务的权限主要系管理公司前台、财务、勤杂人员，向周某甲汇报公司的经营情况并向公司其他管理人员传达周某甲的指示，对于公司对外募集资金的业务及宣传活动等并未负责，对非法吸收的公众存款未起到决定性、控制性的作用，其每个月领取公司向其发放的相对固定的酬金，不享有业务营销团队的所谓“提成”，故现有在案证据难以证实周某某在后续向社会不特定对象非法吸收的公众存款过程中具有非法占有的目的

上述案例处理思路的类似之处在于，在非法集资案件中，有的行为人具有非法占有目的，而有的行为人不具有，刑法应该按照非法吸收公众存款罪与集资诈骗罪分别评价。

（三）判断非法占有目的形成时间的基本方法

首先，非法占有目的系行为人主观特征，应当结合占有的可能性、为占有实施的预备行为、具体占有方法和占有后行为进行具体分析。其次，除了分析行为人自己占有以外，还要分析为他人占有的主观心理。再次，对于有组织犯罪，并非全部人员都具有非法占有目的，因而可以对比被告人与其他认定为非法吸收公众存款罪或无罪人员的主客观情况，用于推断非法占有目的形成的时间。最后，对于法庭而言，不仅要关注哪一阶段没有非法占有目的，也应当关注何时形成了非法占有目的；对于被告人，在无法明确确定非法占有目的的场合，应作有利于被告人的认定。

有关观点根据被告人事前曾从事类似模式的诈骗行为，就径直肯定其始终存在非法占有目的，该推理值得商榷。因为被告人对诈骗模式存在认识，不代表其对所取得的财产就具有非法占有目的。否则，对于非法集资类共同犯罪，就没有再在内部区分非法吸收公众存款罪和集资诈骗罪的必要了，因为按照这种观点，那些所谓犯非法吸收公众存款罪的行为人也对其参与的诈骗模式“耳濡目染”。总之，上述认定方法确实存在不妥之处。

1. 肖某某在2021年12月25日之前没有实际占有或支配过集资款，不具有形成非法占有目的的可能性

在案证据表明，在2021年12月25日之前：

第一，在陈某甲还在W公司时，合同款项由其女友陈某乙收取。第二，负责业务的廖某某会私吞集资款，这笔集资款不受肖某某控制。第三，虽然肖某某签订过两份合同，但没有占有这笔集资款。

2. 肖某某缺乏为陈某甲等人非法占有集资款的动机

第一，2021年12月25日前，肖某某未从活动中获益，无集资款分红、提成，也未投入运营资金。陈某乙的供述中未提及分款给肖某某，仅陈某甲称与肖某某协商过5%分成，但肖某某表示未收分红、提成和生活费。

第二，因为陈某甲缺少经济来源才对开设W公司一事如此卖力。但肖某某显然不具有这个动机，因为他在W公司中没有投入任何资金，陈某甲也没有为其提供分成，肖某某没有理由要为陈某甲非法占有集资款而无偿付出。前期运营公司的费用是陈某甲自己承担的，陈某甲亲自与廖姓男子在G市选址考察、租房，还让其弟弟陈某丙用微信联系公司注册代办；根据陈某甲等人的供述，正是因为K公司亏了钱，两个公司陈某甲合计投入了35万元，陈某甲为了迅速回款才在G市开设公司。

第三，无在案证据显示肖某某在2021年12月15日前明知陈某甲等人会携集资款逃匿。陈某甲等人携款逃匿之前并未和肖某某等人有过主动沟通，筹措资金未果后才开欠条携款逃匿。在此期间肖某某没有与集资款占有人陈某乙、陈某甲等人交流，陈某丙更是没有在公司见到肖某某，而陈某甲则是在2021年12月14日准备离开G市前往H省时与肖某某有过沟通。故肖某某很难知道集资款占有人的真实计划。

3. 肖某某在2021年12月25日之前的帮助集资行为与公司副总李某某的实际工作内容与认识内容相当，两者都不具有非法占有目的

李某某通过宣讲虚假内容骗老人交钱，其实质与肖某某作为法定代表人在签订合同时撑台面的作用一致，两者都是发挥着宣传和广告作用，并且两者的虚假宣传材料中的虚构内容均出自陈某甲之手，因此肖某某和副总李某

某实际参与程度都很低。

从对公司运营业务的认识程度上来说，两者都发现该公司没有实际业务，仅依靠发放农副产品招揽老人借款。倘若李某某具有非法占有目的，其当然属于集资诈骗罪的共同犯罪，而且直接诈骗老人和签订合同的行为属于集资诈骗的正犯行为，应与陈某甲等人一同按照共同犯罪论处。

显然在一审法院与侦查机关看来，只是认识到公司存在违法借贷活动，借款行为尚不足以说明李某某具有非法占有目的，当然不构成集资诈骗罪的共犯，只能成立入罪标准更高的非法吸收公众存款罪，因此李某某不构成犯罪。同样的道理，虽然肖某某在此期间认识到 W 公司经营模式的性质，但也不能据此证实肖某某在 2021 年 12 月 25 日前就一定存在非法占有目的。

（四）非法占有目的影响案件的定罪量刑

既然肖某某在 2021 年 12 月 25 日前尚不具有非法占有目的，那么依据最高人民检察院《关于办理涉互联网金融犯罪案件有关问题座谈会纪要》第 15 条的规定，肖某某在 2021 年 12 月 25 日前的行为应该认定为非法吸收公众存款罪，而非集资诈骗罪。

根据最高人民法院《关于审理非法集资刑事案件具体应用法律若干问题的解释》第 3 条第 1 款的规定，吸收金额达到 100 万元以上或者吸收资金对象达到 150 人以上时才能入罪。而本案吸收金额总计 472250 元，涉及人数 26 人，集资款总额明显小于 100 万元，人数明显少于 150 人，因此肖某某在 2021 年 12 月 25 日之前的行为不构成犯罪。本案肖某某至多需要对 2021 年 12 月 25 日之后的行为承担相应责任。

四、理论探讨

（一）集资诈骗罪中非法占有目的的基本情形

在集资诈骗罪当中，非法占有目的具体表现为具有不归还集资款的意思。[①] 根据最高人民法院《关于审理非法集资刑事案件具体应用法律若干问题的解

① 参见张明楷：《刑法学》（下）（第 6 版），法律出版社 2021 年版，第 1025 页。

释》第7条第2款的规定，使用诈骗方法非法集资，具有下列情形之一的，可以认定为“以非法占有为目的”：（1）集资后不用于生产经营活动或者用于生产经营活动的部分与筹集资金规模明显不成比例，致使集资款不能返还的；（2）肆意挥霍集资款，致使集资款不能返还的；（3）携带集资款逃匿的；（4）将集资款用于违法犯罪活动的；（5）抽逃、转移资金、隐匿财产，逃避返还资金的；（6）隐匿、销毁账目，或者搞假破产、假倒闭，逃避返还资金的；（7）拒不交代资金去向，逃避返还资金的；（8）其他可以认定非法占有目的的情形。

其中，以下几点值得注意：第一，即便非法集资行为不属于前述七种情形，也有可能被认定为具有非法占有目的。例如，原本不存在任何经营项目需要融资，但谎称有重大经营项目需要融资，既是典型的集资诈骗行为，也充分说明行为人具有非法占有目的。第二，前述八种情形属于可以认定为非法占有目的的情形，而非必然。例如，在第一种情形当中，倘若行为人原本打算集资后将资金用于某项目，但集资后由于客观原因导致项目搁浅，于是将资金借给其他单位使用，但其他单位不能返还资金，导致行为人不能向出资人归还本息，这种情形显然不属于具有非法占有目的。第三，不能因为行为人具有支付本金与回报的行为，就直接否认其具有非法占有目的。一方面，行为人为了获得更多的资金，往往会采取归还本金和高额回报等方式骗取投资人信任。从这个意义上说，向先前的投资人还本付息，只不过是集资诈骗的基本手段。另一方面，在集资诈骗的场合中，集资金额往往很大。即便行为人只将部分金额占为己有，仍然是一笔不小的数额。因而在对此类行为进行判断时，不能仅根据行为人非法占有的最终金额在集资金额中的比重来判断。

（二）非法占有目的的证实

在司法实践当中，证实行为人主观上是否具有非法占有目的，可以重点收集、运用以下客观证据。

（1）涉及针对集资诈骗整体行为模式的证据：投资合同文件、对外宣传的资料文档、相关培训内容记录等。

（2）涉及资金使用情况的证据：资金流转的详细记录、会计账簿与凭证、资金使用过程中产生的成本（利息支出、佣金费用等）、资金决策使用的具体流程、资金的主要流向与用途，以及财产转移的相关状况等。

（3）关于归还能力评估的证据：吸收资金所投入项目的具体内容、投资项目的实际运营状况、盈利能力分析、归还本金及利息资金的主要来源渠道、负债水平，以及是否存在夸大业绩、虚构成果等误导性宣传行为等。

（4）其他与欺诈行为相关的证据：虚构融资项目进行不实宣传、故意隐瞒资金的真实用途，以及隐匿或销毁会计账簿等不当行为。①

此外，司法会计鉴定机构对相关证据进行鉴定时，办案部门可以根据查证犯罪事实提出需要重点鉴定的项目，保证司法会计鉴定意见与待证的构成要件事实之间的关联性。

（三）集资诈骗罪与非法吸收公众存款罪的辨析

有观点认为，应当以主观目的为重心，即非法占有目的，区分集资诈骗罪与非法吸收公众存款罪。理论上，非法占有目的通常包含排除意思与利用意思两个部分：排除意思是指以具有可罚性的方式妨碍他人对财物的管理和使用；利用意思则是指按照财物的固有属性加以运用和处置。“排除意思 + 利用意思”虽能较为全面地阐释非法占有目的的本质，但在集资诈骗罪的认定中，由于行为人募集资金必然出于利用的目的，极少直接损毁款项，因此排除意思成为判断是否具有非法占有目的的核心要素。② 且在司法实践中，根据 2001 年《全国法院审理金融犯罪案件工作座谈会纪要》对金融诈骗罪中非法占有目的的认定予以明确，通过具体事实判断此罪与彼罪区分行为人在集资时，主观上是否存在拒不归还集资款的故意，或明知无力偿还却仍肆意集资的放任心态。

反对观点认为，在区分集资诈骗罪与非法吸收公众存款罪时，核心区分标准并非行为人主观上是否具有非法占有目的，而是其行为在客观层面破坏了金融系统中何种信任根基。在现实的金融活动中，集资诈骗行为瓦解的是投融资双方基于个体信赖建立的“一对一”人格信任，而非法吸收公众存款

① 参见陈兴良、刘树德、王芳凯主编：《注释刑法全书》，北京大学出版社 2022 年版，第 886 页。
② 张朝霞：《集资诈骗罪非法占有目的的司法推定研究》，载《中国检察官》2021 年第 1 期。

则冲击了市场主体围绕金融利率规则所形成的“一对多”规则信任。[①] 传统区分方式是以主观目的为区分标准的，但这种方式既难以体现两种信任结构的本质差异，还可能滋生主观归罪、结果归罪的乱象，造成司法裁判标准不统一。由于人格信任与规则信任在内涵、架构、属性及功能上均存在显著差异，决定了两罪在客观构成要件方面呈现“资金/存款”“众/公”“诈骗方法/违反金融法律法规”“侵犯财产/扰乱秩序”等具体分野。[②]

集资诈骗罪与非法吸收公众存款罪都是以非法占有为目的的犯罪，但认定行为人是否具有非法占有目的时，既不能单纯根据损失结果来认定，也不能仅凭被告人自己的供述认定，而是要结合案情进行具体分析和判断。最高人民法院《关于审理非法集资刑事案件具体应用法律若干问题的解释》第7条第3款指出，“行为人部分非法集资行为具有非法占有目的的，对该部分非法集资行为所涉集资款以集资诈骗罪定罪处罚；非法集资共同犯罪中部分行为人具有非法占有目的的，其他行为人没有非法占有集资款的共同故意和行为的，对具有非法占有目的的行为人以集资诈骗罪定罪处罚”。行为人非法吸收公众存款的行为虽然也属于非法筹集资金，具有非法占有目的，但行为人是将出资人对金钱的所有权转移为真实的债权、股权，行为人承认这种债权、股权，并具有履行债务（还本付息）或给予回报的意思，加之将所占有的资金用于可以实现或者打算实现出资人债权或股权的生产经营等过程中。而在集资诈骗罪当中，虽然行为人也具有将出资人对金钱的所有权转移为债权或股权的表现，但这种债权、股权并不真实，而是虚假的，行为人没有履行债务和给予回报的意思，也没有将其占有的资金用于可以实现或打算实现出资人债权与股权的生产经营等过程中，或者只是将筹集的少量资金用于生产经营以便欺骗社会公众。

当前，对非法占有目的的判断成为区分两罪的关键要素。[③] 如有学者指

---

① 参见蓝学友：《论集资诈骗罪与非法吸收公众存款罪的体系性区分——基于金融系统的两种信任类型》，载《西南政法大学学报》2021年第5期。

② 参见蓝学友：《论集资诈骗罪与非法吸收公众存款罪的体系性区分——基于金融系统的两种信任类型》，载《西南政法大学学报》2021年第5期。

③ 参见马克昌、高铭暄：《刑法学》，北京大学出版社2019年版，第451页。

出非法吸收公众存款罪与集资诈骗罪的区别在于行为人的主观目的不同，前者主观上只是想对非法募集的资金加以使用，而后者则是以非法占有为目的。还有论者将非法占有目的视为区分两罪的根本标志，[①] 但是，该种区分方案容易引发主观归罪、结果归罪以及裁判标准不一等问题。从反对观点出发，两罪的不同在于行为人的行为客观上破坏了金融系统中的何种信任基础，能够从犯罪行为侵害的客体本质出发，揭示集资诈骗罪与非法吸收公众存款罪的本质差异。但该观点也存在不足，强调以两罪名客观要件为重心的区分方案具有抽象性，在具体案件中，判断行为究竟侵害何种法益、侵害程度如何，存在较大的解释空间，容易导致司法适用的模糊性。此外，该方法过度依赖对行为客观后果的分析，可能弱化对行为人主观心理状态的考量，存在结果归罪的风险。

综上所述，应当将以非法占有目的区分和建构以客观要件为重心的区分方法相结合，构建主客观一体的金融犯罪认定模型。以客观要件为重心的区分方法并非否定非法占有目的的规范意义，而是将其纳入“客观行为类型化—主观目的验证—法益侵害综合评价”的三个判断要素中。这种整合路径既回应了金融系统中人格信任与规则信任的本质差异，又遵循了刑法客观主义的归责逻辑，为司法实践提供了兼具理论深度与可操作性的区分框架，最终实现对集资诈骗罪与非法吸收公众存款罪的精准界分，避免主观归罪与结果归罪的双重风险。

① 参见肖怡：《我国P2P网贷平台触及非法集资犯罪红线的研究》，载《法学杂志》2019年第1期。

第五章

刑罚适用思维转向：从形式正义到实质裁量

在我国刑事司法过程中，一般认为，刑罚设置的目的包含了报应和特别预防，两者具有对已然之罪的处罚、未然之罪的预防双重功能，并且预防刑不能突破报应刑，可以在其下调节报应刑。[①] 然而，关于何为报应刑和预防刑，目前并无统一规定，仅存在于价值判断层面。因此，仍须从解释论的视角透过形式正义层面进行实质裁量，[②] 尤其是对新旧司法解释衔接、加重情节、缓刑、附加刑等刑罚的适用，都须全面细致地进行实质解释和判断。

① 参见董桂武：《论刑罚目的对量刑情节使用的影响》，载《法学论坛》2018 年第 6 期。

② 参见刘艳红：《形式与实质刑法解释论的来源、功能与意义》，载《法律科学》2015 年第 5 期。

刑法修正案施行后旧司法解释如何适用

——周某涉嫌单位行贿罪案；曾某涉嫌开设赌场罪案

一、基本案情

（一）周某单位行贿罪案

2023 年 1 月，周某因涉嫌单位行贿罪（单位行贿金额 489 万元）被 Y 县监察委留置。2023 年 8 月，Y 县人民检察院对其提起公诉。2024 年 1 月，Y 县人民法院判决周某构成单位行贿罪，判处其有期徒刑三年。周某提起上诉。

二审期间，Y 县人民检察院发现周某有新的犯罪事实（单位行贿金额 100 万元），对其补充起诉。2024 年 3 月 1 日，《刑法修正案（十二）》施行，将单位行贿罪量刑幅度修改为 3 年以下和 3 年以上 10 年以下两档（此前单位行贿罪仅有 5 年以下的量刑幅度）。

（二）曾某开设赌场罪案

2024 年 5 月至 7 月，曾某通过开办网络赌博平台获利 11 万元，平台涉及参赌人数 132 人，赌资 60 万元。

二、本案要点

1. 旧司法解释能否继续解释《刑法修正案（十一）》修正的开设赌场罪？

2.《刑法修正案（十二）》出台后，在单位行贿罪的相应司法解释出台前，应当如何审查案件是否属于“情节特别严重”？

三、本书观点

上述两个案例均体现了司法解释与刑法的动态关系。前者是在没有旧司法解释规定何为“情节严重”，而罪名被修正后具有新的“情节特别严重”量刑档次的情况下，应当如何适用？后者是在有旧司法解释规定“情节严重”，罪名量刑被修正后应当如何认定“情节严重”？

（一）在单位行贿罪相应的司法解释出台前，根据刑法溯及力与有利于被告人原则，周某不应被认定为“情节特别严重”

在《刑法修正案（十二）》施行后，单位行贿罪的量刑标准发生变化。相比之前《刑法修正案（九）》规定“情节严重的，处五年以下有期徒刑或者拘役”，《刑法修正案（十二）》调整为“情节严重的，处三年以下有期徒刑或者拘役，并处罚金；情节特别严重的，处三年以上十年以下有期徒刑，并处罚金”。《刑法修正案（十二）》将单位行贿罪的刑罚档次由一档增加到两档，提高了其量刑设计的严密性与科学性。

虽然《刑法修正案（十二）》从总体量刑上提高了对单位行贿罪的惩处力度，但2013年出台的最高人民法院、最高人民检察院《关于办理行贿刑事案件具体应用法律若干问题的解释》却仅规定了行贿罪的各种情节，没有关于单位行贿罪法定刑升格情形即情节特别严重的相关规定，存在司法解释缺位。因为此前单位行贿罪量刑幅度仅有一档5年以下，不需要规定何为“情节严重”。换言之，在适配于《刑法修正案（十二）》的单位行贿罪相关司法解释出台前，没有任何情形能够符合“情节特别严重”。

本案中，周某的行为属于“修正案生效前发生的未决单位行贿行为”，根据从旧兼从轻的刑法溯及力原则以及有利于被告人原则，应当认定周某属于修正后单位行贿罪的“情节严重”，即量刑档次为3年以下有期徒刑。

（二）旧司法解释不能继续解释《刑法修正案（十一）》修正的开设赌场罪，曾某不应被认定为“情节严重”

2006年6月，《刑法修正案（六）》增设开设赌场罪，规定“情节严重”的法定刑为“三年以上十年以下有期徒刑，并处罚金”。2010年8月制定的最高人民法院、最高人民检察院、公安部《关于办理网络赌博犯罪案件适用法律若干问题的意见》（本案中简称《2010年网赌意见》）对开设赌场情节严重的情形作出了明确规定。2021年3月施行的《刑法修正案（十一）》对开设赌场罪进行修正，规定“情节严重”的法定刑为“五年以上十年以下有期徒刑，并处罚金”。《刑法修正案（十一）》施行以后，开设赌场罪“情节严重”的最低法定刑由三年提升至五年，这显然提高了刑罚打击力度。

旧司法指导性文件基于修正前的开设赌场罪，以抽头渔利3万元、参赌人数120人、赌资30万元以上等标准认定情节严重对应最低法定刑为有期徒刑三年。《刑法修正案（十一）》施行后，若继续参照《2010年网赌意见》的标准认定情节严重，对应最低法定刑为有期徒刑五年，则难以做到罪责刑相适应，且旧司法指导性文件应有限解释修正后刑法。现无相关文件明确开设赌场情节严重的新标准，与前述周某案相同，在相应司法解释缺位的情况下，不应认定情节严重。

四、理论探讨

（一）从效力位阶来看，司法解释应依附于相应刑法进行解释

我国司法解释具有特殊法律地位：虽未被纳入《立法法》明定的正式法律渊源，却是司法实践中的重要裁判依据。2001年制定的最高人民法院、最高人民检察院《关于适用刑事司法解释时间效力问题的规定》第1条规定：“司法解释是最高人民法院对审判工作中具体应用法律问题和最高人民检察院对检察工作中具体应用法律问题所作的具有法律效力的解释，自发布或者规定之日起施行，效力适用于法律的施行期间。”由此可知，司法解释是对刑事司法实践活动中具体适用刑事法律问题进行解释，是就如何具体应用刑事法律过程中所产生的问题加以明确化、具体化。但凡解释必然依附于被解释的法律，否则便成为无根之木、无源之水。通常无论司法解释在何时发布，其效力都始自其所解释的法律开始施行的日期，止于所解释的法律停止适用的日期。

刑事司法解释的效力层级应当被界定为仅次于法律，源于以下两条逻辑：其一，基于规范效力位阶的一般性原理，所有司法解释均以法律为上位法源，其内容不得突破立法文本的可能文义；其二，刑事司法实践的特殊性决定其重要性，在现行司法体制下，刑事司法解释通过细化法律适用标准，实质上

承担着填补规范漏洞、统一裁判尺度的功能。① 当刑法修正案对个罪作出重大修改时，修正前的刑罚设置不再适用，相应依附于原刑罚设置的司法解释确立的标准不能当然解释修正后的个罪，即便司法解释未废止也并不代表其具有解释修正后的个罪的资格。②

（二）从司法解释的适用规则和逻辑来看，旧司法解释应有限解释修正后刑法

最高人民法院、最高人民检察院《关于适用刑事司法解释时间效力问题的规定》第 3 条规定："对于新的司法解释实施前发生的行为，行为时已有相关司法解释，依照行为时的司法解释办理，但适用新的司法解释对犯罪嫌疑人、被告人有利的，适用新的司法解释。"《刑法》第 12 条关于刑法溯及力亦有类似规定，对修正前后刑法同样适用从旧兼从轻原则。但目前尚无司法解释明确规定旧司法解释与修正后的刑法之间的交叉适用规则。从逻辑上分析，如果新司法解释出台，确立更高的数额标准更加符合经济社会发展规律，这体现在近年非法集资、贪污贿赂等犯罪相关数额标准变化上。在新司法解释未明确数额标准前，按照"存疑作有利于被告人"的原则处理较为适宜。旧司法解释原则上不能直接与修正后的刑法交叉适用，可参照从旧兼从轻原则有限解释修正后的刑法。③ 如果沿用旧司法解释确立的标准可能导致罪责不均衡的，则不宜直接参照适用。

（三）网络犯罪定量标准的模式转向

我国现行司法解释规定的网络犯罪的构罪与量刑标准，仍沿袭传统数额型犯罪的规制逻辑，即以计量对象的具体数额作为区分罪与非罪、罪轻与罪重的核心依据。如网络开设赌场罪以参赌人数、赌资金额为入罪标准，网络诽谤罪以诽谤信息的点击量、浏览量为入罪标准等，这种模式虽在操作层面具备明确性，但其本质是将复杂的社会危害性简化为单一量化指标。当前司

① 参见苗炎：《论司法解释的性质和效力位阶》，载《中外法学》2023 年第 2 期。

② 参见俞小海：《刑法修正与司法解释关系重塑：一个"交互型"视角》，载《清华法学》2023 年第 4 期。

③ 参见刘宪权：《刑法条文与司法解释交叉适用的溯及力问题研究》，载《法学论坛》2022 年第 5 期。

法实践中，对网络犯罪计量对象的概括式认定，往往基于控诉便利与司法效率的考量，实质上形成“以数额推定危害”的思维定式。这种倾向可能导致行为人因机械化的数据累计而面临不当的刑罚风险，背离罪刑相适应原则。

“如果刑罚之恶超过罪行之恶，立法者就是制造更大的痛苦而不是防止痛苦，是以较大之恶的代价来消除较小之恶。”① 须进一步反思的是，刑法的机能不仅在于高效打击犯罪，还在于防止国家刑罚权对公民权利的过度侵蚀。② 在数据量极易膨胀的网络空间，片面依赖数额标准可能导致罪刑失衡。因此，网络犯罪加重法定刑的适用标准亟须从“单一数额导向”转向“数额与情节并合模式”。具体而言，网络犯罪加重法定刑的适用，不应仅依据点击数、浏览数、转发数、注册账户数、信息条数、交易记录数等客观网络记载数据，还须结合侵害对象、涉案范围、经济损失、非法获利、犯罪影响等犯罪情节，对法定刑的升格适用进行限制，③ 这一转向不仅契合刑法谦抑性与罪责刑相适应原则，更能回应网络犯罪治理中“形式量化”与“实质正义”的张力。

就开设赌场罪而言，《刑法修正案（六）》增设开设赌场罪，陆续出台了相关司法指导性文件确立情节严重数额标准。司法指导性文件的效力虽低于司法解释，但同样对实践办案具有指引作用，可参照旧司法解释有限解释修正后刑法的规则处理。《刑法修正案（十一）》将开设赌场罪情节严重的最低法定刑由三年提升至五年，如适用旧司法指导性文件确定的 3 万元情节严重标准，会在加重刑罚制裁的同时限制缓刑的适用，对被告人产生重大不利影响，容易产生轻罪重判、重罪难判的情况，无法做到罪责刑相适应。是否认定情节严重，在个案中应根据经济社会发展因素适当放宽数额标准。在未明确情节严重标准前，办理开设赌场案件应在严格把握犯罪数额的同时，综合考虑案件犯罪事实、性质、情节和社会危害程度及被告人的主观恶性等情况，以此对开设赌场案件是否情节严重作出审慎判断。

---

① ［英］边沁：《立法理论》，李贵方译，中国人民公安大学出版社 2004 年版，第 374 页。

② 参见［日］西原春夫：《刑法的根基与哲学》，顾肖荣等译，法律出版社 2004 年版，第 45 页。

③ 参见张平寿：《网络犯罪计量对象海量化的刑事规制》，载《政治与法律》2020 年第 1 期。

自首案件如何认定是否“如实供述犯罪事实”

——廖某某协助组织卖淫罪案

一、基本案情

2016年3月，米某某与熊某合伙经营洗浴中心，该场所一楼提供正常按摩服务，二楼提供卖淫服务。廖某某于2016年5月进入该洗浴中心担任收银员、水电工，同时短暂在该洗浴中心一楼开设小卖部出售日用品。

该洗浴中心被查处后，廖某某于2023年4月17日到某县公安局执法办案区接受调查，主动向公安机关供述其在洗浴中心担任收银员、水电工的工作内容、非法获利（获利31万元）以及主观心态等协助组织卖淫的主要犯罪事实，在第二次讯问中供述了自己开设小卖部（获利2.4万元）的相关事实。

二、本案要点

1. 廖某某第一次讯问中是否如实供述了“主要犯罪事实”？

2. 廖某某翻供后再次如实供述是否构成自首？

三、本书观点

（一）廖某某第一次讯问供述的内容属于“主要犯罪事实”，应当认定构成自首

根据公安机关出具的《到案经过》，廖某某于2023年4月17日到某县公安局执法办案区接受调查，主动供述其涉嫌协助组织卖淫的犯罪事实。该证

据印证了廖某某在第一次供述中即供述了协助组织卖淫的主要犯罪事实。

协助组织卖淫罪，是指协助他人组织妇女也包括男性卖淫，即为他人实施组织卖淫的犯罪活动提供方便、创造条件、排除障碍的行为。而廖某某在第一次讯问中即已供述其有担任收银员、水电工等为卖淫活动提供便利、排除障碍的行为，也如实供述了其主观心态以及非法获利。从法教义学的角度来说，已经符合协助组织卖淫罪的全部构成要件，应当认定其已经供述了主要犯罪事实。

至于其未供述的开设小卖部的相关事实，与协助组织卖淫无关，系正常民事经营行为，并非其罪行，而且隐瞒收入系人之常情，不应强求其供述该事实。退一步来说，即便认定该事实可能涉及卖淫活动，但从非法获利数额来看，该事实也并非“主要犯罪事实”。

（二）廖某某在一审判决前“如实供述主要犯罪事实”应认定为自首

廖某某在后续供述中辩解称在米某某等人被抓之前并不知晓洗浴中心存在卖淫嫖娼活动，可能构成翻供，但根据最高人民法院《关于处理自首和立功具体应用法律若干问题的解释》第 1 条第 2 项的规定，犯罪嫌疑人自动投案并如实供述自己的罪行后又翻供的，不能认定为自首，但在一审判决前能如实供述的，应认定为自首。因此，虽然廖某某可能存在翻供，但在后续审问及庭审中，能够再次如实供述自己的犯罪行为，应认定其为自首。

四、理论探讨

自首制度是我国量刑体系的重要组成部分，体现了宽严相济的刑事政策。只有规范、合理地适用自首制度，才能彰显法律权威与司法公正。如实交代“主要犯罪事实”作为自首的核心要件，直接影响自首是否成立，但实践中对何为“主要犯罪事实”存在争议。应当基于文理和立法目的，对“主要犯罪事实”进行正确解释，厘清“主要犯罪事实”和“全部犯罪事实”的区别，明晰隐瞒部分犯罪事实情形下“主要犯罪事实”的认定标准。[①]

---

① 参见聂昭伟：《被告人针对主观心态的辩解不影响自首的成立》，载《人民法院报》2011 年第 7 期。

（一）“主要犯罪事实”的解释论

1. “主要犯罪事实”的文理解释

“主要犯罪事实”一词由“主要”与“犯罪事实”两部分构成。“主要”指在整体事实结构中具有决定性作用的核心因素，其作为整体的一部分可独立存在，并不要求涵盖全部细节。因此，自首时仅须如实交代那些对案件认定具有关键作用的事实，而非每一微观环节。例如，故意杀人案件中，犯罪人须交代被害人身份与杀人经过等基本要素，而对诸如作案时的具体姿势或血迹分布等细节，则可不作详尽描述。

“犯罪事实”的含义更为复杂，应同时具备三大特征：对法益具有实际侵害性、触犯刑律并应受刑罚惩处。它涵盖犯罪行为的全过程及其结果，是客观存在的事实总和。与之相对的“非犯罪事实”则包括纯粹的道德失范、违纪或一般违法行为，若自首仅涉及此类内容，则不符合自首要件。

因此，从文义解释看，“主要犯罪事实”即指构成犯罪核心要件的、能够支撑刑法评价的客观事实。在此基础上，对其内涵的深入探讨还须结合自首制度的本质与目的，对如何界定“主要”及其在不同类型案件中的适用标准展开更为细致的理论分析。

2. “主要犯罪事实”的目的解释

首先，从自首概念出发，“接受审查和裁判”贯穿自首制度适用的全过程。拆解来看，“接受审查”不仅要求犯罪人自愿投案，将个人自由置于国家机关控制之下，更要求其如实交代那部分“足以引起国家机关注意并促使采取强制措施”的犯罪事实；而“接受裁判”则进一步要求，犯罪人须供述出能够决定全案事实与定罪量刑的核心要件。部分事实若不能对案件性质或量刑幅度产生决定性影响，则不属“主要犯罪事实”范畴。

其次，自首本质是一种权利妥协——国家以宽严相济的优惠换取犯罪人如实供述，从而节约司法资源。故自首能否成立，关键在于其交代内容是否切实帮助国家机关还原真相、节省侦查成本。因此，只有那些决定案件定性和法定刑幅度的事实，才是“主要犯罪事实”。

综上所述，“主要犯罪事实”应这样理解：在全案事实结构中占据主体地位、对定罪量刑具有决定性作用的关键犯罪事实。

（二）隐瞒部分犯罪事实情形下“主要犯罪事实”的认定标准

1. 隐瞒“犯罪数额”的情形下“主要犯罪事实”的认定

在隐瞒“犯罪数额”的情形下，应当根据该事实对量刑的实际影响来评估是否已如实交代“主要犯罪事实”。最高人民法院《关于处理自首和立功若干具体问题的意见》第2条规定，对多次同罪连续犯罪，自首认定须综合已交与未交部分的危害程度或涉案金额：已交部分显著大于未交部分时，一般视为已交代主要事实；若难以区分或相当，则不成立。

但是若仅以数额多少为“主要犯罪事实”的认定标准，则违背了自首宗旨。实际操作中，如贪污受贿案中虽有部分回扣数额未披露，但若核心受贿事实已获承认、足以支持定罪量刑，则不应因此否定自首。并且，随着侦查和审判进程，数额认定或增或减，过分追求详尽金额反而会削弱对自首的激励与司法公正。

2. 隐瞒“案发起因”的情形下“主要犯罪事实”的认定

“案发起因”是否属于主要犯罪事实，应结合其在定罪量刑中的决定性作用来判断。① 若“案发起因”直接决定被告人所犯罪名的成立或量刑区分，如抢劫案件中事前预谋的动机、贿赂案件中行贿目的、故意杀人案件中致人死亡的导火索等，则属于揭示犯罪本质、支撑定性与量刑所必需的核心情节，应被纳入“主要犯罪事实”范畴。此时，若被告人对该事实予以隐瞒或歪曲，就会妨碍司法机关透彻掌握案件真相，导致定罪量刑偏离事实，故不符合自首“如实交代主要犯罪事实”的要求。

反之，若某些案发背景或动机虽为案件补充信息，但并不影响罪名的成立或刑罚的轻重，如间接诱发的情绪波动、与犯罪无直接因果关系的生活琐事等，则可视为“次要事实”。被告人未交代此类情节，在不损害对整体事实与法定刑幅度判断的情况下，不应影响其自首资格。

3. 隐瞒“案发过程”的情形下“主要犯罪事实”的认定

隐瞒“案发过程”是否成立自首，关键在于该细节是否对案件的核心真

---

① 参见周峰、薛淑兰、孟伟：《〈关于处理自首和立功若干具体问题的意见〉的理解与适用》，载《人民司法》2011年第3期。

相或量刑具有决定性影响。若被隐瞒的事实仅涉及行为方式、时间、地点等次要细节，即使未全部披露，也不妨碍司法机关准确认定犯罪性质和适用法定刑，不影响自首成立。

反之，若所隐瞒的内容关系到犯罪构成的重要要素或直接决定刑罚幅度，如核心犯罪行为或损害结果等，则属于必须如实交代的“主要犯罪事实”，其隐瞒将妨碍定罪量刑，不符合自首要件。

4. 隐瞒“行为人事实”的情形下“主要犯罪事实”的认定

隐瞒“行为人事实”不影响自首的成立。① 所谓“行为人事实”，主要是指与犯罪人身份相关的重要个人信息，包括其真实姓名、年龄、既往犯罪记录等内容。此类事实在刑事诉讼中虽不属于犯罪行为本身，但在刑事责任年龄的确认、累犯认定以及量刑裁量等方面，往往具有重要的法律意义。

根据现行刑法及相关司法解释的规定，自首的成立须同时具备两个要件：一是自动投案，二是如实供述自己的罪行。最高人民法院、最高人民检察院等机关联合发布的《关于处理自首和立功若干具体问题的意见》已明确将“罪行”限定解释为“主要犯罪事实”，即对案件的定罪量刑具有决定性或重大影响的事实。而“行为人事实”虽可能影响量刑判断，但并不属于刑法意义上的“罪行”，自然也不应纳入“主要犯罪事实”的范畴，更与“自动投案”的成立标准无直接联系。

5. 隐瞒其他罪行对如实交代“主要犯罪事实”的影响

在数罪案件中，自首的认定应坚持“分别认定、逐罪评价”的原则。若犯罪嫌疑人对其所涉各项罪行中的主要犯罪事实均如实供述，则应认定其在全部罪行上均成立自首；若仅对部分罪行如实供述主要犯罪事实，而对其他罪行予以隐瞒，则应根据具体供述情况分别认定，在供述属实的罪行上成立自首，隐瞒部分则不予认定。

有观点认为，只要犯罪嫌疑人因主客观原因供述了所犯数罪中较为基本或典型的部分，即可视为全案成立自首，自首的效力应及于全部罪行。该观点显然不当。首先，对多个罪行直接进行整体评价，违背了数罪并罚应分别

① 参见单锋、姚杏：《认罪认罚从宽的刑事实体内涵辨析》，载《学海》2022 年第 1 期。

定罪量刑的基本原则，忽视了不同罪行在法律评价上的独立性。其次，这种做法不利于准确反映犯罪嫌疑人的供述态度和主观恶性，易导致罪责刑不相适应，减损自首制度的规范意义。

因此，在数罪并存的情形中，应当分别审查犯罪嫌疑人对每项罪行是否如实供述主要犯罪事实，再结合刑法关于并罚或竞合的规定作出整体处理。只有坚持分别审查，才能准确衡量其自首情节，实现自首制度的价值目标。

重审案件检察院变更起诉能否加重刑罚

——何某某涉嫌组织卖淫罪案

一、基本案情

何某某因容留卖淫罪被一审法院判处有期徒刑 6 年，何某某提起上诉。二审人民法院以本案事实不清为由将本案发回原审法院重审。重审一审期间，检察机关补充了部分卖淫人员的证言（何某某作为会所的实际控制人的补强证据），并作出变更起诉决定书，将起诉罪名由容留卖淫罪变更为组织卖淫罪。重审一审法院对何某某判处有期徒刑 9 年，何某某再次提起上诉。重审二审法院认定何某某犯组织卖淫罪的罪名正确，但增加量刑违背上诉不加刑原则，最终判决何某某犯组织卖淫罪，有期徒刑 6 年。

二、本案要点

1. 检察院补充起诉与变更起诉有何区别？

2. 检察院变更起诉是否可以突破上诉不加刑原则？

三、本书观点

最高人民法院《关于适用〈中华人民共和国民事诉讼法〉的解释》第 403 条第 1 款规定："被告人或者其法定代理人、辩护人、近亲属提出上诉，人民检察院未提出抗诉的案件，第二审人民法院发回重新审判后，除有新的犯罪事实且人民检察院补充起诉的以外，原审人民法院不得加重被告人的刑罚。"无论是从司法实践还是从法学理论的角度来看，对于"新的犯罪事实"都应当进行限缩解释，即"新的犯罪事实"仅指除原指控犯罪之外的新的犯罪事实，《刑事审判参考》第 1025 号参考案例"钟某桂、伍某云等故意伤害案”中也持相同观点，主要依据如下：

从保障被告人上诉权的角度来看，在仅有被告人上诉而检察院未补充起诉的情况下，原指控的罪名未作任何变更，如果被告人因畏惧上诉加刑而放弃上诉，那么必然会导致被告人上诉权的虚置化。因此，将“新的犯罪事实”限定于原指控犯罪之外的新的犯罪事实能够在一定程度上保障被告人的上诉权。

从程序的角度来看，发回重审的上诉案件要突破“上诉不加刑原则”还必须满足检察机关补充起诉的要件，而根据《人民检察院刑事诉讼规则》第423条的规定：“人民法院宣告判决前，人民检察院发现被告人的真实身份或者犯罪事实与起诉书中叙述的身份或者指控犯罪事实不符的，或者事实、证据没有变化，但罪名、适用法律与起诉书不一致的，可以变更起诉。发现遗漏同案犯罪嫌疑人或者罪行的，应当要求公安机关补充移送起诉或者补充侦查；对于犯罪事实清楚，证据确实、充分的，可以直接追加、补充起诉。”可见，只有当检察机关在法庭审理中发现遗漏罪行时才可补充起诉，从这一点同样能得出“新的犯罪事实”应当以除原指控犯罪之外的新的犯罪事实为限。

而本案发回重审所补充的证据，只是对何某某原指控罪名的补强证据，即只是对原有犯罪事实的补充，并非“新的犯罪事实”。所以，重审一审法院在未发现新的犯罪事实且未进行补充起诉的情况下，加重上诉人何某某的刑罚，违背了上诉不加刑原则。

四、理论探讨

“上诉不加刑”是我国刑事诉讼法为充分保障被告人的上诉权而设置的规定，其具体内涵为：被告人或者其法定代理人、辩护人、近亲属提出上诉，人民检察院未提出抗诉的案件，第二审人民法院发回重新审判后，除有新的犯罪事实且人民检察院补充起诉的以外，原审人民法院不得加重被告人的刑罚。在司法实践中，往往会出现检察院以变更起诉为由指控增加被告人刑罚的情况。在此情况之下，审判组织是否可以据此认定为“上诉不加刑”的例外，实践中存在不少争议。

（一）何为“新的犯罪事实”

最高人民法院《关于适用〈中华人民共和国刑事诉讼法〉的解释》的起

草小组曾对“新的犯罪事实”进行了解读：“从字面意义上理解，‘新的犯罪事实’有两个含义：一是新的犯罪的事实，即已经起诉的犯罪以外的犯罪的事实；二是原起诉事实范围内的新事实。经研究认为，只有前一种新的犯罪事实，经补充起诉后才可以加重刑罚。”通过该解读可以得出结论：新的犯罪事实应当独立于原起诉事实，即使是在原起诉事实范围内发现的新事实，也不是新的犯罪事实。

进一步说，如果公诉机关在重审阶段增加的事实未独立于原事实，只是对既有事实的补充，那么这些事实仅是对原有事实的补强，不能算作新的犯罪事实。①

（二）何为“补充起诉”

在司法实践中，常见公诉机关在重审阶段以变更起诉的形式增加被告人量刑的情形。但“变更起诉”显然不能等同于“补充起诉”。

在《人民检察院刑事诉讼规则》中，有关变更起诉和补充起诉的表述如下：“人民法院宣告判决前，人民检察院发现被告人的真实身份或者犯罪事实与起诉书中叙述的身份或者指控犯罪事实不符的，或者事实、证据没有变化，但罪名、适用法律与起诉书不一致的，可以变更起诉。发现遗漏同案犯罪嫌疑人或者罪行的，应当要求公安机关补充移送起诉或者补充侦查；对于犯罪事实清楚，证据确实、充分的，可以直接追加、补充起诉。”

由最高人民检察院法律政策研究室编写的《人民检察院刑事诉讼法律文书适用指南》对补充起诉文书与变更起诉文书也进行了说明：变更起诉决定书为人民检察院在法庭审理中变更起诉时使用，变更的具体情况为被告人身份、认定的事实和适用的法律等；补充起诉决定书为人民检察院在法庭审理中发现遗漏罪行，补充起诉时使用。

从以上规定可以看出，变更起诉与补充起诉的含义与适用情形并不一样。变更起诉针对的是原起诉书与原指控事实出现矛盾的情况，类似于一种“纠错”的行为，对指控事实或适用的法律进行更正。在这种情况之下，原事

① 参见任禹行：《论公诉变更规则以〈刑事诉讼法〉第四次修改切入》，载《北京联合大学学报（人文社会科学版）》2024年第3期。

实、证据没有发生变化，由于没有新的情况出现，所以变更起诉是对原有的事实、证据进行变更。

但补充起诉针对的是原起诉遗漏了罪行的情况，由于需要对新的事实进行起诉，因此必须对原起诉内容进行补充。此时，公诉机关所指控的事实和提供的证据都发生了变化。

据此可知，补充起诉与新的犯罪事实相辅相成，在没有新的事实出现的情况下，仅对原有的事实或适用法律进行变更，并不满足构成“上诉不加刑”原则例外情况的条件。即使有新的犯罪事实，如果检察院没有补充起诉，也不得加重被告人的刑罚。

（三）从“上诉不加刑原则”的立法原意出发，不能对“新的犯罪事实”或者“变更起诉”作无限制的扩大解释

我国刑事诉讼法设置“上诉不加刑”原则主要是为了保障被告人的合法权利，打消被告人对上诉的后顾之忧，扫除被告人的心理障碍。该立法目的从与“上诉不加刑”原则相关的其他规定也能找到印证：

根据《刑事诉讼法》的规定，被告人上诉并不需要法定事由的出现作为前置性条件，只要情理上“不服”第一审判决，就可以通过上诉启动二审程序。但公诉机关无论是抗诉，还是重审一审中都需要有充足的法定理由作为启动新程序的原因。

因此，公诉机关与被告人不同，法律赋予了被告人享有经过二次审判的权利，但公诉机关并不能基于情理而进行抗诉或补充起诉。这项规定也是对公权力进行一定限制的举措，防止被告人的合法权利受到侵害。

基于我国刑事诉讼法对“上诉不加刑”立法设置的原意，“上诉不加刑”原则应该严格贯彻落实，不能对“新的犯罪事实”或者“变更起诉”作无限制的扩大解释，否则会导致该原则的异化，为上诉人增添心理负担。①“上诉不加刑”原则是上诉权的一项保障，如果该原则遭到恶意破坏，会严重损害国家的司法公信力，导致国家以及法律的社会评价降低。

---

① 参见徐建新、方彬微：《论上诉不加刑原则实践中的问题及对策》，载《法律适用》2016年第2期。

犯罪前科对缓刑适用有何影响

——龙某涉嫌介绍卖淫罪案

一、基本案情

被告人龙某，女，曾因犯盗窃罪，2013 年被 A 市 B 区人民法院判处有期徒刑七个月，并处罚金人民币一千元，2013 年刑满释放。因涉嫌介绍卖淫罪，2024 年被 C 市公安局刑事拘留；后被取保候审在家。

龙某本人系卖淫人员，在出现推销自己卖淫不成的情况时，其会将嫖客介绍给其他卖淫人员并收取介绍费。2024 年 1 月，被告人龙某在 C 市某酒店内介绍陈某某为嫖客何某某提供性交卖淫服务，何某某通过微信支付嫖资 4000 元，被告人龙某从中赚取介绍费 2400 元；同年 5 月，被告人龙某在 C 市某酒店内介绍肖某某为嫖客王某提供性交卖淫服务，王某通过支付宝支付嫖资 8000 元，被告人龙某从中赚取介绍费 1500 元。案发后，公安机关对被告人龙某处以行政拘留十二日，被告人龙某在公安机关退缴了全部违法所得 3900 元。

二、本案要点

1. 犯罪前科对缓刑适用有何具体影响？判断标准是什么？
2. 如何运用整体辩护的思路促成缓刑适用？

三、本书观点

（一）有犯罪前科的被告人仍有适用缓刑的余地

1. 犯罪前科是影响缓刑适用的重要因素

一般而言，对于涉黄案件，适用缓刑往往存在天然阻力。造成上述印象的主要原因有以下几点：第一，与经济犯罪、因民间纠纷而引发的偶然犯罪相比，涉黄犯罪背离道德、腐蚀社会；第二，在具体的案件中，被告人的行为缺乏具体的受害人，无法通过赔偿、道歉实现恢复性效果；第三，在具体的案件中，从事组织卖淫、介绍卖淫活动的行为人自身就是卖淫人员，卖淫人员与组织卖淫的人员往往具有高度的粘连性，其以营利为目的实施犯罪行为具有高度可重复性；第四，由于实施相关行为的成本较低，难以通过销毁、控制犯罪工具的方式实现对犯罪分子的有效矫正，所以矫正难度大，再犯可能性相对较高。

犯罪前科的存在无疑又为涉黄案件适用缓刑增加了难度。根据中国社会科学院法学研究所胡昌明教授的实证研究：15 个缓刑判决的影响因素中，有 5 个因素的影响较大，它们的影响力从高到低依次是取保候审、高学历（本科及以上）被告人、前科、法官的年龄、退赃退赔，而其余因素影响较小。同时，发现“有前科的被告人被判处缓刑的可能性只有无前科被告人的 1.3%”。[①] 由此不难看出，犯罪前科是影响缓刑适用的重要因素，对于涉黄案件而言，要实现缓刑适用并非易事。

2. 犯罪前科排斥缓刑适用涉及多个要素

从规范的角度来看，犯罪前科排斥缓刑适用所涉及的要素主要有“罪名”“发生时间”“前科次数”。

首先，不同的罪名存在不同的缓刑适用空间，有部分罪名在司法解释或司法解释性质文件中被规定为存在同类犯罪前科或因同行为被行政处罚的一般不适用缓刑。根据最高人民法院、最高人民检察院《关于办理侵犯知识产权刑事案件具体应用法律若干问题的解释（三）》[②] 第 8 条的规定“因侵犯知识产权被行政处罚后再次侵犯知识产权构成犯罪的”可以酌情从重处罚，一般不适用缓刑。最高人民法院《关于依法加大知识产权侵权行为惩治力度的意见》第 15 条规定：“对于主要以侵犯知识产权为业、在特定期间假冒抢险救灾、防疫物资等商品的注册商标以及因侵犯知识产权受到行政处罚后再次

① 参见胡昌明：《被告人身份差异对量刑的影响：基于 1060 份刑事判决的实证分析》，载《清华法学》2018 年第 4 期。

② 该司法解释现已废止。

侵犯知识产权构成犯罪的情形，依法从重处罚，一般不适用缓刑。”根据最高人民法院、最高人民检察院《关于办理行贿刑事案件具体应用法律若干问题的解释》第10条第1款的规定，“因行贿受过行政处罚或者刑事处罚的”一般不适用缓刑和免予刑事处罚。《全国法院毒品犯罪审判工作座谈会纪要》[①]规定，“对于毒品再犯，一般不得适用缓刑”。根据最高人民法院《关于依法妥善审理高空抛物、坠物案件的意见》第6条的规定，“受过刑事处罚或者行政处罚后又实施的”应当从重处罚，一般不得适用缓刑。根据最高人民法院、最高人民检察院、公安部《关于依法惩治袭警违法犯罪行为的指导意见》第2条的规定，“曾因袭警受过处罚，再次袭警的”一般不得适用缓刑。根据最高人民法院、最高人民检察院、公安部、司法部《关于办理醉酒危险驾驶刑事案件的意见》第14条的规定，“曾因危险驾驶行为被判决有罪或者作相对不起诉的”一般不适用缓刑。由此可见，前科涉及的犯罪类型与能否适用缓刑息息相关。

其次，前科发生的时间与缓刑适用紧密关联。《刑法》第74条规定：“对于累犯和犯罪集团的首要分子，不适用缓刑。”而构成刑法上的累犯，要求被判处有期徒刑以上刑罚的犯罪分子，刑罚执行完毕或者赦免以后，在五年以内再犯应当判处有期徒刑以上刑罚之罪。由此可见，前科发生的时间与适用缓刑紧密关联。旧罪与新罪之间的时间越接近，就越能够反映出行为人接受监禁刑矫正的能力较差的现实情况。而监禁是比社区矫正更为严格的矫正方式，如果监禁效果都难堪其用，那么从矫正效果的层面而言，就更加没有适用缓刑的空间了。

最后，前科发生的次数影响缓刑适用。在地方司法实践中，将一部分情形规定为一般不适用缓刑的条件已经极为普遍。例如，湖南省高级人民法院、湖南省人民检察院《〈关于常见犯罪的量刑指导意见（试行）〉实施细则》中规定了缓刑的适用方法，其中“具有二次以上犯罪前科”被认为是一般不适用缓刑的情形之一。

---

① 该会议纪要现已废止。

综上所述，适用缓刑需要根据罪名、时间与次数等要素进行分析。同罪名犯罪反复实施，比异罪名犯罪反复实施更为严重；新罪的法定刑重于旧罪的法定刑的，行为人的危险性更高；新罪与旧罪间隔时间越短的，说明针对旧罪的刑罚矫正效果越有限。前科次数越多的，行为人的人身危险性更大。对于本案而言，龙某于2013年在非经常居住地A市犯盗窃罪，后又于11年后犯介绍卖淫罪，其是否具有适用缓刑的余地呢？

第一，从罪名的角度来看，司法解释没有对介绍卖淫罪的缓刑适用有具体的、特殊的适用标准。最高人民法院、最高人民检察院《关于常见犯罪的量刑指导意见（试行）》仅规定：构成引诱、容留、介绍卖淫罪的，综合考虑引诱、容留、介绍卖淫的人数、次数、危害后果、犯罪事实、量刑情节及被告人主观恶性、人身危险性、认罪悔罪表现等因素，决定缓刑的适用。因此，涉嫌介绍卖淫罪的被告人也存在适用缓刑的空间，需要具体问题具体分析。第二，从前科发生的时间来看，新罪与旧罪之间相差11年，很难认定监禁刑对龙某而言是失效的，进而无法当然推断出适用社区矫正的方式无效。因此，对于龙某仍然有适用的缓刑的空间。第三，前科发生的次数只有一次。综合可知，龙某仍存在适用缓刑的理论空间。

（二）运用整体辩护的思路促成缓刑适用的方法

在明确存在适用缓刑的理论空间之后，应当进一步论证行为人的社会危害性与人身危险性，即是否属于《刑法》第72条规定的“犯罪情节较轻”“有悔罪表现”“没有再犯罪的危险”“宣告缓刑对所居住社区没有重大不良影响”。对于上述内容，可以从整体评价的角度出发，即通过类案的整体横向比对来说明“犯罪情节较轻”，和通过新罪、旧罪的纵向对比来说明“没有再犯罪的危险”。至于“有悔罪表现”和“宣告缓刑对所居住社区没有重大不良影响”一般从认罪认罚的真实性与居住地社会矫正机构的评估意见两个角度进行判断。

1. 审查新罪的社会危害性是否相比判缓刑的类案更低

经过审查案件事实，能发现龙某介绍卖淫的行为具有非公开性与偶然性，危害后果小，犯罪行为情节较轻。

首先，龙某介绍卖淫的行为具有非公开性。这体现为龙某行为的介绍卖淫行为发生的范围小，危害后果不大。理由如下：一是与公开发布招嫖信息和结伙介绍卖淫人员的犯罪行为相比，龙某所采用的线下一对一的招嫖方式，没有将介绍卖淫的信息和嫖客的信息公开发布，卖淫行为影响范围小。二是龙某介绍卖淫发生的地点不是公共场所。三是龙某卖淫的方式是跟随住店男子进入需要刷房卡方能使用的电梯后攀谈，尔后在房间内协商卖淫价格。因此，介绍卖淫的地点在酒店房间内部，而非存在流动人群的大厅。所以，龙某没有在公共场所介绍卖淫，卖淫行为影响范围小。

其次，龙某介绍卖淫的行为具有偶然性：龙某只有自己不被嫖客看上的情况下才会介绍他人卖淫。

最后，龙某介绍卖淫行为的危害后果较轻。关于介绍卖淫涉及的人数、介绍卖淫的次数与数额大小。最高人民法院、最高人民检察院《关于办理组织、强迫、引诱、容留、介绍卖淫刑事案件适用法律若干问题的解释》第5条规定了五项入罪标准。事实上，经龙某介绍的卖淫人员只有2名，可以查证属实的卖淫次数为2次，勉强达到入罪标准；2次介绍卖淫过程中，龙某获利3900元介绍费，其犯罪数额远低于入罪标准。因此，龙某介绍卖淫行为的危害后果较轻。

相比于其他判处缓刑的案件而言，龙某的犯罪情节要更轻。例如，在案例“任某某引诱、容留、介绍卖淫罪案”① 和“陈某某、郭某、丁某某组织卖淫、协助组织卖淫、介绍他人卖淫罪案”中②，行为人不仅介绍次数多于龙某，而且在公开的旅店前台或利用酒店经理身份实施犯罪行为，社会影响更大，但该案适用了缓刑。在案例“彭某某引诱、容留、介绍卖淫罪案”③和“彭某某、舒某某介绍卖淫罪案”中，④ 行为人介绍次数、获利数额明显多于龙某，但依然存在适用缓刑的空间。因此，龙某符合适用缓刑“情节较

---

① 参见湖南省岳阳县人民法院刑事判决书，(2019) 湘0621刑初304号。

② 参见湖南省大通湖管理区人民法院刑事判决书，(2019) 湘0991刑初88号。

③ 湖南省永州市冷水滩区人民法院刑事判决书，(2021) 湘1103刑初80号。

④ 湖南省攸县人民法院刑事判决书，(2022) 湘0223刑初292号。

轻”的条件。

2. 审查新罪发生后的再犯可能性比涉案前更低

一方面，龙某已经受过行政处罚，通过公安机关的教育，其已经认识到卖淫与介绍卖淫的危害性，深刻认识到自己的错误，找到了拥抱社会的正确道路。另一方面，龙某已经在取保候审期间找到了正当职业糊口谋生，不再从事卖淫或介绍他人卖淫，事后表现良好，认真悔罪。

和此前没有经过处罚教育和没有任何正当工作作为稳定经济来源的状况相比，其再犯可能性相对低。假设上述教育与根本性的生活方式变化对犯罪人矫正有积极意义，那么就没有必要对其施行监禁刑，不仅是为了防止交叉感染、浪费一次就业机会，更是因为适用缓刑更加能够反映严宽相济的刑事政策。

四、理论探讨

实践中大量存在将犯罪前科作为酌定从重处罚的标准，甚至有将犯罪前科或触犯类似行为的行政处罚作为入罪的标准。从类型上说，存在将前科规定为单纯的从重处罚情节、将前科规定为衡量犯罪人人身危险性的重要依据、将前科作为判处罚金的重要依据。以上司法观念在司法解释与司法解释性质文件中相当普遍。例如，2015 年 3 月 2 日公布施行的最高人民法院、最高人民检察院、公安部、司法部《关于依法办理家庭暴力犯罪案件的意见》第 18 条规定，“曾因实施家庭暴力受到刑事处罚、行政处罚；或者具有其他恶劣情形的，可以酌情从重处罚”，这就属于将前科规定为单纯的从重处罚情节。而 2010 年 2 月 8 日，最高人民法院《关于贯彻宽严相济刑事政策的若干意见》第 10 条规定：“……对于事先精心预谋、策划犯罪的被告人，具有惯犯、职业犯等情节的被告人，或者因故意犯罪受过刑事处罚、在缓刑、假释考验期内又犯罪的被告人，要依法严惩，以实现刑罚特殊预防的功能。”这一规定则属于将前科规定为衡量犯罪人人身危险性的重要依据，主要目的在于限制适用缓刑、假释的规定。

一般而言，支持从重处罚的观念建立在前科增加了再犯可能性和初犯可能性这一假设性立论的基础之上。[①] 即便不认为犯罪前科增加了刑罚一般预防的必要性，但其增加了特殊预防的必要性，因而从重处罚是合理的。[②] 从刑罚功能上论证特殊预防后推导出刑罚的增加的做法，存在合理性。一方面，特殊预防似乎很好地解释了处罚的重点是“反复”实行相同犯罪的事实，这一“反复”行为使两个本来孤立的犯罪之间发生了关联，似乎这是一个新的事实，不存在重复评价的问题，这是其合理的一面；另一方面，“反复”是一种行为，也是一种行为人特质，正是行为人自己存在这样的特质才有分析其主观上责任大小的余地。有责性独立于行为的违法性，而责任是对行为人的评价；在实行行为相同的场合，但行为人更为恶劣，即对法律的否定更为强烈的，其遭受到刑法否定的程度显然就要比否定性更小的行为人要重一些。

值得注意的是，将犯罪前科一概纳入从重处罚范畴的司法惯性值得审慎反思。第一，过分强调以前科作为入罪评价标准，会导致刑法重复评价同一情节。正如学者所指出的，禁止重复评价原则既是一种定罪规则，也是一种量刑规则。[③] 无论一个案件中定罪要素再次进入量刑评价之中，还是量刑要素进入定罪的评价之中，都应当是禁止的。既然此前的犯罪事实已经在定罪环节评价了相关事实，那第二次犯罪或者更多次犯罪的评价中，就不能够依照酌定的方式从重处理；因此，至少在行为不法程度的层面而言，从重处罚是缺乏事实根据的。

第二，从我国刑法的规定来说，在已经存在法定的累犯规则的前提下，酌定从重处罚是不利于被告人的推定。按照《刑法》第 65 条第 1 款的规定，“被判处有期徒刑以上刑罚的犯罪分子，刑罚执行完毕或者赦免以后，在五年以内再犯应当判处有期徒刑以上刑罚之罪的，是累犯，应当从重处罚，但是过失犯罪和不满十八周岁的人犯罪的除外”。可见，从重处罚是需

① 参见苏永生：《将前科作为酌定从重处罚情节存在的问题及其对策》，载《法商研究》2022 年第 5 期。

② 参见杜宣：《行为人前科劣迹规范适用的法教义学分析》，载《首都师范大学学报（社会科学版）》2017 年第 2 期。

③ 参见曾滨：《“前科犯罪定罪关联模式”司法解释问题研究》，载《法学杂志》2018 年第 4 期。

要特别规定才能进行的量刑规则。在刑法未明文规定裁判者可以另创规则施加对被告人不利的推定假设的情况下，直接假定被评价的被告人未来再犯的可能性更高或者当前的人身危险性比过去从事犯罪时的更高是不妥当的。同时，累犯规则本身就是新派刑法发展的产物，它并非当然合理的一条基本原则；它更类似于刑事政策的法定化，是抑制刑法适用效果失灵的一种政策性手段。因此，超出法定化的部分，贸然使用从重处罚规则是缺乏理论基础的。

公安机关跨省冻结犯罪人嫌疑人所在企业资金的边界

——Y 集团资金冻结案

一、基本案情

Y 集团公司及其旗下分公司常年开展催收业务。2023 年，Y 集团公司（总部在 B 省 C 市）分公司员工若干人涉嫌寻衅滋事罪与侵害公民个人信息罪，分别被 A 省多地公安机关立案侦查；所涉案件导致 Y 集团公司内四家 B 省分公司被查处，案件移送至人民法院。在查处过程中，公安机关线下向涉案账户总行发送通知，轮候冻结了 Y 集团的涉案账户，开户行均在 C 市，冻结金额 4828 万元。

经调查，催收公司通过合法途径接受金融机构委托，催收逾期欠款。按照双方协议，大部分归债权人（金融机构），一部分作为佣金归催收公司；催收公司员工除了基本工资，还根据其催收回款金额给予一定比例的提成。

在具体的冻结时间与冻结资金的范围上，本案存在一些特殊情况：经查 A 省公安机关对涉案账户首次冻结的时间是 4 月 9 日，而本案的立案时间实际上为 4 月 10 日，间隔 1 日。在资金数额上，A 省某地公安分局在 4 月 9 日至 10 日，共计冻结 4828 万元，但在 9 月 29 日，其冻结的金额仅有 9531137.07 元，其余资金被 A 省其他公安机关冻结。

二、本案要点

1. Y 集团公司占有的佣金是否为违法所得？

2. 查办分公司员工的自然人犯罪，能否冻结所在单位的资金？

3. A 省各地公安机关在涉案账户的总行冻结 Y 集团在支行的存款账户是否合规？

4. A 省各地公安线下异地冻结 Y 集团公司资金是否存在程序瑕疵？

三、本书观点

（一）判断佣金是否属于违法所得的关键标准是获取的手段是否违法

如果催收公司以营利为目的通过违法催收行为履行合同并获取佣金或者业绩提成的，其所获取的佣金、提成均属于违法所得。

第一，不宜认为凡是以委托合同为依据的取得的佣金和提成均是合法取得的财物。因为完全可能出现合同当事人履行的合同内容合法但当事人履行合同的具体手段可能非法的情况。

第二，即便认为"软暴力"催收行为不构成寻衅滋事罪，本案也存在买卖、使用公民个人信息的违法情况。所以否定本案不构成寻衅滋事罪，同样理由不充分。

第三，"违法所得"本身就是一词多义的。一种是作为衡量罚金刑依据的"违法所得"，一种是作为定罪处罚依据的"违法所得"，还有一种则是据以明确追缴、责令退赔或者没收财产范围的"违法所得"。冻结的对象实际上属于最后一种，即通过实施犯罪直接、间接产生或者获得的任何财产，那么通过违法手段取得的佣金则属于违法所得。

（二）公安机关在侦查自然人犯罪的过程中，为了侦查活动的需要冻结涉案账户符合法律规定

回答上述疑问的第一要义在于切换思考问题的角度。有观点认为，因为冻结的存款属于非犯罪嫌疑人 Y 集团，而且被冻结的资产属于源于合法债务，故足以排斥侦查机关的冻结措施。

上述理由无法论证 A 省各地公安机关所冻结的资金与案件无关。

一方面，最高人民法院、最高人民检察院、公安部、国家安全部、司法部、全国人大常委会法制工作委员会《关于实施刑事诉讼法若干问题的规定》第 36 条第 1 款规定："对于依照刑法规定应当追缴的违法所得及其他涉

案财产，除依法返还被害人的财物以及依法销毁的违禁品外，必须一律上缴国库……冻结在金融机构的违法所得及其他涉案财产，待人民法院作出生效判决、裁定后，由人民法院通知有关金融机构上缴国库，有关金融机构应当向人民法院送交执行回单。”由此可知，冻结措施的对象并不局限于“犯罪嫌疑人的”财产，也不局限于“违法所得”。其冻结对象重要标准是“涉案”。值得注意的是，根据最高人民法院、最高人民检察院、公安部、司法部《关于办理黑恶势力刑事案件中财产处置若干问题的意见》第 15 条的规定，“黑恶势力组织及其成员通过违法犯罪活动或者其他不正当手段聚敛的财产及其孳息、收益”，应当依法追缴、没收。所以可供冻结的财物并不局限于犯罪所得，还包括以不正当手段取得的财产。

另一方面，从救济的角度来分析，“对与案件无关的财物采取查封、扣押、冻结措施的”行为属于《公安机关办理刑事案件程序规定》第 196 条所规定的能够向公安机关申诉或者控告的行为。因此，适用上述救济途径的前提是所冻结的财产与案件无关。

根据案情可知，本案被冻结的资产中，有部分资金属于依照催收服务委托合同中委托人与受托人之间约定的佣金，归属催收公司的佣金，还有部分资金属于开展催收活动根据其催收回款金额给予一定比例的提成；换言之，本案被冻结的资产实际上与催收行为存在关联。催收活动中伴随的侵犯公民个人信息的行为和可能构成寻衅滋事罪的“软暴力”行为，与催收行为有关联性，因此仅通过“冻结的存款属于非犯罪嫌疑人 Y 集团”或者“被冻结的资产属于源于合法债务”，这两点理由难以排斥侦查机关的冻结措施。

虽然有观点指出，中国人民银行 2002 年发布的《金融机构协助查询、冻结、扣划工作管理规定》的规定，金融机构协助查询、冻结和扣划存款，应当在存款人开户的营业分支机构具体办理。但是该文件实际上存在金融机构内部约束机制，无法对公安机关产生约束与指导。

《公安机关办理刑事案件适用查封、冻结措施有关规定》第 33 条第 3 款规定，“涉案账户开户地分属不同省、自治区、直辖市的，应当由办案地公安机关出具协助冻结财产通知书，填写冻结申请表，经该公安机关负责人审核，逐级上报公安部按照规定程序批准后，由办案地公安机关指派二名以上侦查人员持工作证件，将冻结申请表、协助冻结财产通知书等法律文书送交有关银行业金融机构总部”。由此可见，A 省各地公安机关在涉案账户的总行冻结 Y 集团在支行的存款账户合规。

依据《公安机关办理刑事案件程序规定》第 36 条以及《公安部关于进一步依法严格规范开展办案协作的通知》，公安机关在异地执行冻结侦查活动的，应当向当地公安机关提出办案协作请求，并在当地公安机关协助下进行，或者委托当地公安机关代为执行。

根据本案情况，侦查机关实际上没有向当地公安机关提出协作请求。那么公安机关在冻结的方法上违反了《公安机关办理刑事案件程序规定》中应当协作的要求，还违反了《公安机关涉案财物管理若干规定》第 30 条第 1 款关于依法处理举报、控告的程序要求。《公安机关涉案财物管理若干规定》第 30 条第 1 款规定：“在对涉案财物采取措施、管理和处置过程中，公安机关及其工作人员存在违法违规行为……公安机关应当依法及时受理，并依照有关规定进行处理；对于情况属实的，应当予以纠正。”

依照《公安机关异地办案协作“六个严禁”》的要求，出现“未履行协作手续，跨县及以上行政区域查封、扣押、冻结与案件有关的财物、文件”情况的，一律对责任人及其所属公安机关予以通报批评。

四、理论探讨

面对“异地 + 违法 + 涉企”的侦查行为，企业应当提高警惕，增强维权意识。根据浙江省“检察护企”专项行动的情况，可知有一些典型案件可以给予企业在控告维权方面的启发，即随意滥用职权违法冻结的行为，致使公共财产、国家和人民利益遭受重大损失的可能构成滥用职权罪。

例如，浙江省检察机关发布的“检察护企”专项行动典型案例——杨某某、占某某滥用职权案。2023 年 5 月下旬起，外省某县公安局民警杨某某、协警占某某为谋取个人非法利益，私自携带警服、手铐、执法记录仪等警用装备驾驶车辆前浙江省等地，意图以帮忙处理案件为由向企业家索取财物。同年 6 月 11 日，杨某某、占某某根据事先查询的信息，以配合公安机关调查案件为由，将企业家沈某从某外省家中带走。在车辆行驶途中，杨某某暗示沈某可以帮忙处理案件并索要财物。后沈某乘二人不备在浙江省境内跳车逃跑并报警。案发后德清县检察院以杨某某、占某某涉嫌滥用职权罪向县法院提起公诉，法院采纳检察机关起诉意见，对二人分别判处有期徒刑八个月、有期徒刑七个月，二人均未上诉。

同时值得强调的是，根据前文论述的法规，有关规定中并未明确冻结措施违法会导致冻结措施无效。对此，应当明确事后救济与维权途径，减少违法行为以及违法行为带来的损失，如立案时间晚于冻结措施实施时间、冻结资金的范围超过与违法所得相当的部分、在未经异地协助的情况下自行冻结的程序瑕疵等；其中，与损失弥补相关最紧密的是申请国家赔偿。

根据最高人民法院、最高人民检察院《关于办理刑事赔偿案件适用法律若干问题的解释》第 3 条的规定，赔偿请求人有证据证明财产与尚未终结的刑事案件无关，经审查属实的，属于《国家赔偿法》第 18 条的规定的受害人有取得赔偿的情形。

1. 针对“立案前冻结财物”行为的救济

根据最高人民法院、最高人民检察院《关于办理刑事赔偿案件适用法律若干问题的解释》第 20 条的规定，“返还执行的罚款或者罚金、追缴或者没收的金钱，解除冻结的汇款的，应当支付银行同期存款利息，利率参照赔偿义务机关作出赔偿决定时中国人民银行公布的人民币整存整取定期存款一年期基准利率确定，不计算复利”，“计息期间自侵权行为发生时起算，至作出生效赔偿决定时止；但在生效赔偿决定作出前侵权行为停止的，计算至侵权行为停止时止”。

2. 针对“冻结资金的金额超过涉案金额”的行为救济

超额冻结范围之中的财物仍然属于与尚未终结的刑事案件无关的财产，能够就侵权行为停止前的违法行为所造成的损失申请国家赔偿。有疑问的是，如果公安机关在冻结资金账户的过程中进行了自我纠正，缩减了冻结的范围，即出现先违法后合法的情况，是否仍旧能够进行维权。本书认为，超额冻结所带来的损失已经在前行为中造成，由此形成的损失并不会因为公安机关自我纠正行为而消失。但这种超额冻结现象可能是侦查过程中公安机关逐渐明确违法所得的数额大小存在时间上的延迟所导致的。

3. 针对“在未经异地协助的情况下自行冻结”的行为救济

虽然相关规定明确了自行冻结属于违反异地执行规则的行为，但违反异地执行协作规则既不导致损失扩大，也不导致侵害时间的延长，因此对该类行为进行赔偿救济相对困难，权利人应以控告、举报、复议等途径维护权益。同时，延续冻结期限，实质上属于冻结措施的一部分，应当继续严格按照异地协作规则进行。《公安机关涉案财物管理若干规定》规定了当事人和辩护人、诉讼代理人、利害关系人有权向公安机关提出投诉、控告、举报、复议或者国家赔偿的救济途径。《刑事诉讼法》第117条第2款规定，受理申诉或者控告的机关应当及时处理。对处理不服的，可以向同级人民检察院申诉；人民检察院直接受理的案件，可以向上一级人民检察院申诉。人民检察院对申诉应当及时进行审查，情况属实的，通知有关机关予以纠正。

结　语

岁序更替，华章日新。当本书的最后一案落笔定稿，窗外的夏意已浓，而我对刑法理论与实务交织的思考却越发清晰。作为前作的延续，本书以30多个典型案例为经纬，试图在犯罪论、证明论与刑罚论的框架中，完成一次从传统思维到现代方法论的系统转型。这一过程，既是个人学术生涯的阶段性总结，更是对新时代刑法实践需求的回应。

习近平总书记指出："法学学科是实践性很强的学科。法学教育要处理好法学知识教学和实践教学的关系。"① 这一论断始终指引着本书的写作。近年来，随着认罪认罚从宽等制度的全面推进、新型犯罪的兴起，刑法实务已从单纯的"定罪量刑"转向"治理效能"的综合考量。刑法解释必须突破教义学的封闭性，构建更具弹性的方法论体系。本书始终围绕三个核心命题展开：构成要件的实质化解释，刑事证明的理性化重构，刑罚裁量的体系化思考。这三个核心命题，不仅构成了本书的理论主线，也是对传统刑法思维的一次深刻反思与超越。构成要件的实质化解释，意味着我们不再满足于对法条的字面解读，而是深入探究犯罪行为的本质特征，将刑法规范与现实生活紧密联系起来。这种解释方法，既增强了刑法的适应性，也提高了其解决复杂问题的能力。刑事证明的理性化重构，则是对传统证明模式的革新。在信息化、智能化的时代背景下，刑事证明必须更加科学、高效、公正。本书倡导通过技术手段优化证据收集、审查、判断流程，确保每一起案件都能经得起事实和法律的检验。刑罚裁量的体系化思考，则是对刑罚适用的一次全面审视。在量刑过程中，不仅要考虑犯罪行为的社会危害性，还要充分考虑犯

① 中共中央宣传部、中央全面依法治国委员会办公室编：《习近平法治思想学习纲要》，人民出版社、学习出版社2021年版，第137页。

罪人的个人情况、社会背景等因素，实现刑罚的个别化、精准化。这种思考方式，有助于提升刑罚的公正性和有效性，促进社会的和谐稳定。

本书的完成，得益于诸多师友的砥砺。感谢蒋科教授、龙璞副教授、陈哲博士、宋凡博士、贾韶琦博士对本书的建议与斧正，以及陈昊翔、沈宇、贺晓曈、成功、胡江涛、尚永波、谭卜铭、曾昱恒、杨嘉楠、黄擎、侯婷婷、幸珂岚、胡琼方、黄嘉瑶、罗鹏飞、张国强、杨洁瑜、吴高翔、欧阳智承、易靖雯、徐思颖、易子皓、向嘉仪等同学在案例检索与文献整理中的辛勤付出。特别要致敬每一位在个案中坚守“法、理、情”平衡的法律同人——正是你们的智慧，让刑法不再是冰冷的条文，而成为有温度的社会治理艺术。

最后，本书观点仅代表现阶段思考，疏漏之处，恳请读者不吝指正。愿这本以案例为镜的著作，能为法学学子照亮理论通向实践的小径，亦能为刑事法治的进步贡献微光。

刘期湘

2025 年 5 月于长沙